"十四五"职业教育国家规划教材

ERP 会计信息化
——购销存核算系统教程

（第 2 版）

主　编　曾红卫
副主编　郑燕珊
参　编　陈静波　邬可君　胡雯丽
　　　　曾江珊　陈　明

北京理工大学出版社
BEIJING INSTITUTE OF TECHNOLOGY PRESS

内容简介

本书是依据财政部2006颁发的《企业会计准则》、财政部与国家税务总局2016年联合颁布的《关于全面推开营业税改征增值税试点的通知》以及2019年3月财政部、税务总局、海关总署三部门联合发布的《关于深化增值税改革有关政策的公告》等最新法律法规要求而编写的。全书以模拟某一制造业企业某月"购销存"业务流程为主线，以ERP供应链管理系统所涉及的典型业务为工作任务，采用"项目引领、任务驱动"的方式介绍了ERP供应链管理系统所涉及的采购管理系统、销售管理系统、库存管理系统和核算管理系统的日常业务处理方法。教学内容循序渐进，符合学生认知规律。每笔涉及购销存核算的经济业务处理还配有拓展训练，可以训练学生逆向思维操作流程的处理方法。三个实训项目后还配有客观及主观思考练习题，可以对本节实训项目进行理论测试。本书还配有配套的综合实训练习册，有三套适合不同学习层次的学生进行综合实训的练习题。本书配有适合"云课堂"学习的各种数字化课程学习资源，包括微视频、微课、PPT课件、电子教案、练习题参考答案以及账套数据等。

本书可以作为中职学校"ERP会计信息化""会计电算化"等课程的配套教材，也适合作为中职学生参加会计信息化竞赛的辅助参考书。

图书在版编目(CIP)数据

ERP会计信息化：购销存核算系统教程 / 曾红卫主编. -- 2版. -- 北京：北京理工大学出版社，2022.2（2025.7重印）
ISBN 978 - 7 - 5763 - 1038 - 2

Ⅰ. ①E… Ⅱ. ①曾… Ⅲ. ①财务软件 - 中等专业学校 - 教材 Ⅳ. ① F275.2-39

中国版本图书馆CIP数据核字（2022）第029013号

责任编辑：王玲玲　　文案编辑：王玲玲
责任校对：周瑞红　　责任印制：边心超

出版发行 / 北京理工大学出版社有限责任公司
社　　址 / 北京市丰台区四合庄路6号
邮　　编 / 100070
电　　话 / （010）68914026（教材售后服务热线）
（010）63726648（课件资源服务热线）
网　　址 / http://www.bitpress.com.cn

版 印 次 / 2025年7月第2版第2次印刷
印　　刷 / 定州市新华印刷有限公司
开　　本 / 889 mm × 1194 mm　1/16
印　　张 / 16
字　　数 / 304千字
定　　价 / 44.00元

前言

PREFACE

随着信息化技术的迅猛发展，“ERP会计信息化”不仅早已在大型企业广泛实施，现在在中型企业乃至小型企业也开始普及。2016年教育部发布《教育信息化十三五规划》，2019年2月中共中央办公厅、国务院办公厅印发《加快推进教育现代化实施方案（2018－2022年）》。这些政策的出台，对教育信息化提出了新的更高要求，倡导加快推进教育信息化，深度应用信息技术与教育发展融合创新。基于信息技术日新月异的迅猛发展，会计信息化的教学模式、教学方法、教学技术以及教学环境等也在不断创新和发展。本教材结合最新信息化技术，采用“项目引领、任务驱动”的方式，将全书分为六大实训教学项目，每个实训教学项目基本根据ERP供应链管理业务类型由浅入深设置为若干个实训任务。与其他同类型教材相比，本教材的编写特色如下：

1. 以职业岗位能力培养为目标，教材内容分层递进：本教材分别以采购管理岗位、销售管理岗位、库存及核算管理岗位所涉及的岗位业务流程为主线编排实训教学项目，以ERP供应链管理工作任务为载体设计教学单元，每个实训教学项目均按照分层递进学习任务清晰列明了各职业岗位能力目标，利于教师分层指导学生的学习。教材内容编排合理，工作任务描述清晰，由简到深，由易到难，梯度明晰，适合不同学习层次的中职生递进式学习。

2. 以岗位典型案例为实训任务，模拟实操循序渐进：本教材以模拟某一制造企业某月所涉及的ERP供应链岗位日常典型业务为主要学习任务，所选案例适合中职生的认知。编写有创意，规避了业务流程与实训软件操作步骤较难吻合的难题。如将1日至10日虚拟为主要集中反映采购系统的业务处理，11日至20日主要为销售系统的业务处理，21日至30日主要为库存核算系统的业务处理，这种编写方法既利于老师的“教”，又利于学生的“学”。每个实训项目均配有思考练习题，可以考核学生单元项目理论知识的理解情况。

3. 以仿真原始凭证为呈现载体，图文并茂，步骤清晰：每笔经济业务均以企业高仿真的原始凭证呈现，能够真实再现企业实际经济业务，实现学生“零距离”认知企业经济业务。操作步骤编写清晰，易于学生自主学习，引导学生独立思考、解决实际工作的问题。

4. 以逆向修改操作为实训拓展，提升学生逆向思维能力：针对实操过程中可能出现的错误，本教材在每项涉及购销存核算的实训任务完成后均增设了拓展提升训练任务，主要是逆向修改产生的错误，培养学生的逆向思维能力。这在一般的教材中是很少有涉及的，但又是实训教学中普遍遇到而又必须解决的难题。对于每项实训任务的逆向修改操作指导，教材均附有二维码，读者只要扫描二维码即可获得微视频的操作指导。

本教材融合网络课程资源，提供了微视频、微课、PPT课件、电子教案、账套数据、单元客观练习题、综合实训练习题以及参考答案等数字化课程学习资源。本教材配套丰富的课程资源为“互联网+职业教育”教学模式的改革提供了便利条件，可以充分满足广大师生线上线下碎片化、移动化自主学习的需求。

本教材由珠海市第一中等职业学校曾红卫老师担任主编，珠海市第一中等职业学校的郑燕珊老师担任副主编，参与本教材编写的还有珠海市第一中等职业学校的陈静波、邬可君、胡雯丽、曾江珊、陈明老师。本教材在编写过程中得到了北京财贸职业学院孙莲香副教授、广东飞企互联科技股份有限公司许丽副总裁、珠海优友教育科技有限公司经理姚燕芳女士的大力支持，借此机会深表谢意！由于编写时间仓促及水平有限，书中难免会有疏漏和错误之处，敬请各位给予批评指正。

编　者

目 录
CONTENTS

项目一　认知企业管理信息系统ERP及会计信息化系统

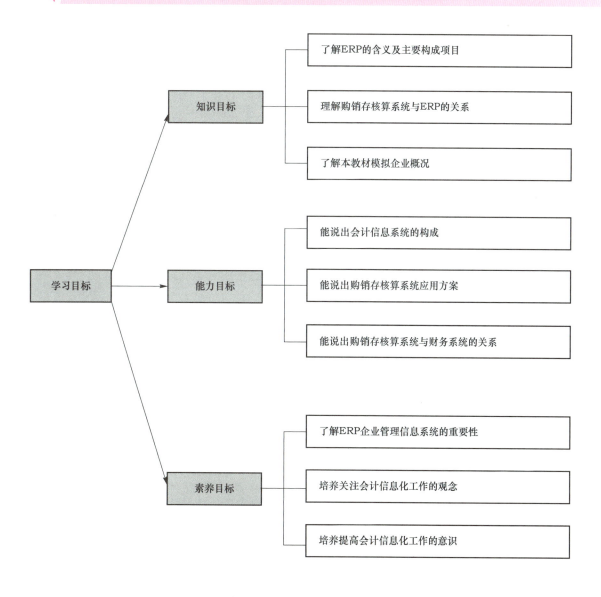

- 学习目标
  - 知识目标
    - 了解ERP的含义及主要构成项目
    - 理解购销存核算系统与ERP的关系
    - 了解本教材模拟企业概况
  - 能力目标
    - 能说出会计信息系统的构成
    - 能说出购销存核算系统应用方案
    - 能说出购销存核算系统与财务系统的关系
  - 素养目标
    - 了解ERP企业管理信息系统的重要性
    - 培养关注会计信息化工作的观念
    - 培养提高会计信息化工作的意识

任务一 认知企业资源计划ERP概述

1.1.1 ERP的含义

ERP是英文Enterprise Resource Planning的缩写，中文意思是企业资源计划。它是一个以管理会计为核心的信息系统，是20世纪90年代美国一家IT公司根据当时计算机信息、IT技术发展及企业对供应链管理的需求，预测在今后信息时代企业管理信息系统的发展趋势和即将发生的变革，而提出这个概念的。ERP是针对物资资源管理（物流）、人力资源管理（人流）、财务资源管理（财流）、信息资源管理（信息流）集成一体化的企业管理软件。它是一个以管理会计为核心的信息系统，体现了对整个供应链进行管理、精益生产同步工程和敏捷制造、事前计划与事中控制等管理思想。

1.1.2 ERP的主要构成

ERP软件一般分为物流、制造、财务三大部分及人力资源管理，所涉及的主要功能模块包括：

1. 物流管理

物流管理包括分销管理和采购管理模块。

① 分销管理：销售的管理是从产品的销售计划开始，对其销售产品、销售地区、销售客户各种信息的管理和统计，并可对销售数量、金额、利润、绩效、客户服务做出全面的分析。

② 采购管理：确定合理的订货量、优秀的供应商和保持最佳的安全储备；能够随时提供定购、验收的信息，跟踪和催促对外购或委外加工的物料，保证货物及时到达；建立供应商的档案，用最新的成本信息来调整库存的成本。

2. 制造部分

生产控制管理是一个以计划为导向的先进的生产、管理方法，它将企业的整个生产过程有机地结合在一起，使企业能够有效地降低库存，提高效率。同时，各个原本分散的生产流程的自动连接，也使生产流程能够前后连贯地进行，而不会出现生产脱节，耽误生产交货时间。企业首先确定它的一个总生产计划，再经过系统层层细分后，下达到各部门去执行。主要包括生产计划、物料需求计划、能力需求计划、车间控制、制造标准等。

3. 财务部分

一般的ERP软件财务部分分为会计核算与财务管理两大块。

① 会计核算主要包括：总账、应收账、应付账、工资、固定资产、现金管理、成本等功能模块。

② 财务管理：财务管理的功能主要是基于会计核算的数据，再加以分析，从而进行相应的预测、管理和控制活动。它侧重于财务计划、控制、分析和预测。

4. 人力资源部分

以往的ERP系统基本上都是以生产制造及销售过程（供应链）为中心的，因此，长期以来一直把与制造资源有关的资源作为企业的核心资源进行管理。但近年来，企业内部的人力资源，越来越受到企业的关注，被视为企业的资源之本。在这种情况下，人力资源管理作为一个独立的模块，被加入ERP的系统中，和ERP中的财务、生产系统组成了一个高效的、具有高度集成性的企业资源系统。

思政园地

ERP系统对制造企业究竟有多重要?

ERP系统是企业数字化转型过程中不可或缺的管理软件。ERP系统管理业务流程的各个方面。系统化的过程有助于企业发现管理中的问题，提高企业的管理效率。那么ERP系统对制造企业究竟有多重要，主要从以下方面来看：

1、从组织架构上看

传统制造企业往往不注重企业组织结构的设置，管理和经营相对松散、随意、粗放，分工不明确，权责不清。例如，一些企业出于成本考虑，往往一人多责，销售和采购都是同一人，导致监管缺失，企业资产流失。

ERP系统的应用是中小企业内部管理的一个整改过程。可以实现中小企业管理模式的规范化和管理流程的规范化，优化组织结构，帮助中小企业做大、做强、做久。一方面，ERP系统帮助中小企业根据不同工作内容的特点和工作流程的性质，建立相应的职能部门，实现管理专业化。另一方面，明确各部门、各岗位的职责和权限，确保所有内部工作有规范、有沟通、有分工、有责任，所有工作进行到位，让有限的资源带来巨大的效益。

2、从信息沟通上看

传统制造企业缺乏良好的沟通机制和渠道。各种信息和数据往往被记录在笔记本、电脑、手机甚至脑子里，很容易丢失和遗忘，无法实时动态呈现和共享。导致部门之间、员工之间的沟通不顺畅，无法进行合作运作，员工执行效率和业务运作效率低下。

ERP系统的应用可以实现企业信息和数据的动态集成管理和实时共享，节省大量的电话、会议、面谈等沟通成本和时间，促进企业的整体高效运行。

3、从数据统计来看

制造企业一般比较关注业绩，损益等，这个月业绩有没有增加，增加的原因是什么…但是对于很多企业来说，每次要做统计，要么让人手工去做，要么不断地让人去问，最后还要自己去做统计分析。这需要时间和精力，他们得到的数据也不及时和完整。

ERP系统具有强大的数据统计功能，如销售业绩统计、采购利润核算、财务报表分析等业务数据可以在系统中实时汇总更新。同时支持按时间等维度查看详细信息，满足不同角色的多样化数据需求。没有信息滞后和数据失真，也不需要安排人员统计。

4、从业务风险把控来看

一些制造型企业的老板在企业风险控制方面的风险意识相对较弱，缺乏科学的评价方法。他们在做决策时主要依靠自己的经验和对企业和市场变化的主观判断。而有的老板想通过数据了解企业经营中存在的问题和未来的发展趋势，却每次都不得不去统计各种数据。

事实上，无论以何种决策为依据，市场机会都是稍为短暂的。如果反应慢，决策效率低，就会给企业带来巨大的经营风险。ERP系统可以通过数据分析提前预测和防范风险，提供全面的数据分析解决方案，并将各种数据报告分析可视化，从而促进企业更快地做出科学决策，将企业风险降低到很低的水平。

5、从优化企业业务流程来看

ERP系统实现了所有业务的数字化管理，每个业务流程的过程在ERP系统中变得可见和可控。在ERP系统中，ERP系统会自动收集到很多问题，如收到后没有联系到客户，没有跟进到客户，客户逾期未跟进等。采购合同中的产品价格高于高采购价格，无法保存。该系统的自动控制取代了人工的修改、确认、跑腿运行，流程变得方便、高效。

随着移动互联网和物联网的快速发展，ERP系统可以帮助企业随时随地与客户和合作伙伴保持密切的联系和沟通，业务始终在线，通过网络将管理范围扩展到任何角落。

6、ERP系统对企业管理的重要性

制造型企业ERP系统为企业管理提供了一整套解决方案，帮助企业优化内部管理结构，提高内部管理效率。在制造业中，制造业ERP系统以企业管理为核心，利用信息技术实现管理、供应链、销售等活动的自动化，建立管理系统，实现企业上下游流程的一体化，帮助企业简化和实现信息化管理，促进产业升级，降低成本，赢得更多的商机和利润。

1.1.3 购销存核算系统与ERP的关系

ERP是先进的现代企业管理模式，主要实施对象是企业，目的是将企业的各个方面的资源（包括人、财、物、产、供、销等因素）合理配置，以使之充分发挥效能，使企业在激烈的市场竞争中全方位地发挥能量，从而取得最佳经济效益。ERP系统把企业的内部和外部资源有机地结合在一起，充分贯彻了供应链的管理思想，将用户的需求和企业内部的制造活动及外部供应商的制造资源一同包括了进来，体现了完全按客户需求制造的思想。

ERP系统是对企业物流、资金流、信息流进行一体化管理的软件系统，其核心管理思想就是实现对“供应链（Supply Chain）”的管理，如图1-1所示的“三流合一”。

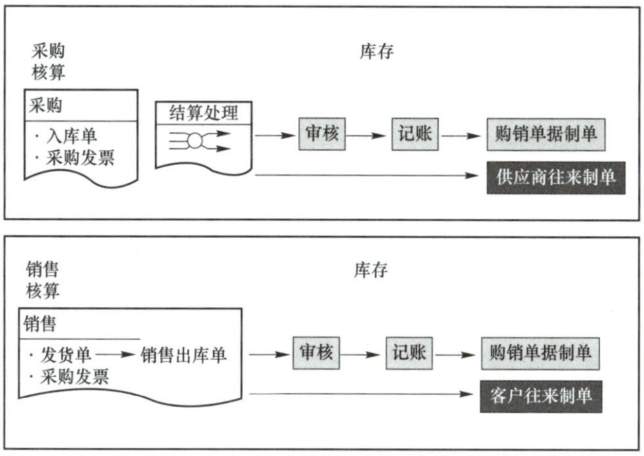

图1-1　物流、资金流、信息流“三流合一”

任务二　认知会计信息化系统

由于企业性质、行业特点，以及会计核算和管理的需求不同，会计信息系统所包含的内容不尽相同。一般认为，会计信息系统由三大系统组成，即财务系统、购销存系统、管理分析系统，每个系统又进一步分解为若干子系统。

财务系统主要包括总账子系统、工资子系统、固定资产子系统、应收子系统、应付子系统、成本子系统、报表子系统和资金管理子系统等。

1.2.1　财务系统

1.　总账子系统

总账子系统是以凭证为原始数据，通过凭证输入和处理，完成记账和结账、银行对账、账簿查询、系统服务和数据管理等工作。

2.　工资子系统

工资子系统是以职工个人的原始工资数据为基础，完成职工工资的计算、工资费用的汇总和分配、个人所得税的计算、统计查询和各种工资表打印、自动编制职工薪酬费用分配转账凭证并自动传递到总账子系统等功能。

3.　固定资产子系统

固定资产子系统可以进行固定资产卡片的建设与管理，包括增加、删除、修改、查询与打印等，还可以进行固定资产的变动核算、自动生成有关记账凭证及计提折旧的账务处理等，并自动传递到总账子系统。

4. 应收子系统

应收子系统完成对各种应收账款的登记、核销工作，动态反映各客户信息及应收账款的信息，进行账龄分析和坏账估计；提供详细的客户和产品的统计分析，帮助财会人员有效地管理应收款。

5. 应付子系统

应付子系统完成对各种应付账款的登记、核销工作，以及应付账款的分析预测工作；及时分析各种流动负债的数额及偿还流动负债所需的资金；提供详细的供应商和产品的统计分析，帮助财会人员有效地管理应付款。

6. 成本子系统

成本子系统通过对成本核算方法的选择，以及对各种费用分配方法的选择，自动对从其他系统传递的数据或用户手工录入的数据进行汇总计算，输出用户需要的成本核算结果和其他统计资料。

7. 报表子系统

报表管理子系统主要根据会计核算数据，如账务处理子系统产生的总账及明细账本数据，完成各种会计报表的编制与汇总工作，生成各种内部报表、外部报表及汇总报表，根据报表数据生成各种分析表和分析图等。

1.2.2 购销存系统

购销存系统，又称为业务处理系统或供应链管理系统，主要包括：采购管理子系统、销售管理子系统、库存管理子系统和核算管理子系统。

1. 采购管理子系统

采购子系统是根据企业采购业务管理和采购成本核算的实际需要，制定采购计划，对采购订单、采购到货及入库状况进行全程管理，为采购部门和财务部门提供准确及时的信息。

2. 销售管理子系统

销售子系统是以销售业务为主线，实现销售业务管理与核算一体化。销售子系统一般和存货中的产成品核算相联系，实现对销售收入、销售成本等的核算；生成产成品销售明细账等。

3. 库存管理子系统

管理系统是对材料或库存商品的出库、产成品或库存商品的入库，以及存货的盘盈入库、盘亏出库等情况进行业务处理，并将业务处理的结果传递到核算子系统，进而在核算系统中进行存货入库成本和出库成本的计算及账务处理。

4. 核算管理子系统

核算管理子系统主要是对企业存货的收发存业务进行核算，是对业务处理结果进行会计

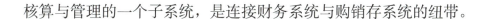

核算与管理的一个子系统，是连接财务系统与购销存系统的纽带。

1.2.3　管理分析系统

管理分析系统一般包括财务分析、流动资金管理、投资决策、利润分析和销售预测、财务计划、决策支持等子系统。

任务三　认知购销存核算系统

1.3.1　购销存核算系统应用方案

购销存核算系统包括：采购管理系统、销售管理系统、库存管理系统、核算管理系统四个模块。

1. 采购管理系统

采购管理是对采购业务的全部流程进行管理，采购模块的基本功能是进行采购管理和采购结算，其主要功能包括初始化设置、采购订单管理、采购发票填制、采购入库单填制、采购成本结算、付款单的填制等日常操作，还包括采购统计表、采购账簿、采购分析表的查询等功能。

2. 销售管理系统

销售管理系统提供了报价、订货、发货、开票的完整销售流程，支持普通销售、委托销售、分期收款、销售调拨等多种类型的销售业务。其主要功能包括初始化设置、发货单填制、销货发票填制、收款单的填制、销售退回业务处理等。

3. 库存管理系统

库存管理系统能够满足采购入库、销售出库、产成品入库、材料出库、其他出入库、盘点管理等业务需要，支持仓库货位、批次管理、保质期管理、可用量管理等业务的应用。

4. 核算管理系统

核算管理系统主要用于核算出入库业务的成本核算，对各种收付款业务生成相关的记账凭证并传递到账务系统中。

1.3.2　购销存核算系统与账务系统的关系

会计软件一般以职能来划分功能模块，并且要以账务处理为中心来划分结构。会计核算软件分为：账务处理模块、应收款核算模块、应付款核算模块、工资核算模块、固定资产核算模块、会计报表模块、采购管理模块、销售管理模块、库存管理模块、核算管理模块。各功能模块是独立的，各自独立地输入和输出，完成特定的任务。但各功能模块之间是相互作用、相互依赖的，其中账务处理模块是核心，该模块以记账凭证为接口与其他功能模块有机地连接在一起，构成完整的会计核算系统，如图1-2所示。

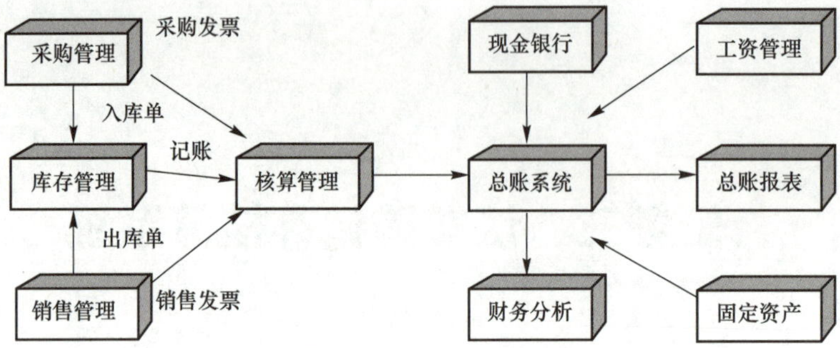

图1-2　购销存核算系统与账务系统的关系

任务四　模拟企业概况

本教材以模拟某一制造企业供应链的主要业务为案例，以一个月的生产经营活动为主线，以会计软件为实训载体，详细介绍购销存核算系统的操作步骤。该模拟企业的有关情况概述如下：

1.4.1　模拟企业的基本信息

单位名称：滨海市华兴有限公司

企业类型：工业企业

单位地址：滨海市海河区东风东路128号

法人代表：孙小军

会计主管：张燕玲

开户银行：工商银行滨海市蓝山支行

银行账号：3275905475

税务登记证：44038475109

1.4.2　模拟企业的业务处理流程

模拟企业的业务处理流程，如图1-3所示。

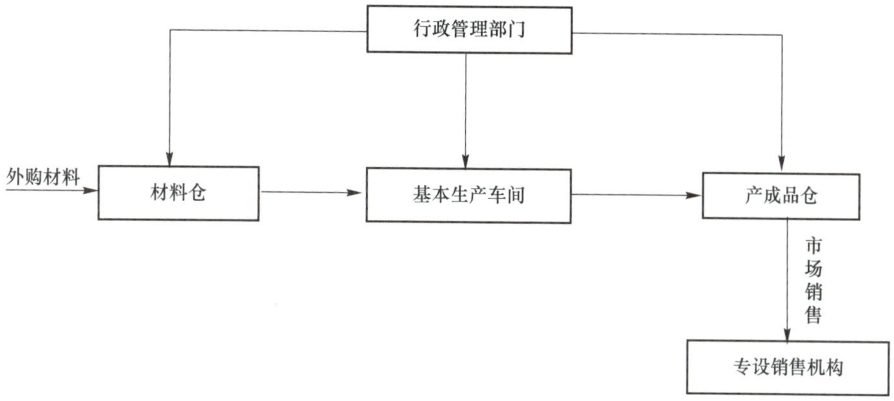

图1-3　模拟企业的业务处理流程

1.4.3　模拟企业会计政策和核算方法

① 企业经滨海市国家税务局认定为增值税一般纳税人企业，执行2007年的《企业会计准则》和《会计基础工作规范》，以及全面营改增后的有关最新税法规定。

② 存货采用实际成本核算，原材料采用月末一次加权平均法计价，周转材料采用先进先出法（说明：为了让学生理解不同的存货计价方法在购销存核算系统中的操作步骤，从而将该企业的存货核算定为两种不同的计价方法）。领用周转材料按五五摊销法，原材料月末一次结转发出成本。

③ 产品成本按品种法核算，该企业有一个基本生产车间，生产A、B两种产品。生产用材料全部外购，直接人工和制造费用按产品生产工时比例分配，分配率保留四位小数，其中A产品本月生产工时为6 500工时，B产品本月生产工时为3 500工时，本月末均无在产品。

④ 固定资产折旧业务、工资业务等不涉及购销存核算系统的业务处理均在总账系统录入完成。

⑤ 增值税税率13%，城市维护建设税税率7%，教育费附加费率3%。

行业动态

加快会计数字化转型 支撑会计职能拓展

推动会计信息化工作向更高水平迈进

——《会计改革与发展“十四五”规划纲要》系列解读之六（节选）

随着经济社会数字化转型不断发展和新技术创新迭代，会计信息化工作面临诸多机遇和挑战。

一、经济社会数字化转型全面开启，会计工作数字化转型有待进一步加强。

我国正在经历第四次工业革命的科技发展及技术快速迭代时期，大数据、人工智能、移动互联、云计算、物联网、区块链等数字技术呈迅猛发展态势，应用场景也在不断深化，使经济社会数字化转型全面开启和深入推进，为新时期会计信息化应用场景全面转向数字化带来新的机遇，同时也带来了前所未有的挑战。运用新技术推动会计工作数字化转型，需要加快解决标准缺失、制度缺位、人才缺乏等问题。

二、随着业务创新发展和新技术创新迭代，各单位业财融合需求更加迫切。

一方面，会计信息化应用水平程度较高的企事业单位对财务数据和业务数据进行标准化处理，初步实现了业财融合，同时业务创新发展和新技术创新迭代不断提出新的更高的业财融合需求；另一方面，多数企事业单位的业财融合仍然处在起步或局部应用阶段，对业财融合的需求非常迫切，也为会计数字化转型带来了困难。

三、会计数据要素日益重要，数据治理工作任重而道远。

随着数字经济和数字社会发展，数据已经成为五大生产要素之一。会计数据要素是单位经营管理的重要资源，不仅能够帮助企事业单位更好地规划生产经营，更能有效地处理会计核算、会计报告、管理会计、内部控制等会计工作。通过将零散的、非结构化的会计数据转变为聚合的、结构化的会计数据要素，发挥其服务单位价值创造功能，是会计工作实现数字化转型的重要途径。进一步提升会计数据要素服务单位价值创造的能力是会计数字化转型面临的主要挑战。

四、随着基于网络环境的会计信息系统的广泛应用，会计数据安全风险不容忽视。

网络时代，数据安全保障工作难度大大提高，基于网络环境的会计信息系统受到日益严重的网络安全威胁。会计数据在单位内部、各单位之间共享和使用，以及会计数据传输、存储等环节都存在数据泄露、篡改及损毁的风险，会计信息系统和会计数据安全风险不断上升，需要采取有效的防范措施。

项目二　系统初始化

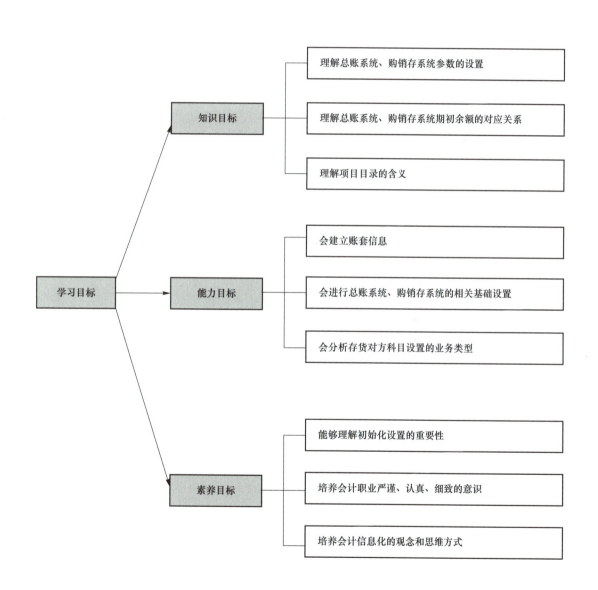

- 学习目标
  - 知识目标
    - 理解总账系统、购销存系统参数的设置
    - 理解总账系统、购销存系统期初余额的对应关系
    - 理解项目目录的含义
  - 能力目标
    - 会建立账套信息
    - 会进行总账系统、购销存系统的相关基础设置
    - 会分析存货对方科目设置的业务类型
  - 素养目标
    - 能够理解初始化设置的重要性
    - 培养会计职业严谨、认真、细致的意识
    - 培养会计信息化的观念和思维方式

任务一 建立账套信息

任务描述

系统初始化的首要任务是建立账套的基本信息，包括设置操作员、建立账套、设置操作员权限、启用系统等任务。账套信息建立的是否正确，将影响日后系统业务的处理。

2.1.1 设置操作员（资料见表2-1）

表2-1 操作员名单

编号	操作员姓名	所属部门
1	张燕玲	财务部
2	胡丽	财务部
3	杨珊珊	财务部

说明：为了便于上机操作，本教材所选案例的操作员只设置财务部的操作员。

操作步骤

以系统管理员admin的身份登录“系统管理”，选择“权限”→“操作员”→“增加”。

2.1.2 建立账套

1. 账套信息

账套号：按系统默认

账套名称：滨海市华兴有限公司

启用会计期间：2019年1月

2. 单位信息

单位名称：滨海市华兴有限公司

单位简称：华兴公司

单位地址：滨海市海河区东风东路128号

法人代表：孙小军

3. 核算类型

企业类型：工业

行业性质：2007年新会计准则

账套主管：张燕玲

是否按行业预置科目：是

4. 基础信息

存货是否分类：是

客户是否分类：否

供应商是否分类：否

有无外币核算：无

5. 分类编码方案

科目编码级次：42222

部门编码级次：12

存货分类编码级次：122

结算方式编码级次：12

6. 数据精度定义

存货数量小数位：2

存货单价小数位：2

开票单价小数位：2

其他小数位：2

2.1.3　设置操作员权限（资料见表2-2）

表2-2　操作员权限

编号	操作员姓名	岗位	操作员权限
1	张燕玲	财务主管	账套主管
2	胡丽	会计员	公共目录设置、工资管理、固定资产、应收管理、应付管理、往来、项目管理、采购管理、销售管理、库存管理、核算、总账中除“审核凭证”和“出纳签字”外的所有权限
3	杨珊珊	出纳员	总账中的出纳签字、现金管理

操作步骤

以系统管理员admin的身份登录“系统管理”，选择“权限”→“权限”，再单击某操作员→“增加”→“确定”。

2.1.4 系统启用

操作步骤

以系统管理员账套主管张燕玲的身份登录“系统管理”，启用如图2-1所示系统。

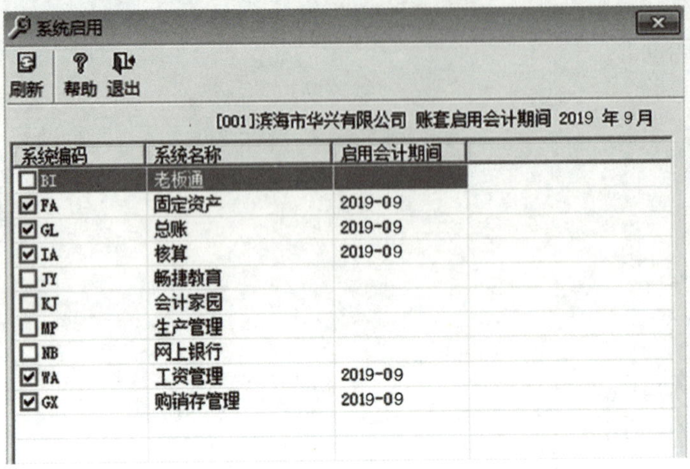

图2-1 启用系统

任务二 基础设置

任务描述

在使用购销存系统之前，首先应该设置好常用的基础档案，如部门档案、往来单位档案、存货分类、存货档案、仓库档案、采购类型、销售类型、收发类别等。本实训案例以账套主管张燕玲的身份登录系统，完成相关基础设置。

2.2.1 机构及职员设置

1. 设置部门档案（资料见表2-3）

表2-3 部门档案

部门编码	部门名称
1	行政部
2	财务部
3	采购部

续表

部门编码	部门名称
4	销售部
5	仓管部
6	生产车间

部门档案的设置如图2-2所示。

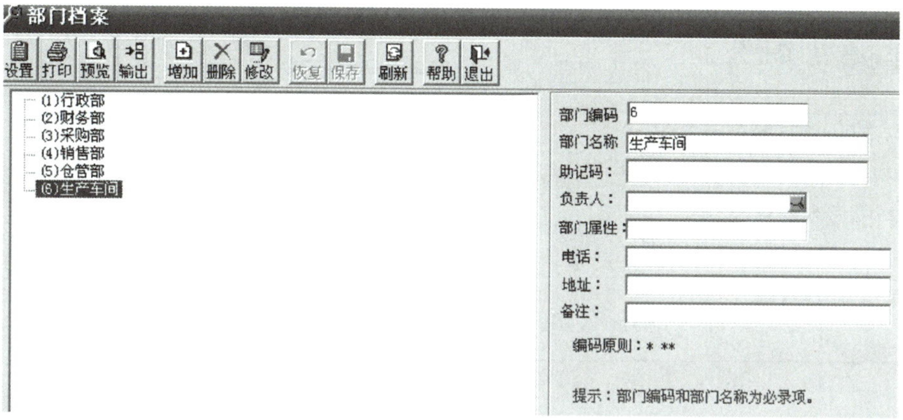

图2-2　部门档案的设置

2. 设置职员档案（资料见表2-4）

表2-4　职员档案

编号	名称	所属部门
101	孙小军	行政部
201	张燕玲	财务部
202	胡丽	财务部
203	杨珊珊	财务部
301	黄剑	采购部
401	李凡辉	销售部
501	王芳	仓管部
601	杨祥平	生产车间
602	刘柳	生产车间

说明：本教材重点介绍购销存核算系统，对工资系统、固定资产系统不作介绍，因此，实训案例中的职员档案等资料仅为举例。

2.2.2 往来单位设置

1. 设置客户档案（资料见表2-5）

表2-5 客户档案

编号	客户名称	简称	税务登记号	开户银行	账号
101	滨海市嘉深有限公司	嘉深公司	1104859084343	中行滨海市沿江支行	2294050652
102	滨海市宏达实业公司	宏达实业	1103859858356	建行滨海市中山分行	3294094024
103	汕头市明华有限公司	明华公司	5583902904346	工行汕头市海滨支行	1930493324
104	滨海市南方贸易公司	南方贸易	1193058945009	工行滨海市城北支行	2030939233
105	深圳市梅湖有限公司	梅湖公司	2290498503405	工行深圳市龙岗分行	4050593842

客户档案的设置如图2-3所示。

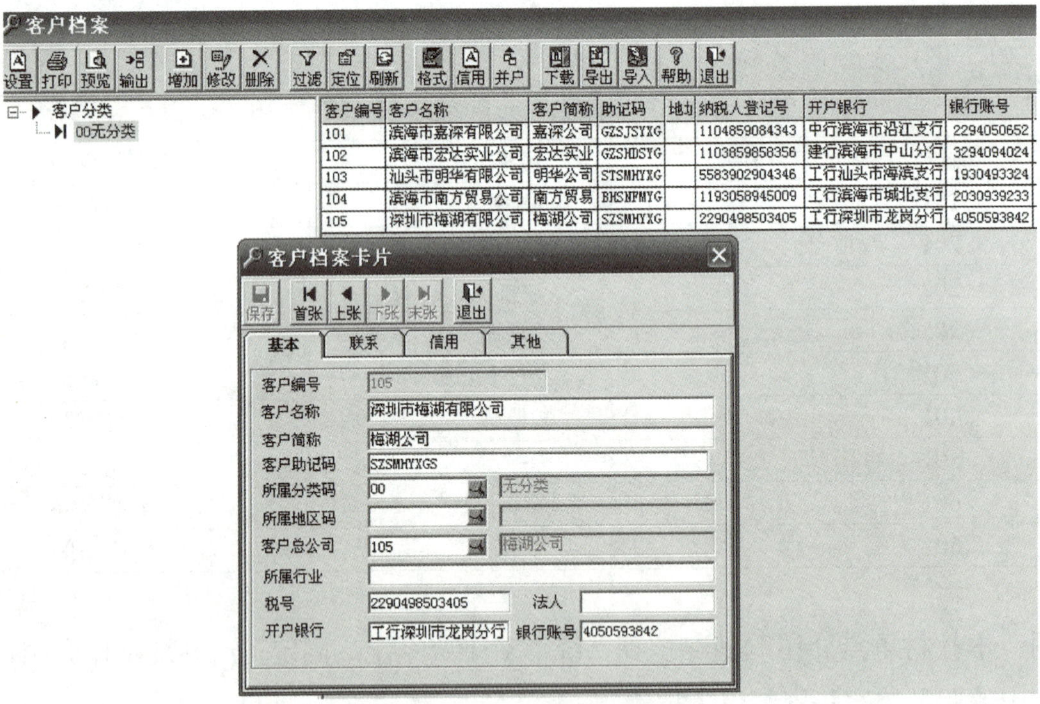

图2-3 客户档案的设置

2. 设置供应商档案（资料见表2-6）

表2-6 供应商档案

编号	供应商名称	简称	税务登记号	开户银行	账号
101	滨海市南阳有限公司	南阳公司	1102759643312	工行滨海市东风支行	1002834909
102	滨海市天飞科技公司	天飞科技	1103549268595	建行滨海市中山分行	3368439767
103	中山市新鑫有限公司	新鑫公司	4402588675136	工行中山市凤凰支行	1003674845
104	滨海市扬帆工厂	扬帆工厂	1105871391235	农行滨海市红旗支行	4839409430
105	深圳市升科有限公司	升科公司	2245874687876	工行深圳市龙岗分行	5583950383

2.2.3 存货设置

存货设置包括存货分类和存货档案，必须先设置存货的分类，再设置存货档案。设置存货分类和存货档案的目的是便于将日常发生的各种存货的增减变化按存货进行账务处理。

1. 存货分类（资料见表2-7）

表2-7 存货分类

类别编码	类别名称
1	原材料
2	产成品
3	周转材料
4	其他类

操作步骤

选择“基础设置”→“存货”→“存货分类”，打开存货分类对话框（图2-4）。

图2-4 存货分类的设置

2. 存货档案

存货档案的准确设置非常重要，它将影响日后的购销存账务处理。在“存货档案”窗口中包括四个选项卡：基本、成本、控制和其他。在“基本”选项卡中，有六个复选框，用于设置存货属性。资料见表2-8。

表2-8　存货档案

存货编号	存货名称	计量单位	存货属性	所属分类码	税率/%
101	甲材料	千克	外购、生产耗用	1	13
102	乙材料	千克	外购、生产耗用	1	13
103	辅料	千克	外购、生产耗用	1	13
201	A产品	台	自制、销售	2	13
202	B产品	台	自制、销售	2	13
301	劳保用品	件	外购、生产耗用	3	13
302	工具	件	外购、生产耗用	3	13
303	包装箱	个	外购、生产耗用	3	13
401	运输费	元	销售、外购、劳务费用	4	9
402	装卸搬运费	元	销售、外购、劳务费用	4	6

操作步骤

选择“基础设置”→“存货”→“存货档案”，打开“存货档案”对话框，依次输入所有存货档案资料（图2-5）。

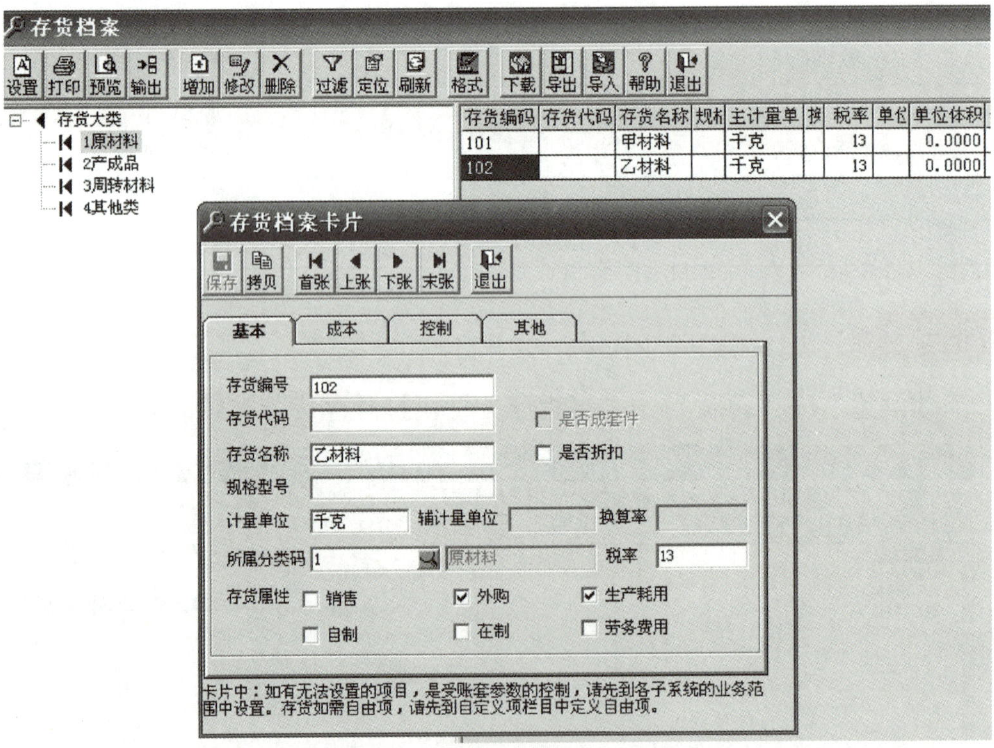

图2-5　存货档案的设置

注意：

（1）在设置存货档案时，一定要将存货的属性设置正确，尤其是“劳务费用”的选择。“劳务费用”是指在采购发票上开具的运输费、装卸及搬运费等采购费用，以及开具在销售

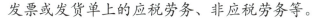

发票或发货单上的应税劳务、非应税劳务等。

（2）“是否折扣”复选框暂不要勾上，否则录入“期初库存”时无法显示此存货。

（3）“其他”选项卡中的启用日期为虚拟日期，可以按默认的系统日期，不会影响日后账务处理。

2.2.4　财务设置

财务设置包括设置会计科目、凭证类别和项目目录。在设置会计科目时，应该考虑企业会计核算、业务处理和财务管理的需要，设置企业实际需要的会计科目。设置项目目录的目的是将项目核算的内容进行归并和整理，为实现项目核算做好准备。

1. 设置会计科目（资料见表2-9）

表2-9　会计科目

科目类型	科目编码	科目名称	计量单位	账页格式及辅助核算
资产	1001	库存现金		金额式、日记账
资产	1002	银行存款		金额式、日记账、银行账
资产	1012	其他货币资金		金额式
资产	1121	应收票据		金额式、客户往来、受控系统：无
资产	1122	应收账款		金额式、客户往来、受控系统：应收
资产	1123	预付账款		金额式、供应商往来、受控系统：应付
资产	1132	应收利息		金额式
资产	1221	其他应收款		金额式
资产	122101	应收个人社保费		金额式
资产	1231	坏账准备		金额式
资产	1402	在途物资		金额式
资产	1403	原材料	千克	数量金额式
资产	140301	甲材料	千克	数量金额式
资产	140302	乙材料	千克	数量金额式
资产	140303	辅料	千克	数量金额式
资产	1405	库存商品	台	数量金额式
资产	140501	A产品	台	数量金额式
资产	140502	B产品	台	数量金额式
资产	1408	委托加工物资		金额式
资产	1411	周转材料		金额式
资产	141101	低值易耗品		金额式
资产	14110101	劳保用品	件	数量金额式
资产	14110102	工具	件	数量金额式
资产	141102	包装物		金额式
资产	14110201	包装箱	个	数量金额式

续表

科目类型	科目编码	科目名称	计量单位	账页格式及辅助核算
资产	1601	固定资产		金额式
资产	160101	房屋		金额式
资产	160102	设备		金额式
资产	1602	累计折旧		金额式
资产	1606	固定资产清理		金额式
资产	1901	待处理财产损溢		金额式
负债	2001	短期借款		金额式
负债	2201	应付票据		金额式、供应商往来、受控系统：无
负债	2202	应付账款		金额式、供应商往来、受控系统：无
负债	220201	应付账款		金额式、供应商往来、受控系统：应付
负债	220202	暂估款		金额式、供应商往来、受控系统：无
负债	2203	预收账款		金额式、客户往来、受控系统：应收
负债	2211	应付职工薪酬		金额式
负债	221101	工资		金额式
负债	221102	职工福利费		金额式
负债	221103	社会保险费		金额式
负债	2221	应交税费		金额式
负债	222101	应交增值税		金额式
负债	22210101	进项税额		金额式
负债	22210102	销项税额		金额式
负债	22210103	已交税金		金额式
负债	22210104	进项税额转出		金额式
负债	22210105	转出未交增值税		金额式
负债	222102	未交增值税		金额式
负债	222103	应交所得税		金额式
负债	222104	应交个人所得税		金额式
负债	222105	应交城建税		金额式
负债	222106	应交教育费附加		金额式
负债	2231	应付利息		金额式
负债	2241	其他应付款		金额式
负债	224101	押金		金额式
负债	2501	长期借款		金额式
权益	4001	实收资本		金额式
权益	4002	资本公积		金额式
权益	4101	盈余公积		金额式
权益	4103	本年利润		金额式
权益	4104	利润分配		金额式
权益	410401	未分配利润		金额式

续表

科目类型	科目编码	科目名称	计量单位	账页格式及辅助核算
成本	5001	生产成本		金额式、项目核算
成本	500101	直接材料		金额式、项目核算
成本	500102	直接人工		金额式、项目核算
成本	500103	制造费用		金额式、项目核算
成本	500104	生产成本转出		金额式、项目核算
成本	5101	制造费用		金额式
成本	510101	材料费		金额式
成本	510102	人工费		金额式
成本	510103	折旧费		金额式
成本	510104	其他费用		金额式
损益	6001	主营业务收入		金额式
损益	600101	A产品	台	数量金额式
损益	600102	B产品	台	数量金额式
损益	6051	其他业务收入		金额式
损益	6301	营业外收入		金额式
损益	6401	主营业务成本		金额式
损益	640101	A产品	台	数量金额式
损益	640102	B产品	台	数量金额式
损益	6402	其他业务成本		金额式
损益	6403	税金及附加		金额式
损益	6601	销售费用		金额式
损益	6602	管理费用		金额式
损益	660201	人工费		金额式
损益	660202	折旧费		金额式
损益	660203	材料费		金额式
损益	660204	其他费用		金额式
损益	6603	财务费用		金额式
损益	6711	营业外支出		金额式
损益	6801	所得税费用		金额式

注意：

（1）建账时已预置了会计科目，因此只需对已存会计科目进行修改或增设会计科目，无须删除不用的会计科目。

（2）注意“应收账款”“预收账款”及“预付账款”一级科目的辅助核算性质，受控系统分别为“应收”和“应付”；“应付账款”一级科目的辅助核算受控系统为空白，“应付账款”二级明细科目“应付账款”受控系统为“应付”，“暂估款”受控系统为空白，原因是核算系统中的存货对方科目设置了“暂估款”科目（图2-6和图2-7）。

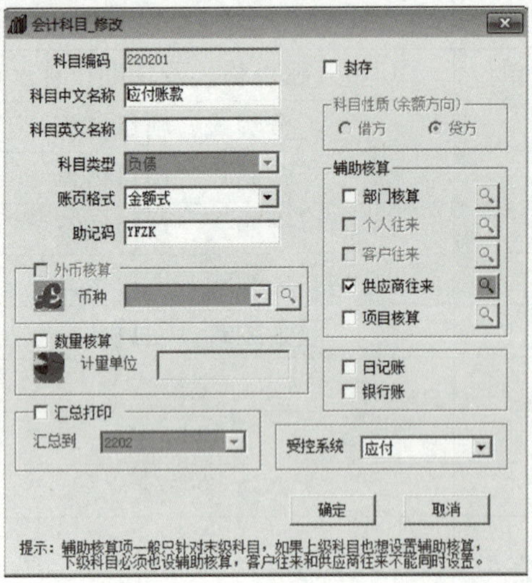

图2-6 “应付账款——应付账款”二级科目的设置

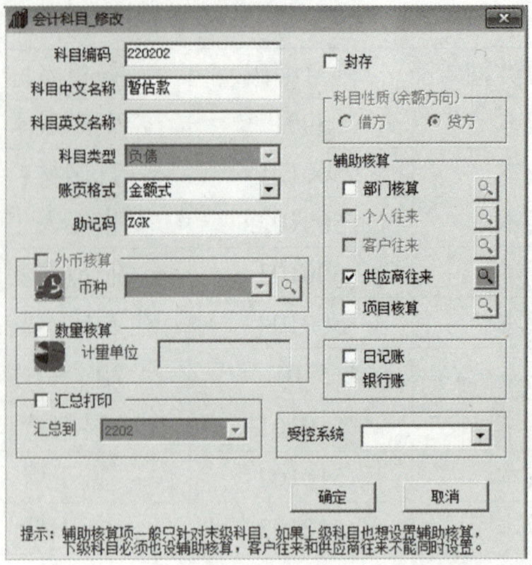

图2-7 “应付账款——暂估款”二级科目的设置

（3）“应收票据”只设置为客户往来，但不受控于“应收”系统，“应付票据”只设置为供应商往来，但不受控于“应付”系统，因此，不能在“应收”及“应付”系统中使用“应收票据”和“应付票据”科目，其发生额及余额不用与购销存系统对账。本实训案例中将商业汇票结算当作现结业务处理。

（4）“指定会计科目”为总账系统中执行出纳签字必须进行的初始设置，“现金总账科目”的指定科目是“库存现金”，“银行总账科目”的指定科目是“银行存款”（图2-8）。

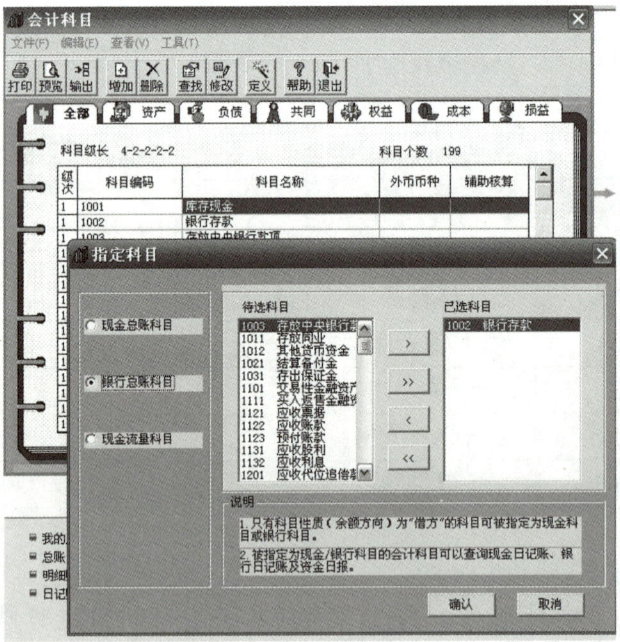

图2-8 指定会计科目

2. 设置凭证类别

设置凭证类别：记账凭证。

操作步骤

选择“基础设置”→“财务”→“凭证类别”→“记账凭证”。

3. 项目目录

项目可以是存货、费用、成本、工程，还可以是现金流量，总之，可以把需要单独计算成本或收入的对象都视为项目。在软件系统中，可以定义多类项目核算，并可以将具有相同特点的一类项目定义为一个项目大类，对每个项目大类还可以进行细分类，在最末级明细分类下再建立具体的项目档案。项目核算较为复杂，本实训教材的案例仅以“生产成本”为例，介绍项目核算的方法，资料见表2-10。

表2-10　项目目录

项目大类	核算科目	项目结构	项目分类定义	项目目录
成本对象	5001生产成本	按系统默认	1. 产品	1. A产品 2. B产品
	500101 直接材料	按系统默认		
	500102 直接人工	按系统默认		
	500103 制造费用	按系统默认		
	500104 生产成本转出	按系统默认		

操作步骤

这里介绍“生产成本”项目核算的设置步骤：

① 选择“基础设置”→“财务”→“会计科目”，修改“生产成本”的辅助核算为项目核算（见图2-9）。

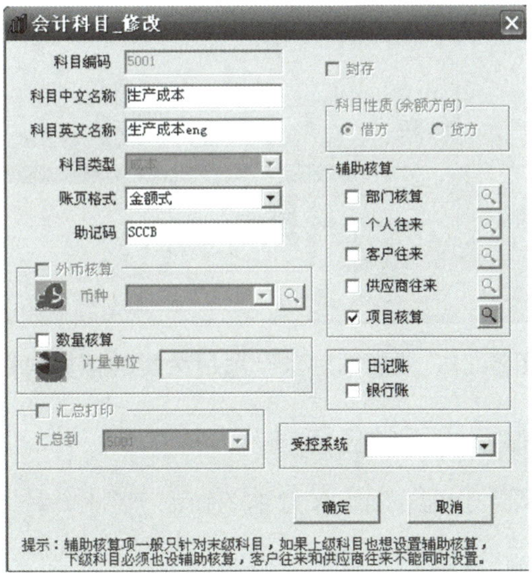

图2-9　设置“生产成本”的辅助核算项目

② 选择“基础设置”→“财务”→“项目目录”，单击“增加”按钮，在“新项目大类名称”中录入“成本对象”，并选择“成本对象”按钮，再单击“下一步”按钮。“定义项

目级次”和“定义项目栏目”均按系统默认值，单击“完成”按钮，返回“项目档案”对话框（见图2-10）。

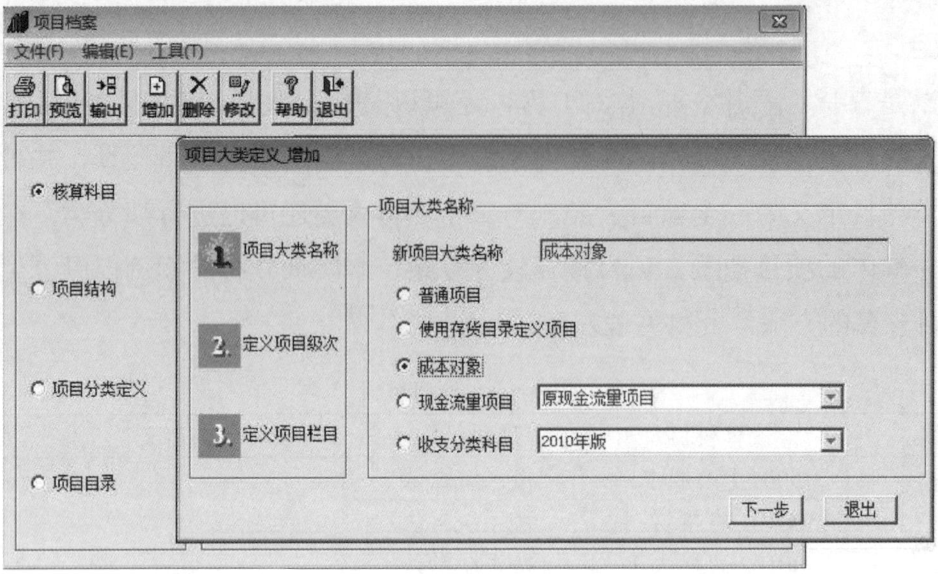

图2-10　项目大类定义

③ 在项目大类下拉菜单中选择“成本对象”，把其核算科目从待选科目选入已选科目中，并单击“确定”按钮（见图2-11）。

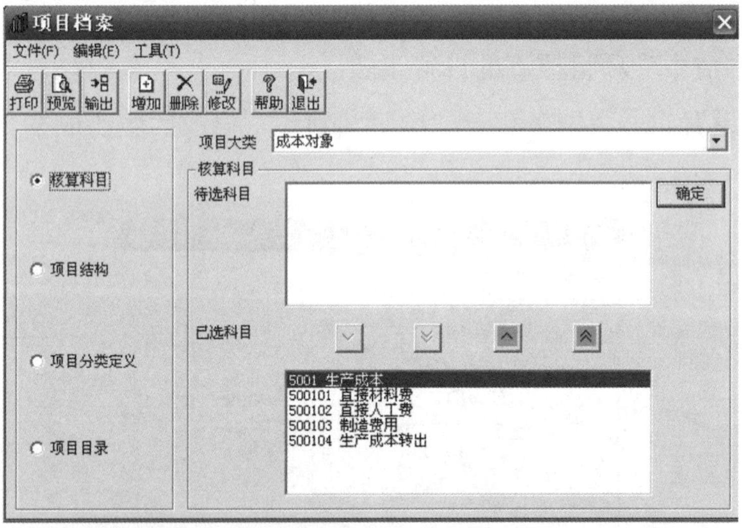

图2-11　“成本对象”项目大类的核算科目

④ “项目结构”按系统默认，不做任何修改。

⑤ 选中“项目分类定义”按钮，输入分类编码为“1”，分类名称为“产品”，单击“确定”按钮（见图2-12）。

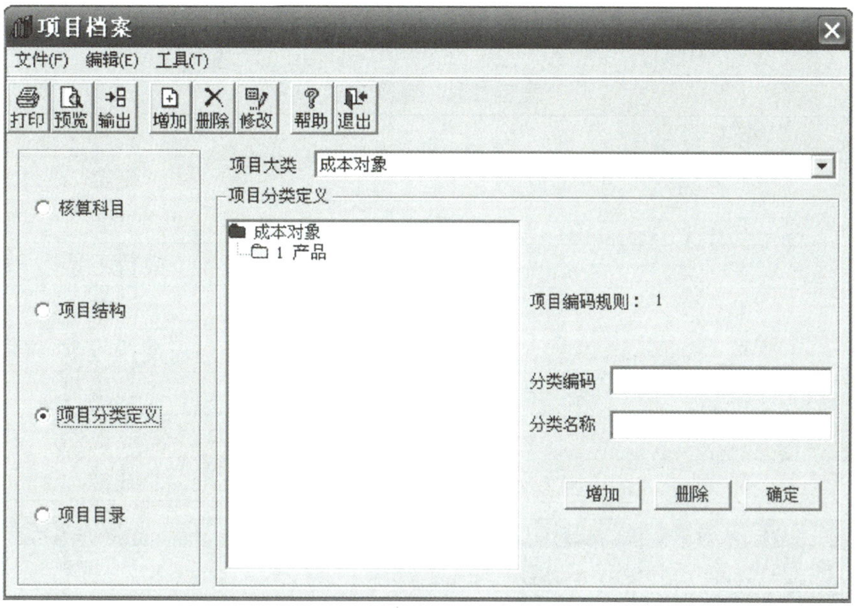

图2–12　项目分类定义

⑥ 选中“项目目录”按钮，单击“维护”按钮，打开“项目目录维护”对话框，单击“增加”按钮，依次输入“1．A产品”“2．B产品”项目目录（见图2-13）。

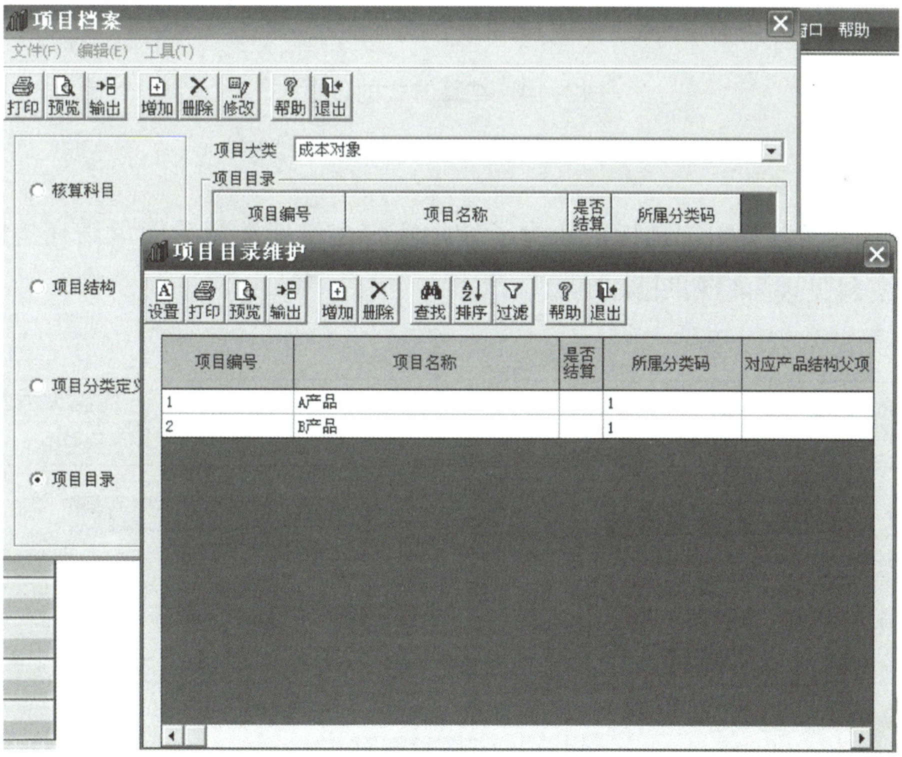

图2–13　“成本对象”项目目录

2.2.5　收付结算设置

收付结算设置包括设置结算方式、付款条件和本企业开户银行的信息等。

1. 设置结算方式（资料见表2-11和图2-14）

表2-11 结算方式

编码	名称
1	现金
2	支票
3	银行汇票
4	汇兑
5	委托收款
6	托收承付
7	商业汇票
8	其他

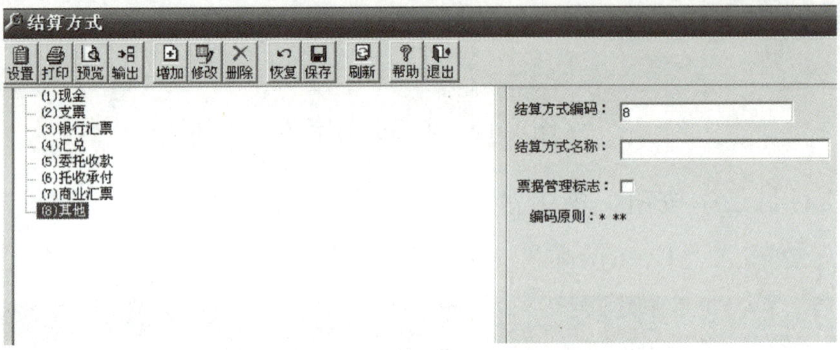

图2-14 结算方式的设置

2. 设置付款条件

付款条件也叫现金折扣，是指企业为了鼓励客户尽早偿还货款而承诺在规定期限内给予的折扣优惠（资料见表2-12和图2-15）。

表2-12 付款条件

付款条件编码	付款条件表示	信用天数	优惠天数1	优惠率1	优惠天数2	优惠率2
1	2/10，1/20，N/30	30	10	2	20	1

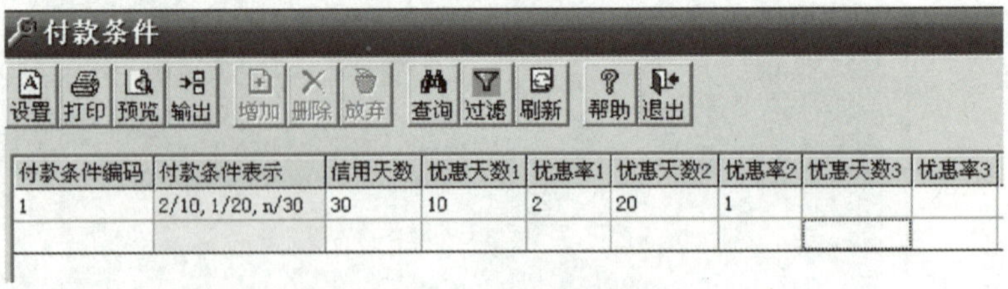

图2-15 付款条件的设置

注意：

图2-15中所示的“付款条件表示”栏不是手工录入的，而是要在依次录完“信用天数”“优惠天数1”“优惠率1”“优惠天数2”“优惠率2”等栏目后，再单击“增加”按钮，退出再进入才会显示。

知识拓展

付款条件表示为2/10，1/20，N/30，分别表示客户在10天内偿还货款，可得到2%的折扣，即只需付原价的98%的货款；在20天内偿还货款，可得到1%的折扣，即只要付原价的99%的货款；在30天内（及30天以上）偿还货款，则须按照全额支付货款。

3. 设置开户银行（资料见表2-13）

表2-13　开户银行信息

编号	开户银行	账号	暂封标志
1	工商银行滨海市蓝山支行	3275905475	否

注意：

设置开户银行是指设置本企业的开户银行信息，为购销存系统中使用本企业的开户银行信息提供便捷，必须先在“基础设置”→“收付结算”→“开户银行”中设置好，否则，在销售系统中填制销售专用发票时本企业（即销售方）的银行账号及开户银行无法显示。

2.2.6　购销存设置

购销存的设置包括仓库档案、收发类别、采购类型、销售类型、费用项目及非合理损耗等的设置。

1. 设置仓库档案（资料见表2-14和图2-16）

表2-14　仓库档案

仓库编码	仓库名称	计价方式	是否货位管理
1	材料库	全月加权平均法	否
2	成品库	全月加权平均法	否
3	周转材料库	先进先出法	否

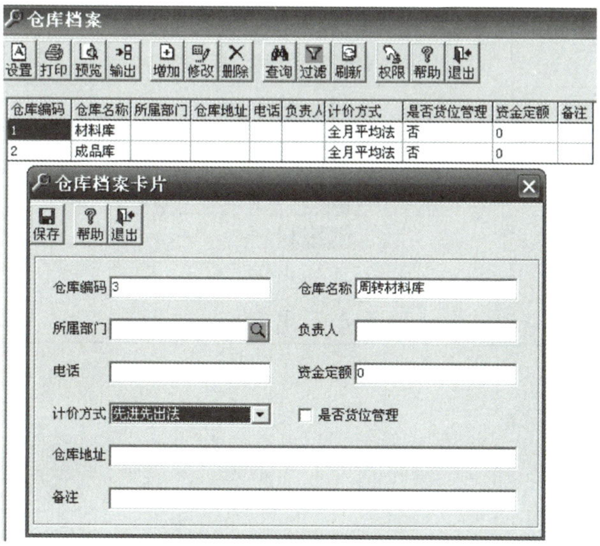

图2-16　仓库档案的设置

注意：

（1）仓库档案的正确设置是日后存货成本核算的关键，尤其是“计价方式”的选择要正确。

（2）本实训教材所选案例将“周转材料”列为“周转材料库”，并将计价方式定为“先进先出法”，是为了教学需要，让大家熟悉购销存系统中的存货按“先进先出法”时是如何操作的。在实际工作中，周转材料也属于材料库，存货核算一般按一种计价方式核算。

2. 设置收发类别

收发类别用来表示存货的出入库类型，便于对存货的出入库情况进行分类汇总统计，核算系统可以根据不同的存货收发类别业务设置对应的核算会计科目。在核算系统生成记账凭证时，可以自动带出有关会计科目（资料见表2-15和图2-17）。

表2-15　收发类别

类别编号	类别名称	收发标志
1	入库类别	收
11	采购入库	收
12	产成品入库	收
121	A产品入库	收
122	B产品入库	收
13	退料入库	收
14	半成品入库	收
15	其他入库	收
151	材料暂估入库	收
152	盘盈入库	收
16	委托加工入库	收
2	出库类别	发
21	产品销售出库	发
22	材料领用出库	发
221	生产产品用料	发
222	车间一般用料	发
223	行政管理用料	发
224	销售机构用料	发
225	销售材料	发
25	其他出库	发
251	盘亏出库	发

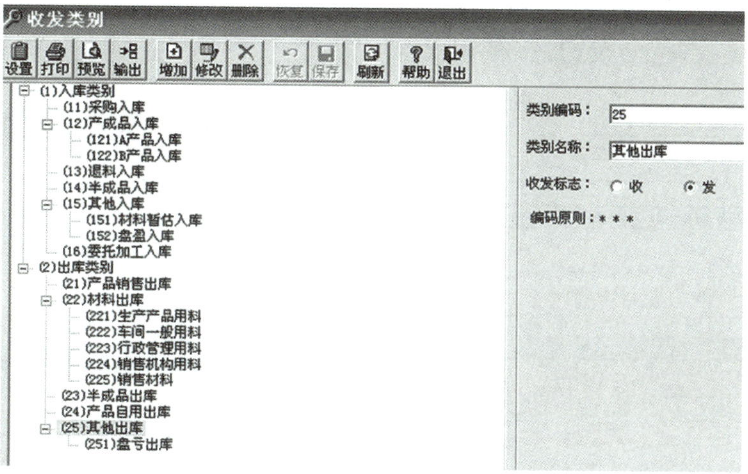

图2–17　收发类别的设置

3. 设置采购类型、销售类型

采购类型、销售类型均按系统默认值。

4. 设置费用项目

企业在销售过程中会发生一些费用，如代垫运杂费、销售支出等，可先在“基础设置”→“购销存”→“费用项目”中设定这些费用项目，以便进行会计核算和归类统计分析等（资料见表2-16）。

表2–16　费用项目

费用项目编号	费用项目名称
1	运费
2	杂费

2.2.7　单据设计

系统已提供了大量通用的单据格式，企业可以根据实际需要再增减单据格式，这里结合本教材的实训案例对“材料出库单”增设“项目编码”“项目大类编码”栏目。

操作步骤

① 选择“基础设置”→“单据设计”→“材料出库单设计”命令，打开“材料出库单设计”窗口。

② 单击“增加”按钮，在“请选择要恢复项目”对话框中选择“表体项目：项目编码”和“表体项目：项目大类编码”选项，再单击“确定”按钮（见图2-18）。

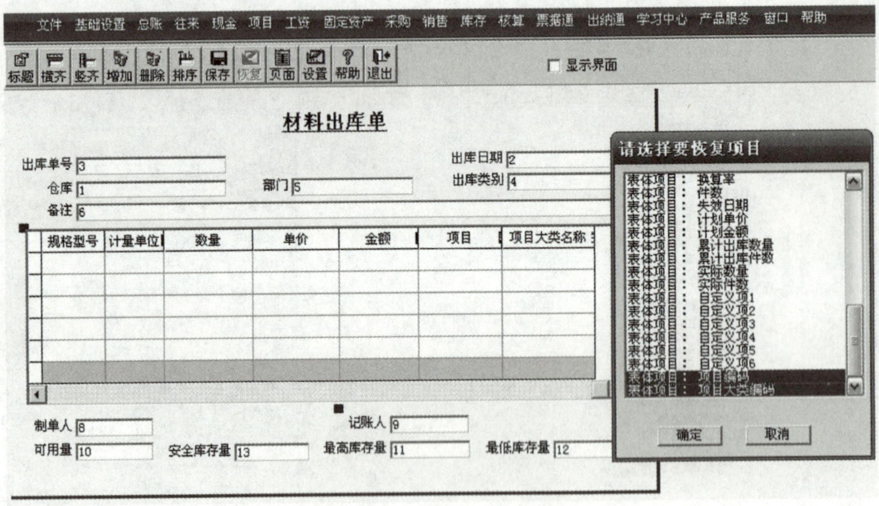

图2-18　材料出库单设计

③ 将“项目编码”和“项目大类编码”栏目拖到“项目”栏前，再单击“保存”按钮（见图2-19）。

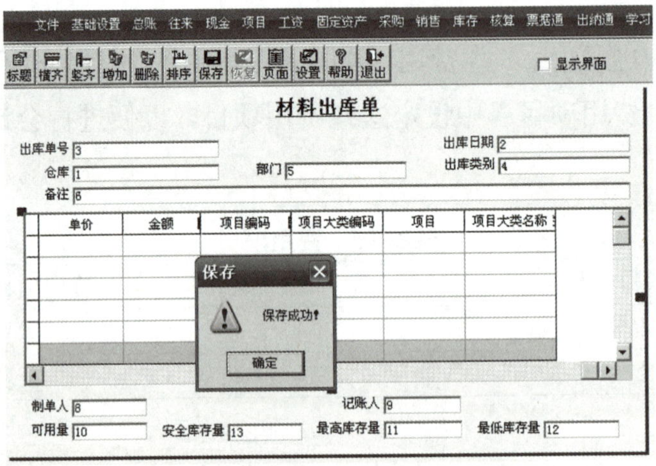

图2-19　保存材料出库单的设计

任务三　系统参数设置

任务描述

系统参数包括账务系统参数及购销存核算系统参数，本实训教材重点介绍购销存核算系统参数的设置，账务系统参数仅介绍案例中涉及的总账系统中的部分参数的设置。

2.3.1　总账系统参数设置

总账系统需要修改的参数资料见表2-17，其他参数按系统默认值。

表2-17　总账系统参数设置

选项	参数设置
凭证	出纳凭证必须经由出纳签字
其他	数量小数位：2
	单价小数位：2
	本位币精度：2

操作步骤

（1）单击“总账”→“设置”→“选项”→“凭证控制”→“出纳凭证必须经由出纳签字”。

（2）单击“总账”→“设置”→“选项”→“其他”→“数量小数位：2”→“单价小数位：2”→“本位币精度：2”。

2.3.2　采购系统参数设置

采购系统参数的设置包括“业务控制”“公共参数”“结算选项”“应付参数”等，企业可以结合实际需要进行更改，本实训教材所选案例仅对“应付参数”中的“现金折扣是否显示”进行设置，其他参数按系统默认值。

操作步骤

选中“采购”→“采购业务范围设置”，对“应付参数”选项中的“现金折扣是否显示”复选框打√，并单击“确定”按钮。

注意：

（1）选择“显示现金折扣”，系统会在“付款结算”中显示“可享受折扣”和“本次折扣”，并根据付款条件计算可享受的折扣；若选择“不显示现金折扣”，则系统既不计算，也不显示现金折扣。

（2）购销存核算系统业务范围设置必须退出其他模块，否则会出现如图2-20所示的站点互斥的现象。解决方法是鼠标指向互斥站点的系统（如总账系统），单击鼠标右键，显示“注销”框，再单击鼠标左键即可。

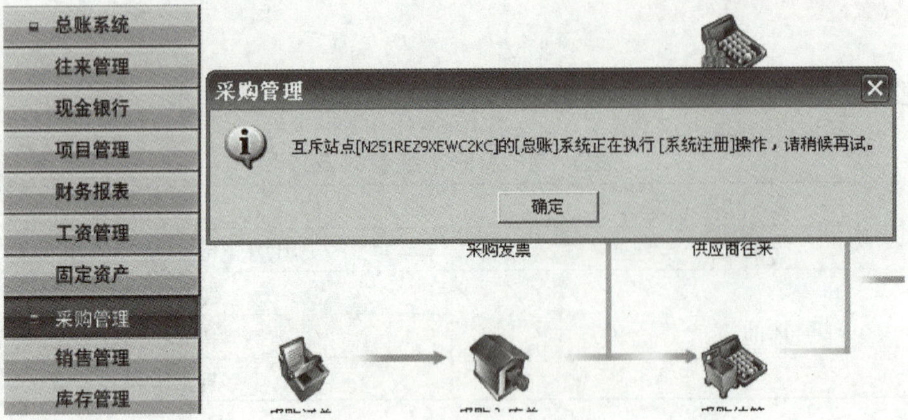

图2-20 站点互斥的现象

2.3.3 销售系统参数设置

销售系统参数的设置包括“业务范围”“业务控制”“系统参数”“打印参数”“价格管理”“应收核销”等，企业可以结合实际需要进行更改。本实训教材所选案例仅对“应收核销”中的“显示现金折扣”进行设置，其他参数按系统默认值。

操作步骤

选中“销售”→“销售业务范围设置”，对“应收核销”选项中的“显示现金折扣”复选框打√，并单击“确定”按钮。

注意：

“业务范围”选项中的“销售生成出库单”是指如果由销售系统生成销售出库单，则销售系统的发货单、销售发票在复核时，自动生成销售出库单，并传递到库存系统和核算系统；否则，销售出库单由库存系统参照上述单据生成。

2.3.4 库存系统参数设置

设置库存系统参数时，要注意对“库存系统生成销售出库单”复选框的选择，它和销售系统中的“业务范围”选项中的“销售生成出库单”复选框所指的含义是一致的，如果将“销售”→“销售业务范围设置”→“业务范围”选项中的“销售生成出库单”复选框打√，则“库存”→“库存业务范围设置”中的“库存系统生成销售出库单”复选框自动变为□，反之亦然。本实训教材所选案例按系统默认值，即由“库存系统生成销售出库单”（见图2-21）。

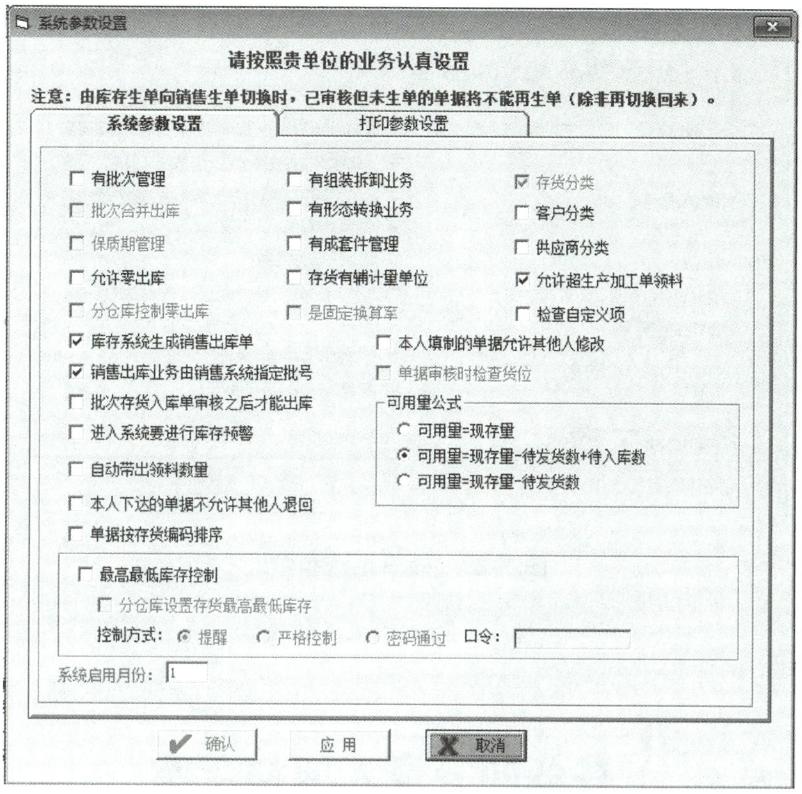

图2-21　库存系统的参数

2.3.5　核算系统参数设置

核算系统参数的设置包括“核算方式”“控制方式”“最高最低控制”“供应商、客户往来”等，企业可以结合实际需要进行更改，本实训教材所选案例仅将“控制方式”中的“进项税额转出”科目选出，其他参数均按系统默认值（见图2-22和图2-23）。

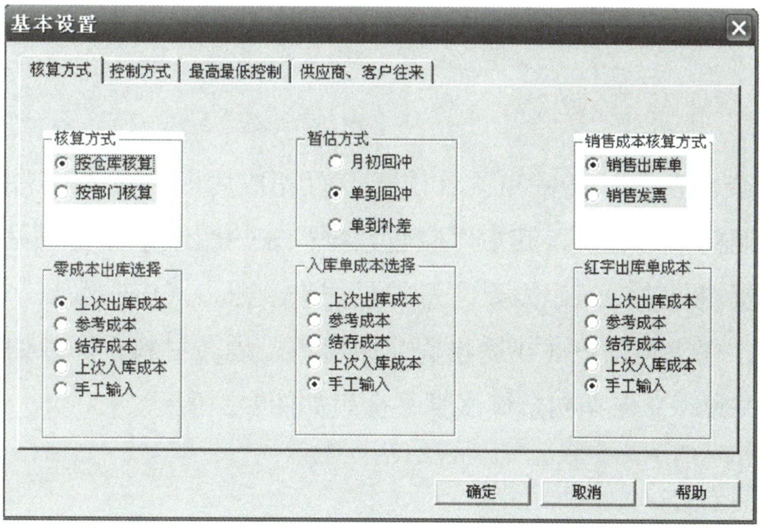

图2-22　核算系统参数1

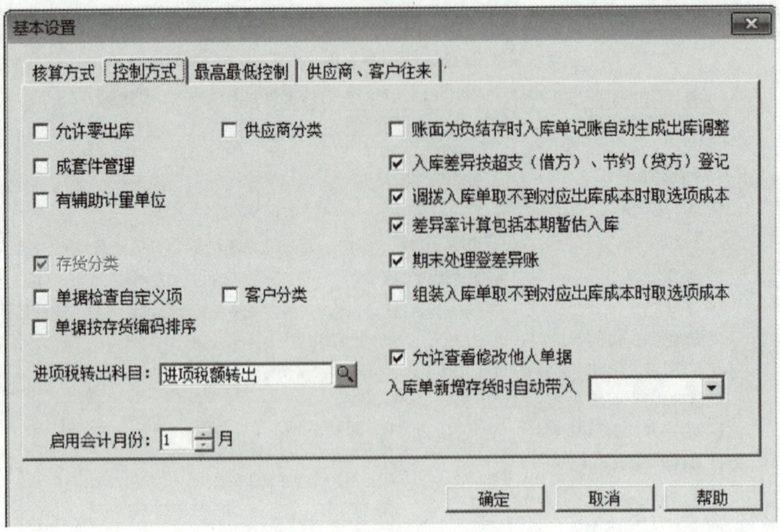

图2-23 核算系统参数2

任务四 录入期初余额

任务描述

录入期初余额包括总账系统期初余额的录入和购销存系统期初余额的录入。购销存系统有关账户的期初余额要与总账系统对应账户的期初余额保持一致，如采购系统的“在途物资”“应付账款”“预付账款”，销售系统的“应收账款”“预收账款”，库存系统的“原材料”“周转材料”“库存商品”等，都要和总账系统中与之对应的账户保持一致。

2.4.1 总账期初余额录入

总账系统期初余额在会计科目和项目档案设置完成后即可录入，总账系统期初余额资料详见“表2-18 期初余额表”，其中“应收票据”账户明细余额资料见表2-19，“生产成本”账户明细余额资料见表2-20。需要注意的是往来款账户（应收账款、预收账款、应付账款、预付账款等）、存货类账户（在途物资、原材料、周转材料、库存商品等）的数据要和购销存系统的保持一致。总账期初余额试算平衡表如图2-24所示。

表2–18　期初余额表

科目类型	科目编码	科目名称	计量单位	余额方向	期初余额	备注
资产	1001	库存现金		借	5 000.00	
资产	1002	银行存款		借	5 986 171.00	
资产	1012	其他货币资金		借		
资产	1121	应收票据		借	39 550.00	详见表2-19
资产	1122	应收账款		借	67 950.00	详见表2-23
资产	1123	预付账款		借	5 000.00	详见表2-22
资产	1132	应收利息		借		
资产	1221	其他应收款		借	−6 560.00	
资产	122101	应收个人社保费		借	−6 560.00	
资产	1231	坏账准备		贷		
资产	1402	在途物资		借	76 700.00	
资产	1403	原材料	千克	借	852 544.00	
资产	140301	甲材料	千克	借	540 000.00	详见表2-24
资产	140302	乙材料	千克	借	297 000.00	详见表2-24
资产	140303	辅料	千克	借	15 544.00	详见表2-24
资产	1405	库存商品	台	借	833 900.00	
资产	140501	A产品	台	借	507 500.00	详见表2-24
资产	140502	B产品	台	借	326 400.00	详见表2-24
资产	1408	委托加工物资		借		
资产	1411	周转材料		借	10 820.00	
资产	141101	低值易耗品		借	2 620.00	
资产	14110101	劳保用品	件	借	1 500.00	详见表2-24
资产	14110102	工具	件	借	1 120.00	详见表2-24
资产	141102	包装物		借	8 200.00	
资产	14110201	包装箱	个	借	8 200.00	详见表2-24
资产	1601	固定资产		借	64 240 300.00	
资产	160101	房屋		借	58 560 000.00	
资产	160102	设备		借	5 680 300.00	
资产	1602	累计折旧		贷	432 050.00	
资产	1606	固定资产清理		借		
资产	1901	待处理财产损溢		借		
负债	2001	短期借款		贷		
负债	2201	应付票据		贷		
负债	2202	应付账款		贷	341 583.00	
负债	220201	应付账款		贷	341 583.00	详见表2-22
负债	220202	暂估款		贷		
负债	2203	预收账款		贷	10 000.00	详见表2-23

续表

科目类型	科目编码	科目名称	计量单位	余额方向	期初余额	备注
负债	2211	应付职工薪酬		贷	28 340.00	
负债	221101	工资		贷		
负债	221102	职工福利费		贷		
负债	221103	社会保险费		贷	28 340.00	
负债	2221	应交税费		贷	208 007.00	
负债	222101	应交增值税		贷		
负债	22210101	进项税额		贷		
负债	22210102	销项税额		贷		
负债	22210103	已交税金		贷		
负债	22210104	进项税额转出		贷		
负债	22210105	转出未交增值税		贷		
负债	222102	未交增值税		贷	35 680.00	
负债	222103	应交所得税		贷	158 379.00	
负债	222104	应交个人所得税		贷	10 380.00	
负债	222105	应交城建税		贷	2 497.60	
负债	222106	应交教育费附加		贷	1 070.40	
负债	2231	应付利息		贷		
负债	2241	其他应付款		贷		
负债	224101	押金		贷		
负债	2501	长期借款		贷	8 000 000.00	
权益	4001	实收资本		贷	55 000 000.00	
权益	4002	资本公积		贷	650 000.00	
权益	4101	盈余公积		贷	2 860 000.00	
权益	4103	本年利润		贷		
权益	4104	利润分配		贷	4 642 900.00	
权益	410401	未分配利润		贷	4 642 900.00	
成本	5001	生产成本		借	61 505.00	详见表2-20
成本	500101	直接材料		借	35 376.68	详见表2-20
成本	500102	直接人工		借	15 870.45	详见表2-20
成本	500103	制造费用		借	10 257.87	详见表2-20
成本	500104	生产成本转出		借		
成本	5101	制造费用		借		
成本	510101	材料费		借		
成本	510102	人工费		借		
成本	510103	折旧费		借		

续表

科目类型	科目编码	科目名称	计量单位	余额方向	期初余额	备注
成本	510104	其他费用		借		
损益	6001	主营业务收入		贷		
损益	600101	A产品		贷		
损益	600102	B产品		贷		
损益	6051	其他业务收入		贷		
损益	6301	营业外收入		贷		
损益	6401	主营业务成本		借		
损益	640101	A产品		借		
损益	640102	B产品		借		
损益	6402	其他业务成本		借		
损益	6403	税金及附加		借		
损益	6601	销售费用		借		
损益	6602	管理费用		借		
损益	660201	人工费		借		
损益	660202	折旧费		借		
损益	660203	材料费		借		
损益	660204	其他费用		借		
损益	6603	财务费用		借		
损益	6711	营业外支出		借		
损益	6801	所得税费用		借		

表2-19　应收票据期初余额

单据类型	单据日期	发票号	客户	科目	方向	存货名称	数量	单价	金额	摘要
专用发票	2019-08-20	540834	汕头市明华有限公司	1121	借	B产品	100	350.00	39 950.00	销售B产品

表2-20　9月初生产成本余额

项目	方向	金额	明细
A产品	借	0	
B产品	借	61 505.00	直接材料35 376.68 直接人工15 870.45 制造费用10 257.87

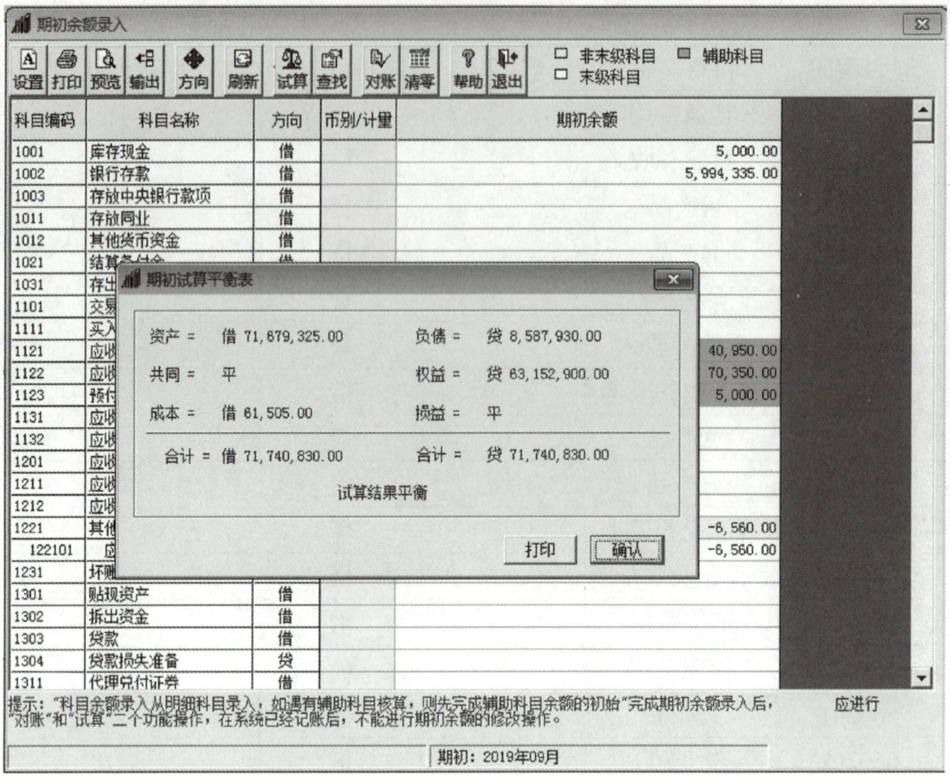

图2-24 总账期初余额试算平衡表

知识拓展

试算平衡，是以会计恒等式和借贷记账规则为理论基础，根据资产与权益之间的平衡关系，按照记账规则的要求，通过对所有会计科目记录的汇总和计算，来检查各类会计科目的记录是否正确的一种方法。试算平衡的方法包括发生额试算平衡和余额试算平衡两种。

思政园地：

敬畏市场，敬畏法治，敬畏专业，敬畏投资者

2016年至2018年期间，康美药业涉嫌通过仿造、变造增值税发票等方式虚增营业收入，通过伪造、变造大额定期存单等方式虚增货币资金，将不满足会计确认和计量条件工程项目纳入报表，虚增固定资产等，连续3年有预谋、有组织、系统性实施财务造假，涉案金额巨大，约300亿元，加之持续时间长，性质特别严重，社会影响极其恶劣。康美药业财务造假涉案不但对我国上市公司的信息披露制度、政府监管与追责体系的强化、完善，具有深远的影响，也对会计师事务所的职业道德和行为规范，敲响了警钟！

2019年8月16日晚，证监会公布了对康美药业的处罚决定。证监会表示，康美药业有预谋、有组织，长期、系统实施财务造假行为，恶意欺骗投资者，影响极为恶劣，后果特别严重。

证监会表示，已经向涉案当事人送达事先告知书，依法拟对康美药业及马兴田等22名当事人予以行政处罚，并对6名当事人采取证券市场禁入措施。证监会表示，下一步将充分

听取当事人的陈述申辩意见，坚持法治、专业原则，加快办案进度，用足用好现有手段，严格依法处罚。对涉嫌犯罪的，严格按照有关规定移送司法机关追究刑事责任。

市场中的各类主体，不管是上市公司还是中介机构，都必须谨记和坚持“四个敬畏”，敬畏市场，敬畏法治，敬畏专业，敬畏投资者。任何与市场规律和法律法规对抗、不敬畏风险、伤害投资者的行为，最终必然要受到市场和法律的惩罚！

2.4.2　采购系统期初余额录入

采购系统期初余额录入包括：上月末暂估入库材料、在途物资、供应商往来余额三项，分别需要作为期初采购入库单、期初采购发票及供应商往来期初录入。例如，期初有上月末暂估入库材料的，本月需要录入期初采购入库单，如图2-25所示。

图2–25　暂估业务录入期初采购入库单

本教材实训案例无上月末暂估入库材料，但有期初在途物资和供应商往来期初余额，需要分别录入。

1. 录入期初采购发票（资料见表2–21）

表2–21　“在途物资”期初余额

开票日期	发票类型	发票号	供货单位	存货名称	数量/千克	本币单价	本币金额
2019-08-30	专用发票	625893	南阳公司	甲材料	650.00	118.00	76 700.00

操作步骤

① 选择“采购”→“采购发票”命令。

② 单击“增加”→“专用发票”，打开“期初采购专用发票”对话框，依次录入“表2-21　‘在途物资’期初余额”的相关信息。

③ 单击“保存”按钮（见图2-26）。

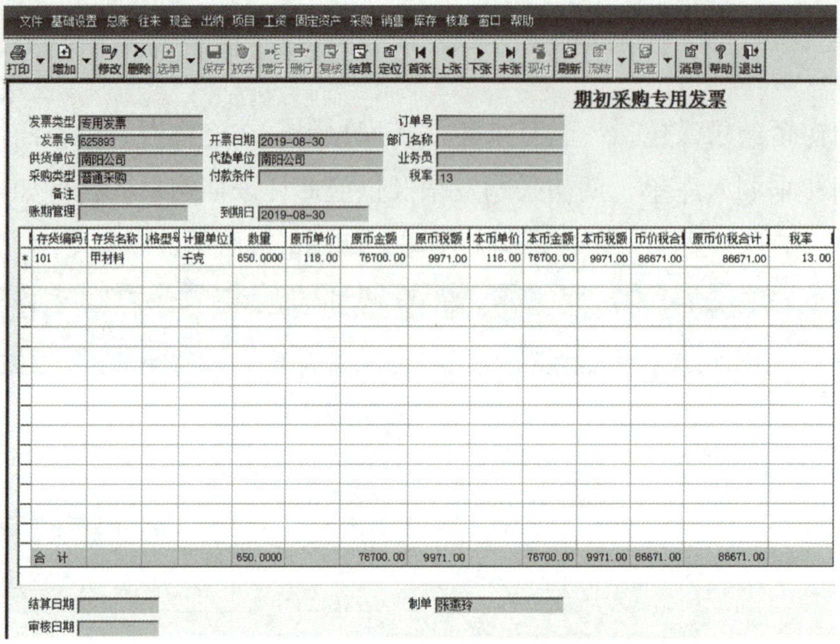

图2-26　录入“在途物资”期初余额

2. 录入供应商往来期初余额

凡在会计科目中已设置为“供应商往来”辅助核算并受控于“应付”子系统的“应付账款”“预付账款”等科目，如果有期初余额，则也要在采购系统中的“供应商往来期初”中录入，以便采购系统与总账系统对账一致。供应商往来期初余额资料见表2-22。

表2-22　供应商往来期初余额

单据类型	单据日期	发票号	供应商	科目	方向	存货名称	数量	单价	金额	摘要
专用发票	2019-07-28	625792	滨海市南阳有限公司	220201	贷	甲材料	1 200	118.00	160 008.00	购料
专用发票	2019-08-5	634826	滨海市天飞科技公司	220201	贷	乙材料	800	52.00	47 008.00	购料
专用发票	2019-08-10	812838	中山市新鑫有限公司	220201	贷	甲材料	950	122.00	130 967.00	购料
普通发票	2019-08-29	617820	滨海市扬帆工厂	220201	贷	工具	200	18.00	3 600.00	购工具
				小计					341 583.00	
预付款	2019-08-20		深圳市升科有限公司	1123	借	甲乙材料			5 000.00	预付款

操作步骤

① 选择“采购”→“供应商往来”→“供应商往来期初”命令，打开“期初余额-查询”对话框。

② 单击“确认”按钮，打开“期初余额明细表”对话框。

③单击“增加”按钮，如图2-27所示，注意单据类别的选择，再单击“确认”按钮。

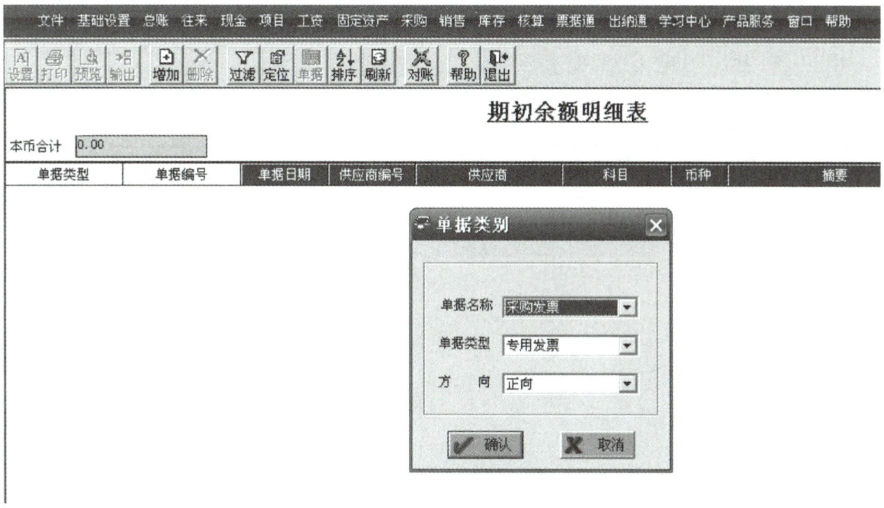

图2-27　单据类别选择

④ 依次录入采购专用发票中的有关信息，再单击“保存”按钮，如图2-28所示。

图2-28　录入采购专用发票

注意：

蓝色文本框的内容为必录项目，黑色文本框的内容为可录可不录内容，但会计科目的文本框一定要选对科目，否则对账不平衡。

⑤ 单击“退出”按钮，打开“期初余额明细表”对话框，单击“增加”按钮，依同样方法再录入表2-22中其余供应商的发票。

⑥ 单击“增加”按钮，录入预付款，注意单据名称“预付款”的选择，再单击“确认”按钮，如图2-29所示。

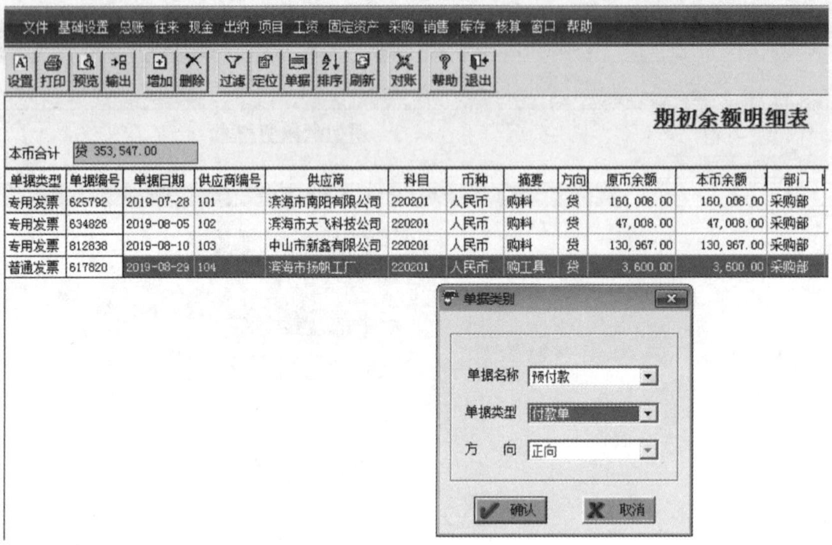

图2-29 单据名称选择——预付款

⑦ 依次录入“预付款”单中的文本框的内容，再单击“保存”按钮，如图2-30所示。

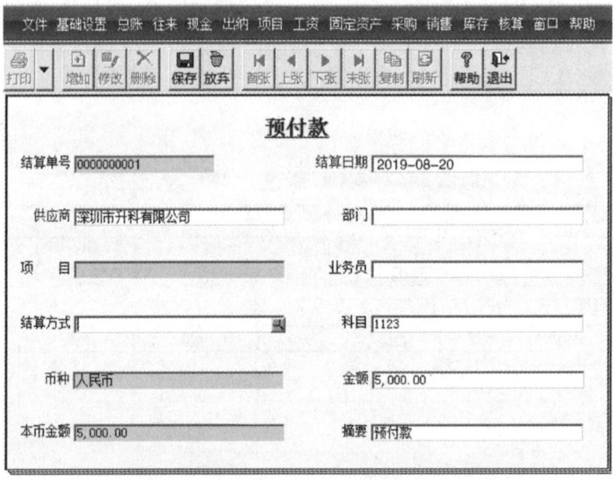

图2-30 录入预付账款期初余额

⑧ 单击“对账”按钮，供应商期初余额与总账对账结果如图2-31所示。

科目		应付期初		总账期初		差额	
编号	名称	原币	本币	原币	本币	原币	本币
1123	预付账款	-5,000.00	-5,000.00	-5,000.00	-5,000.00	0.00	0.00
220201	应付账款	341,583.00	341,583.00	341,583.00	341,583.00	0.00	0.00
	合计		336,583.00		336,583.00		0.00

图2-31 采购系统供应商期初余额与总账对账结果

3. 采购期初记账

在录入完采购系统期初余额后，要对采购系统进行期初记账处理，否则无法进行采购系统的日常业务处理。期初记账后，将不能再输入在途物资及暂估业务的期初数据，必须取消期初记账后才能再输入。

操作步骤

选择“采购”→“期初记账”，单击“记账”按钮，显示“期初记账完毕”。

2.4.3　销售系统期初余额录入

销售系统期初余额是指录入客户往来期初余额，凡在会计科目中已设置为“客户往来”辅助核算并受控于“应收”子系统的“应收账款”“预收账款”等科目，如果有期初余额，就要在销售系统中的“客户往来期初”中录入，以便销售系统与总账系统对账一致。客户往来期初余额资料见表2-23。

表2-23　客户往来期初余额

单据类型	单据日期	发票号	客户	科目	方向	存货名称	数量	单价	金额	摘要
专用发票	2019-08-26	656843	滨海市嘉深有限公司	1122	借	A产品	125	480.00	67 800.00	销售A产品
其他应收单	2019-08-26		滨海市嘉深有限公司	1122	借				150.00	代垫运杂费
				小计					67 950.00	
预收款	2019-08-20		深圳市梅湖有限公司	2203	贷				10 000.00	预收货款

操作步骤

① 选择“销售”→“客户往来”→“客户往来期初”命令，打开“期初余额-查询”对话框。

② 单击“确认”按钮，打开“期初余额明细表”对话框。

③ 单击“增加”按钮，单据名称选择“销售发票”，单据类型选择“专用发票”，方向选择“正向”，再单击“确认”按钮。

④ 依次录入销售专用发票中的有关信息，再单击“保存”按钮，如图2-32所示。

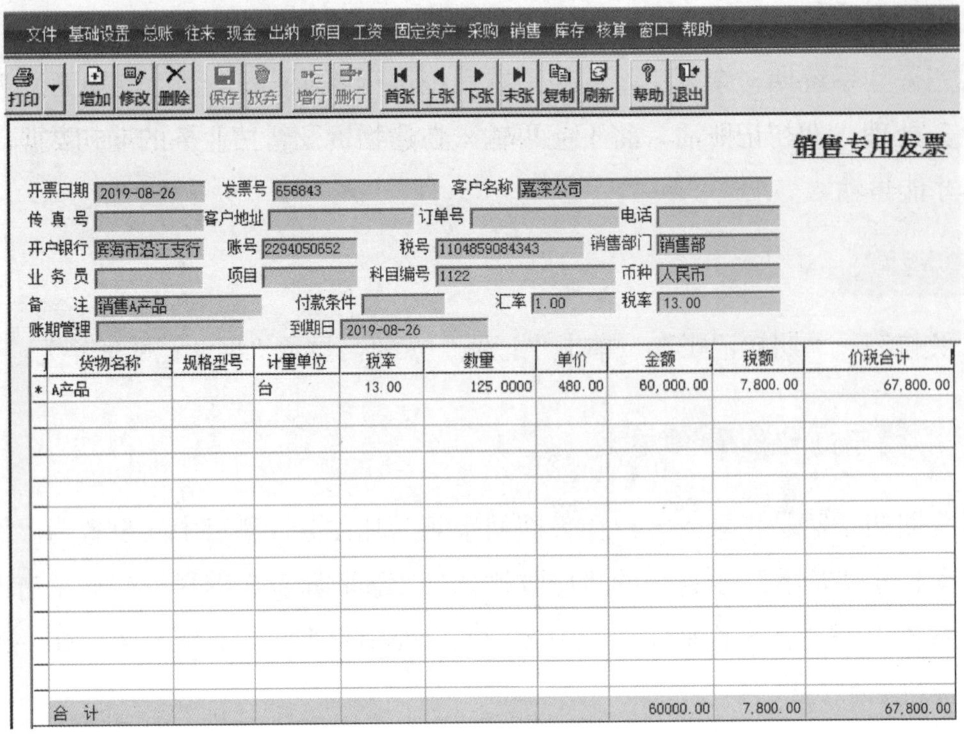

图2-32　录入销售专用发票

⑤ 单击“退出”按钮，打开“期初余额明细表”对话框，单击“增加”按钮，如图2-33所示，注意单据名称选择“应收单”，再单击“确认”按钮。

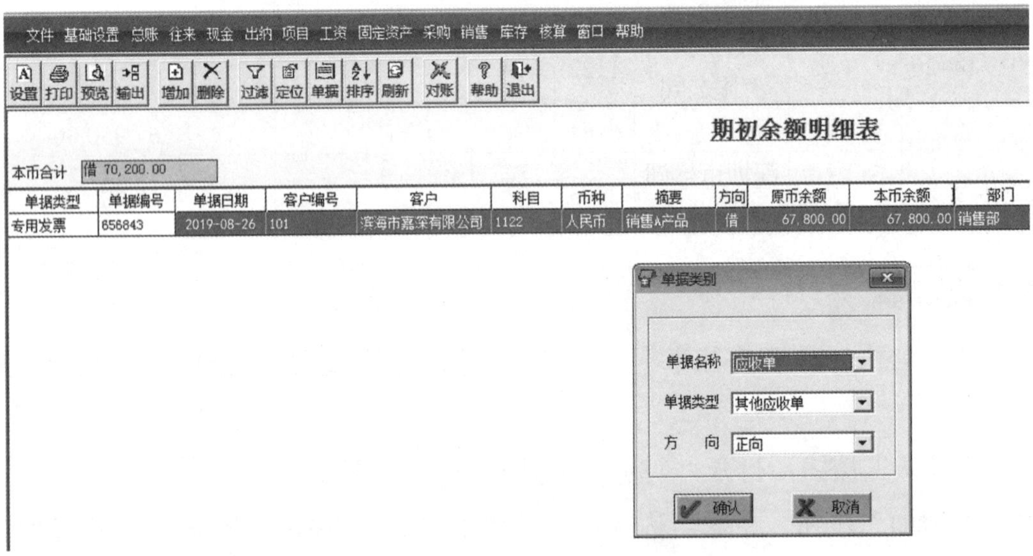

图2-33　单据名称选择“应收单”

⑥ 依次录入“其他应收单”中的文本框的内容，再单击“保存”按钮，如图2-34所示。

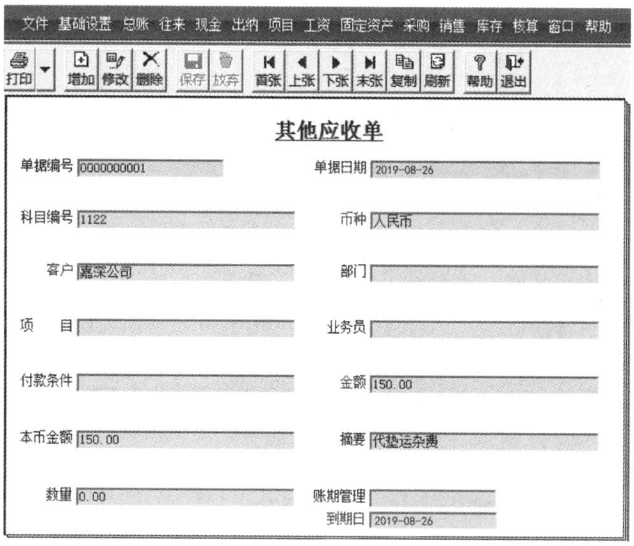

图2-34　其他应收单的录入

⑦ 单击“退出”按钮，打开“期初余额明细表”对话框，单击“增加”按钮，选择单据名称“预收款”，再单击“确认”按钮，录入“预收款”单中有关信息的内容，如图2-35所示。

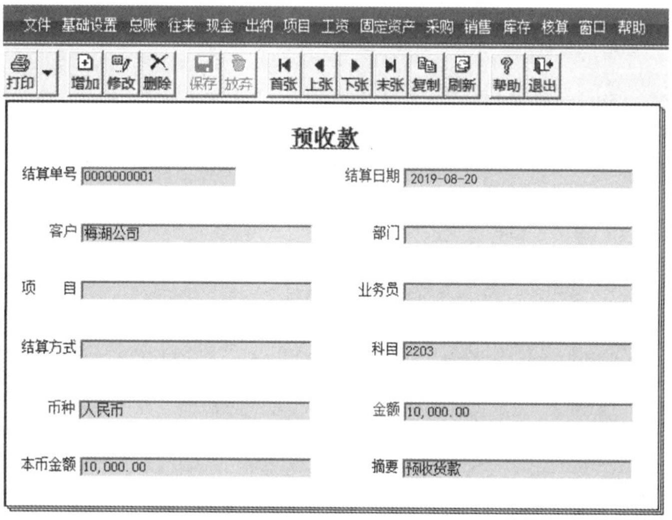

图2-35　期初预收款的录入

⑧ 单击“对账”按钮，供应商期初余额与总账对账结果如图2-36所示。

期初对账

科目		应收期初		总账期初		差额	
编号	名称	原币	本币	原币	本币	原币	本币
1122	应收账款	67,950.00	67,950.00	67,950.00	67,950.00	0.00	0.00
2203	预收账款	-10,000.00	-10,000.00	-10,000.00	-10,000.00	0.00	0.00
	合计		57,950.00		57,950.00		0.00

图2-36　销售系统客户期初余额与总账对账结果

2.4.4 库存系统期初余额录入

存货的期初余额既可以在库存系统中录入，也可以在核算系统中录入，录完之后要进行记账处理，以确保库存系统（核算系统）与总账系统数据一致（见表2-24）。

表2-24 库存系统的期初数据

仓库名称	存货编码	存货名称	计量单位	数量	单价	金额	入库日期
材料库	101	甲材料	千克	4 500.00	120.00	540 000.00	2019-08-05
	102	乙材料	千克	5 400.00	55.00	297 000.00	2019-08-05
	103	辅料	千克	2 680.00	5.80	15 544.00	2019-08-20
		小计				852 544.00	
成品库	201	A产品	台	1 450.00	350.00	507 500.00	2019-08-25
	202	B产品	台	1 360.00	240.00	326 400.00	2019-08-25
		小计				833 900.00	
周转材料库	301	劳保用品	件	60.00	25.00	1 500.00	2019-08-05
	302	工具	件	80.00	14.00	1 120.00	2019-08-03
	303	包装箱	个	1 640.00	5.00	8 200.00	2019-08-08
		小计				10 820.00	

操作步骤

① 选择“库存”→“期初数据”→“库存期初”，打开“期初余额”对话框。

② 从“仓库”下拉菜单列表中选择“材料库”选项。

③ 单击“增加”按钮，依次输入“材料库”的所有期初余额，再单击“保存”按钮，如图2-37所示。

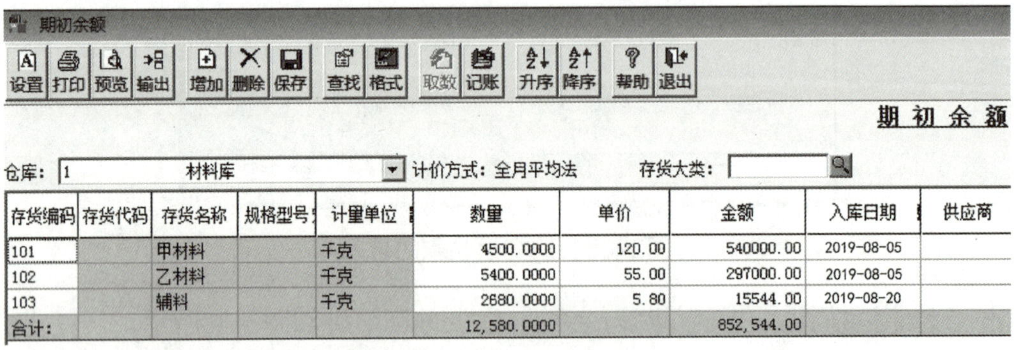

图2-37 材料库的期初余额

④ 下拉“仓库”菜单，选择“成品库”选项，用同样的方法，依次录入“成品库”的所有期初余额，再单击“保存”按钮，如图2-38所示。

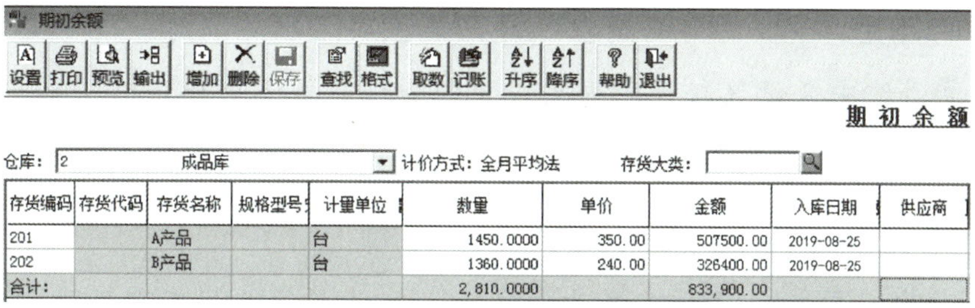

存货编码	存货代码	存货名称	规格型号	计量单位	数量	单价	金额	入库日期	供应商
201		A产品		台	1450.0000	350.00	507500.00	2019-08-25	
202		B产品		台	1360.0000	240.00	326400.00	2019-08-25	
合计:					2,810.0000		833,900.00		

图2–38　成品库的期初余额

⑤ 再下拉“仓库”菜单，选择“周转材料库”选项，用同样的方法，依次录入“周转材料库”的所有期初余额，并单击“保存”按钮，如图2-39所示。

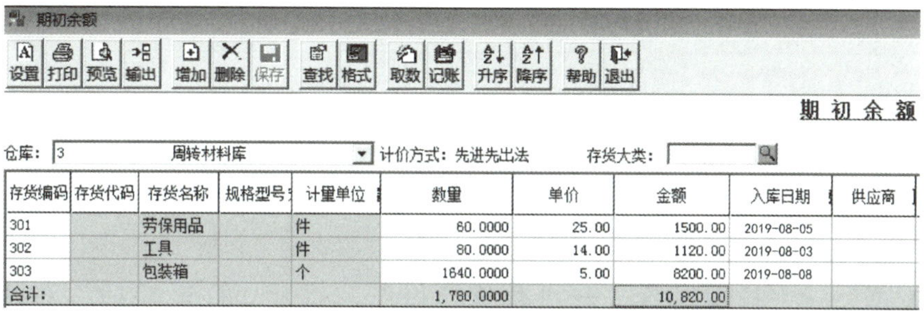

存货编码	存货代码	存货名称	规格型号	计量单位	数量	单价	金额	入库日期	供应商
301		劳保用品		件	60.0000	25.00	1500.00	2019-08-05	
302		工具		件	80.0000	14.00	1120.00	2019-08-03	
303		包装箱		个	1640.0000	5.00	8200.00	2019-08-08	
合计:					1,780.0000		10,820.00		

图2–39　周转材料库的期初余额

⑥ 单击“记账”按钮，提示“期初记账成功”，再单击“确定”→“退出”。

注意：

（1）库存系统和核算系统都可以录入存货期初余额，期初数据两系统共享。

（2）录入存货期初余额一定要注意选对仓库，否则会造成日后录入存货发生额却找不到对应仓库的存货等问题。

（3）录完所有存货期初余额后，一定要单击“记账”按钮，否则“库存”系统其他菜单不会显现。

（4）存货期初余额“记账”后发现所录期初余额有错误，则选择“库存”→“期初数据”→“库存期初”，打开“期初余额”对话框，单击“恢复”按钮即可。

任务五　核算科目设置

任务描述

核算系统设置科目包括存货科目、存货对方科目、客户往来科目、供应商往来科目及非合理损耗科目等的设置。设置的目的是在核算系统生成记账凭证时，能够自动带出相关会计科目。如果在核算系统中未设置科目，则生成记账凭证时就不会出现相关会计科目。

2.5.1 存货科目设置

存货科目是指按仓库类别设置的存货科目，本教材实训案例主要是针对“原材料”“库存商品”“周转材料”三类存货而设置的（资料见表2-25）。

表2-25 存货科目

仓库编号	仓库名称	存货科目编码	存货科目名称
1	材料库	140301	原材料——甲材料
2	成品库	140501	库存商品——A产品
3	周转材料库	14110201	包装箱

操作步骤

①选择“核算”→“科目设置”→“存货科目”，打开“存货科目”对话框。

②单击“增加”按钮，依次选择仓库及其对应的存货科目编码，如图2-40所示。

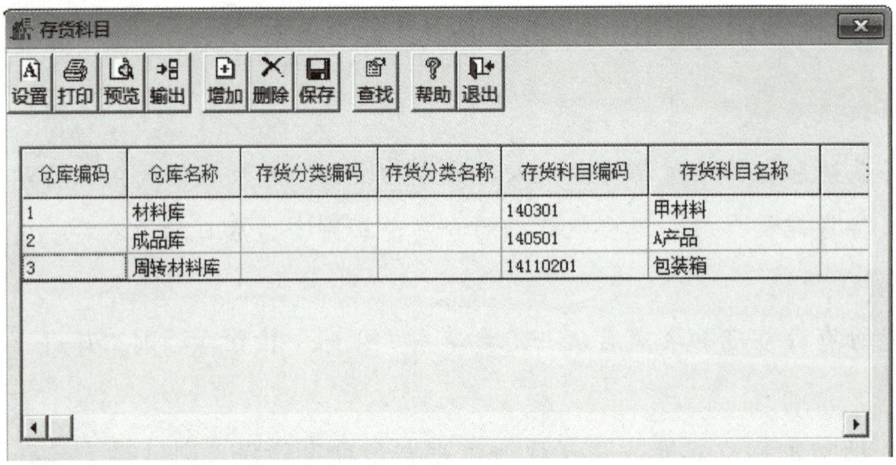

图2-40 存货科目设置

③单击“保存”→“退出”。

注意：

（1）系统默认一种仓库只能对应一种存货会计科目，而本教材实训案例总账中已设置的存货类会计科目是按品种设置明细科目的，因此，核算系统“存货科目”只能选择二级会计科目中的一种明细科目，否则，设置会有冲突，如图2-41所示。

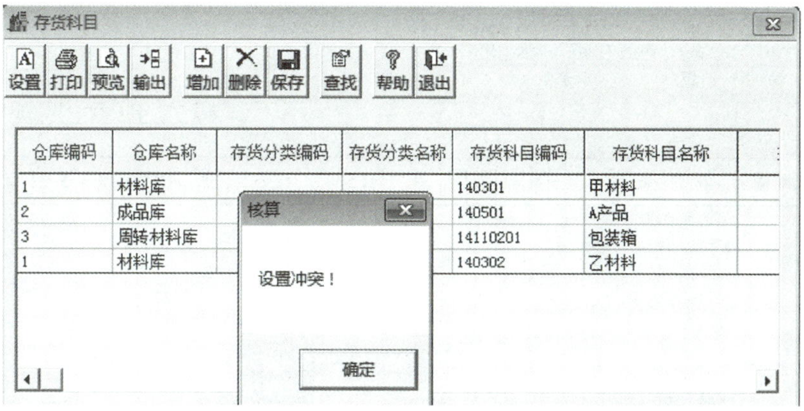

图2-41 存货科目设置的冲突

（2）在核算系统生成记账凭证时，自动带出的存货会计科目是图2-40设置的这些明细科目，可以在生成记账凭证前根据实际业务的需要修改存货的明细科目。

2.5.2 存货对方科目设置

存货对方科目是指当涉及存货增加或减少的业务时，与存货科目对应的会计科目。设置了存货对方科目，在生成涉及存货业务的记账凭证时，系统就会自动带出对方科目（资料见表2-26）。

表2-26 存货对方科目设置

收发类别编码	收发类别名称	对方科目编码	对方科目名称
11	采购入库	1402	在途物资
121	A产品入库	500104	生产成本转出
122	B产品入库	500104	生产成本转出
151	材料暂估入库	220202	暂估款
152	盘盈入库	1901	待处理财产损溢
21	产品销售出库	640101	主营业务成本——A产品
221	生产产品用料	500101	生产成本——直接材料费
222	车间一般用料	510101	制造费用——材料费
223	行政管理用料	660203	管理费用——材料费
224	销售机构用料	6601	销售费用
225	销售材料	6402	其他业务成本
251	盘亏出库	1901	待处理财产损溢

操作步骤

（1）选择“核算”→“科目设置”→“存货对方科目”，打开“对方科目设置”对话框。

（2）单击“增加”按钮，依次选择收发类别及与其对应的存货对方科目编码，如图2-42所示。

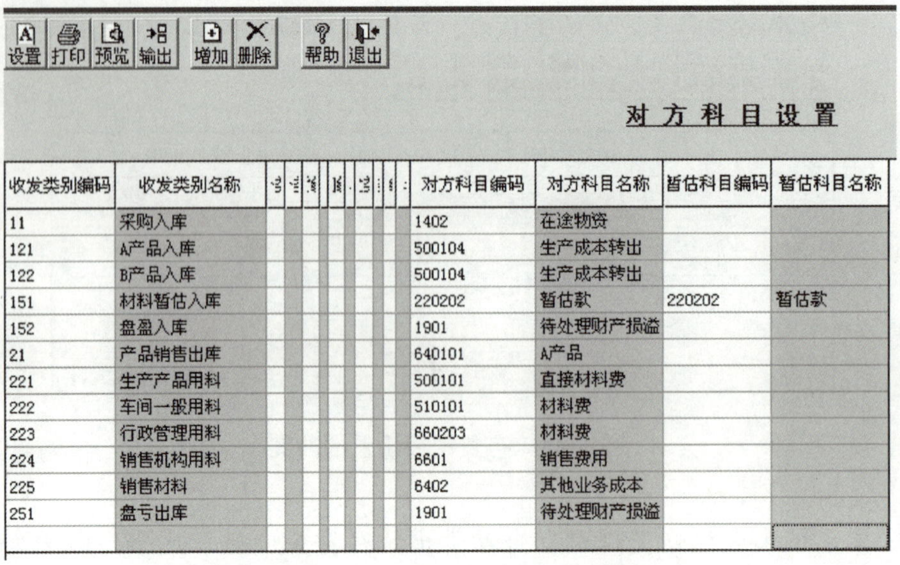

收发类别编码	收发类别名称	对方科目编码	对方科目名称	暂估科目编码	暂估科目名称
11	采购入库	1402	在途物资		
121	A产品入库	500104	生产成本转出		
122	B产品入库	500104	生产成本转出		
151	材料暂估入库	220202	暂估款	220202	暂估款
152	盘盈入库	1901	待处理财产损溢		
21	产品销售出库	640101	A产品		
221	生产产品用料	500101	直接材料费		
222	车间一般用料	510101	材料费		
223	行政管理用料	660203	材料费		
224	销售机构用料	6601	销售费用		
225	销售材料	6402	其他业务成本		
251	盘亏出库	1901	待处理财产损溢		

图2-42 存货对方科目的设置

2.5.3 客户往来科目设置

客户往来科目是指当发生与客户之间往来款项的业务时应使用的会计科目，主要包括基本会计科目设置、结算方式科目设置等。当发生与客户有关的业务时，如销售货物、收到货款时，系统在生成记账凭证时就会自动带出所设置的会计科目（资料见表2-27）。

表2-27 客户往来科目

科目种类	科目名称	科目编码
基本科目设置	应收科目	1122
	销售收入科目	600101
	应交增值税科目	22210102
	销售退回	600101
	现金折扣	6603
	预收科目	2203
结算方式科目设置	现金结算	1001
	支票结算	1002
	银行汇票	1002
	汇兑	1002
	商业汇票	1121
	其他	1002

操作步骤

① 选择“核算”→“科目设置”→“客户往来科目”，打开“客户往来科目设置”对话框。

② 选择“基本科目设置”，依次输入有关科目编码，如图2-43所示。

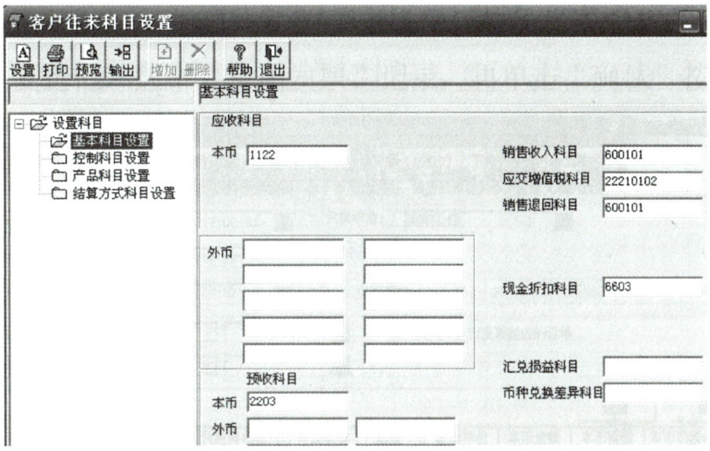

图2-43　客户往来科目的设置

③ 选择“结算方式科目设置”，依次输入有关科目编码，如图2-44所示。

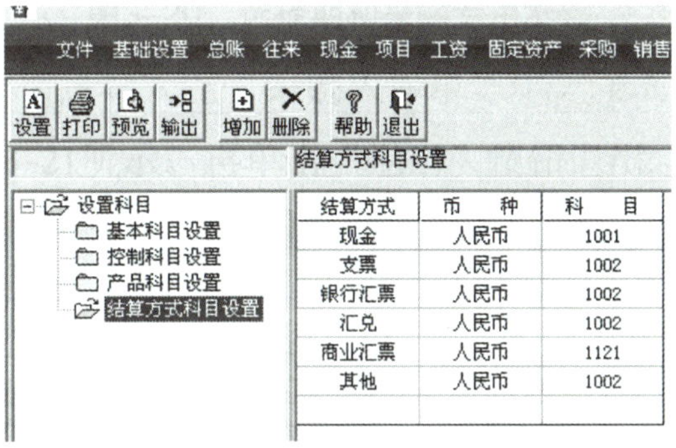

图2-44　客户往来结算方式科目的设置

注意：

“客户往来科目设置”中的“结算方式科目设置”是指当收到货款后，按照结算方式的不同，系统自动带出的收款会计科目。其中商业汇票结算方式是指销售商品收到“商业汇票”时，视同“现结”，系统自动带出的借方会计科目是“1121应收票据”。如果“应收票据”初始设置为“客户往来——受控于应收子系统”，则不能在“客户往来科目设置”中的“结算方式科目设置”中设置“1121应收票据”了。

2.5.4　供应商往来科目设置

供应商往来科目是指当发生与供应商之间往来款项的业务时，应使用的会计科目，主要包括基本会计科目设置、结算方式科目设置等。当发生与供应商有关的业务时，如采购材料和支付货款时，系统在生成记账凭证时，就会自动带出所设置的会计科目（资料见表2-28）。

表2-28　供应商往来科目

科目种类	科目名称	科目编码
基本科目设置	应付科目	220201
	采购科目	1402
	采购税金科目	22210101
	现金折扣	6603
	预付科目	1123
结算方式科目设置	现金结算	1001
	支票结算	1002
	银行汇票	1002
	汇兑	1002
	委托收款	1002
	托收承付	1002
	商业汇票	2201
	其他	1002

供应商往来科目的设置操作步骤同客户往来科目的设置，设置结果如图2-45所示。

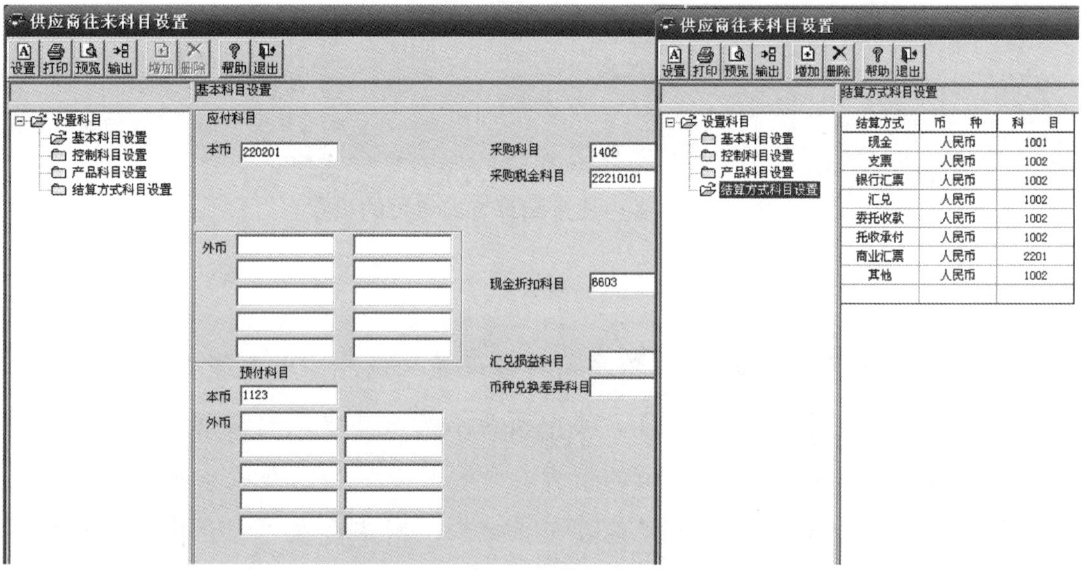

图2-45　供应商往来科目的设置

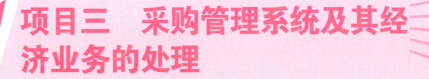

项目三　采购管理系统及其经济业务的处理

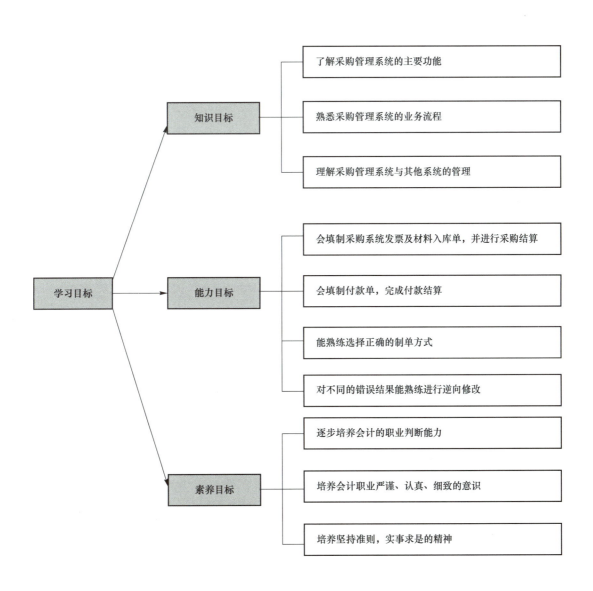

- 学习目标
  - 知识目标
    - 了解采购管理系统的主要功能
    - 熟悉采购管理系统的业务流程
    - 理解采购管理系统与其他系统的管理
  - 能力目标
    - 会填制采购系统发票及材料入库单，并进行采购结算
    - 会填制付款单，完成付款结算
    - 能熟练选择正确的制单方式
    - 对不同的错误结果能熟练进行逆向修改
  - 素养目标
    - 逐步培养会计的职业判断能力
    - 培养会计职业严谨、认真、细致的意识
    - 培养坚持准则，实事求是的精神

任务一　认知采购管理系统

3.1.1　采购管理系统的基本功能

采购管理系统的主要功能包括以下几个部分：

1. 系统初始

- 采购参数设置
- 基础信息设置
- 采购期初数据

2. 采购订单管理

包括录入采购订单、订单审核、订单执行及订单关闭。

3. 采购日常业务处理

- 采购发票录入
- 采购入库单录入
- 采购结算
- 供应商往来

4. 采购账簿

提供各种明细账的查询及统计分析。

5. 月末结账

3.1.2　采购管理系统与其他系统的联系

采购管理系统是企业供应链管理系统的起点，在采购管理系统中录入采购发票、采购入库单，进行采购结算，库存管理系统对采购入库单进行审核，核算系统对已记账的采购入库单生成记账凭证。采购管理系统与其他系统的关系如图3-1所示，采购管理系统业务操作流程如图3-2所示。

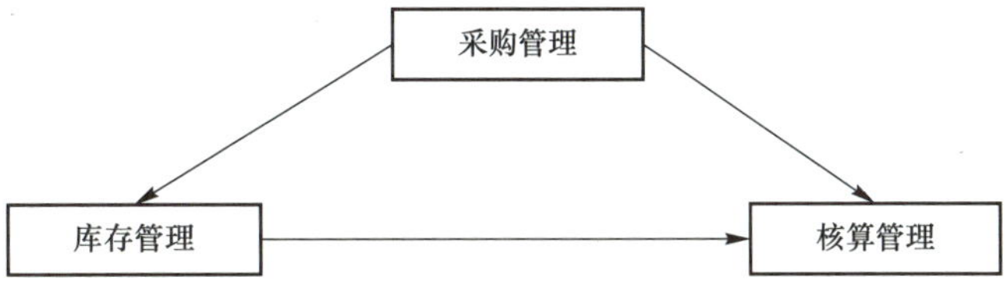

图3-1 采购管理系统与其他系统的关系

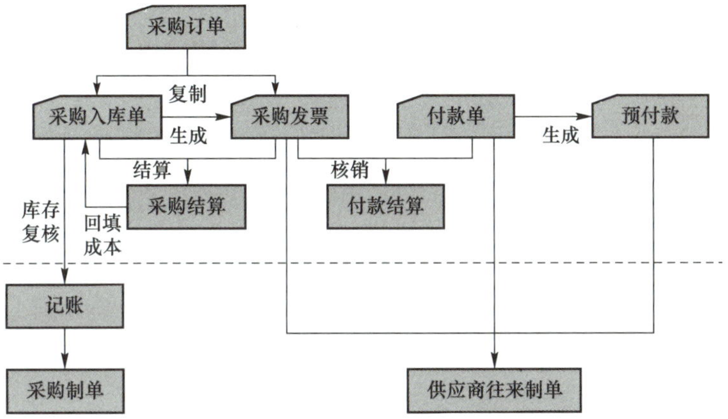

图3-2 采购管理系统业务操作流程

思政园地

2018年11月，珠海某企业的一财务人员，在工作中发现两张疑似假发票，经当地税务部门检测确认，两张发票为假票。珠海警方接到报警后，从税务部门提供的两张假发票线索入手，发现了一个利用高科技网络技术非法制造销售假发票的庞大犯罪网络。

据了解，该犯罪团伙不仅虚构了“国家税务总局发票查验平台”，还研发了“开票软件”，建立一套完整的数据库，团伙人员涉及全国各地。制售的普通假发票与真发票极其相似，不经专业部门检测，很难辨别其真伪。鉴于案情重大复杂涉及面广，公安部经侦局决定由珠海经侦发起公安部“会战六号”战役。2019年5月21日，该案开展全国统一收网行动。

作为主侦单位，珠海经侦部门率先对作为该犯罪网络的“核心团队”——提供技术支撑的团伙实施抓捕行动。在深圳市龙岗区一举抓获以詹某泽为首的7名提供技术支撑的犯罪嫌疑人。

广东的广州、深圳、汕头、佛山、惠州、潮州、揭阳等地市和河北、浙江、福建、山东、河南、四川、云南等省份也随后开展收网行动，共抓获制售发票团伙人员83名，捣毁涉案团伙窝点45个，现场查获了完整的电子证据资料、缴获假发票37万多份和大批涉案工具。

至此，从源头上打掉了这个以广东饶平籍人员为主体，并由多个关联又相对独立的犯罪团伙构成的涉及全国的犯罪网络。

经查，此案涉及假发票数量达110万余份，票面总金额约350多亿元，受票客户共约24.8万家，遍及全国30个省份。鉴于该案为全国首宗特大利用新型的网络技术实施制造销售假发票案件，公安部已将其命名为珠海“11·21”出售非法制造的发票案，列为全国打击整治涉税违法犯罪十大典型案件。

假票泛滥，财务人员对自己经手的发票一定要仔细审核，擦亮眼睛，有问题的发票一定不能报销入账。

任务二 采购管理系统的日常经济业务处理

任务描述

采购系统需要完成的日常经济业务处理主要包括：

（1）采购材料（需填制采购发票、运费发票等）

（2）材料入库（需填制采购入库单）

（3）结转采购实际成本（需进行采购结算）

（4）预付或偿还供应商货款（需填制付款单）

滨海市华兴有限公司2019年9月发生下列经济业务事项。

说明：为了减少篇幅，购入货物取得了增值税专用发票的，均视同已取得抵扣联，抵扣联略。

3.2.1 发票先到，支付货款，材料尚未验收入库的业务

发票先到，支付货款，材料尚未验收入库的业务需填制“采购发票”和“运费发票”，同时单击“现付”按钮，并在“供应商往来制单”中选择“现结制单”，生成“采购材料业务”的记账凭证。

业务1　9月1日，从滨海市天飞科技公司购买乙材料，并支付货款（见图3-3～图3-5）

广东增值税专用发票

发　票联

№634912

开票日期：2019年09月01日

购货单位	名　　　称：滨海市华兴有限公司 纳税人识别号：44038475109 地 址 、电 话：滨海市海河区东风东路128号 开户行及账号：工商银行滨海市蓝山支行 3275905475					密码区	（略）	
货物或应税劳务名称	规格型号	单位	数量	单价	金额	税率	税额	
乙材料		千克	400	52.00	20 800.00	13%	2 704.00	
合　　计	⊗贰万叁仟伍佰零肆拾圆整						（小写）¥23 504.00	
销货单位	名　　　称：滨海市天飞科技公司 纳税人识别号：44634552536 地 址 、电 话：滨海市城北路1号 开户行及账号：建行滨海市中山分行 3368439767					备注		

收款人：李丽清　　复核：孙小雯　　开票人：王浩

第一联：发票联　购货方记账凭证

图3–3　增值税专用发票（材料）

广东增值税专用发票

发　票联

№30892839

开票日期：2019年09月01日

购货单位	名　　　称：滨海市华兴有限公司 纳税人识别号：44038475109 地 址 、电 话：滨海市海河区东风东路128号 开户行及账号：工商银行滨海市蓝山支行 3275905475					密码区	（略）	
货物或应税劳务名称	规格型号	单位	数量	单价	金额	税率	税额	
运费		元	1	200.00	200.00	9%	18.00	
合　　计	⊗贰佰壹拾捌圆整						（小写）¥218.00	
销货单位	名　　　称：飞达物流有限公司 纳税人识别号：230200730 地 址 、电 话：滨海市华海路390号 开户行及账号：建行滨海市华海分行8937911739					备注		

收款人：杨云龙　　复核：李军　　开票人：白小燕　　承运人：（章）

第一联：发票联　购货方记账凭证

图3–4　增值税专用发票（运费）

中国工商银行转账支票存根

支票号码：AE2901101

科　　目：________

对方科目：________

签发日期：2019年9月1日

收款人：滨海市天飞科技公司
金　额：￥23 722.00
用　途：货款
备　注：

图3–5　支票存根

业务1的会计分录：

借：在途物资　　21 000.00

　　应交税费——应交增值税（进项税额）　　2 722.00

　贷：银行存款　　23 722.00

操作流程

采购管理

·填制发票

核算管理

·生成记账凭证

·供应商往来制单

·现结制单

操作步骤

以会计员胡丽的身份（用户名2）登录T3系统，操作日期2019-09-01。

（1）填制并复核发票的操作步骤（含采购专用发票和采购运费发票）

① 选择“采购”→“采购发票”，打开“期初采购专用发票”对话框。

② 单击“增加”按钮右侧的下三角按钮，选择“专用发票”，依次录入专用发票中的各项目内容，再单击“保存”按钮。

③ 单击“现付”按钮，打开“采购现付”对话框。

④ 选择结算方式，依次输入结算金额、票据号和银行账号等信息，再单击“确定”按钮，如图3-6所示，提示“现付成功”后，再单击“退出”按钮。

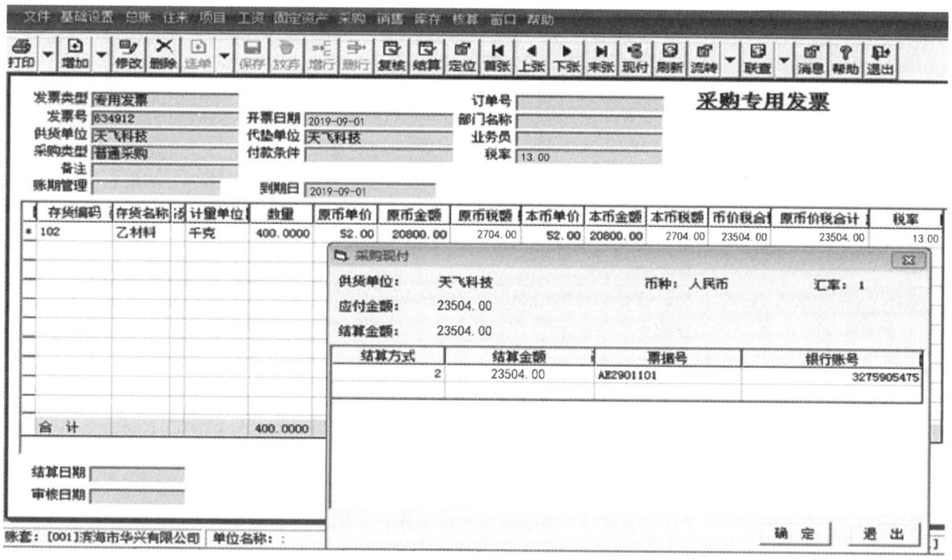

图3-6　采购专用发票——现付

⑤ 单击“复核”按钮，如图3-7所示。

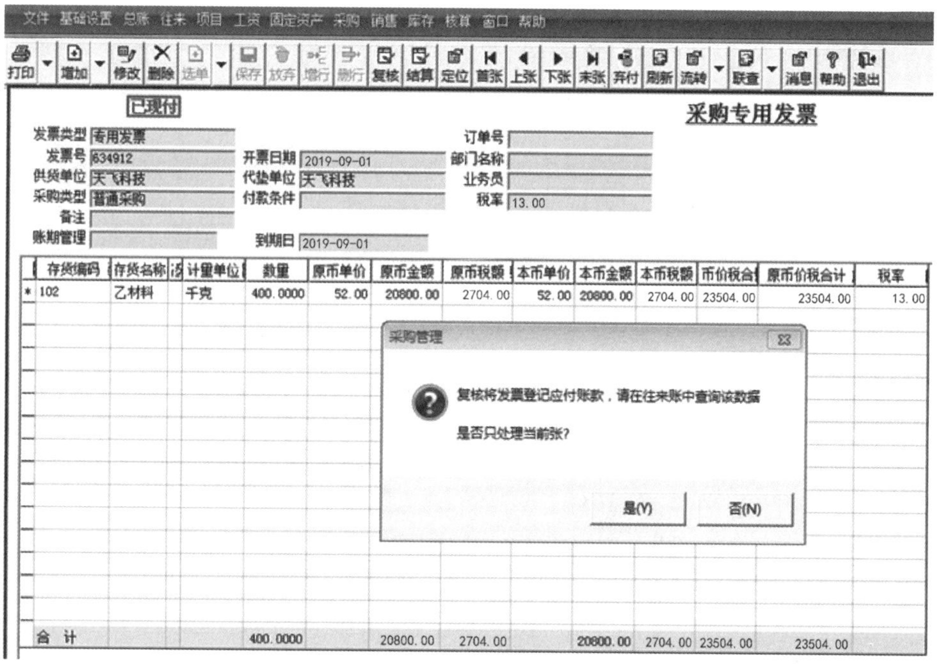

图3-7　采购专用发票——复核

⑥ 单击“是”按钮，发票已复核。

⑦ 单击“增加”按钮右侧的下三角按钮，选择“专用运费发票”，依次录入采购专用运费发票中的各项目内容，再单击“保存”按钮，如图3-8所示。

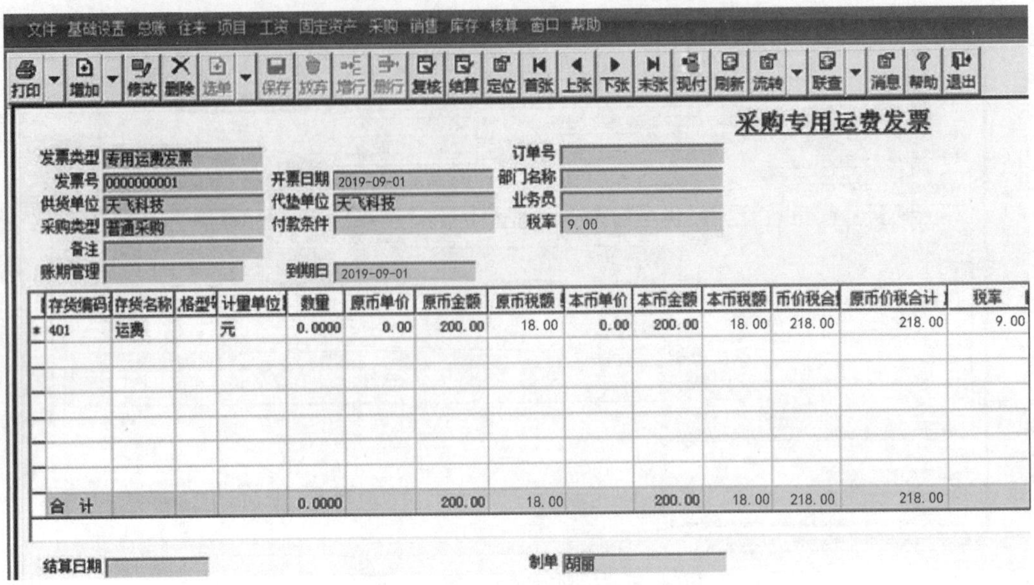

图3–8　采购专用运费发票

⑧ 在“采购专用运费发票”中单击“现付”按钮，打开“采购现付”对话框。

⑨ 选择结算方式，再依次输入结算金额、票据号和银行账号等信息，单击“确定”按钮，如图3-9所示。

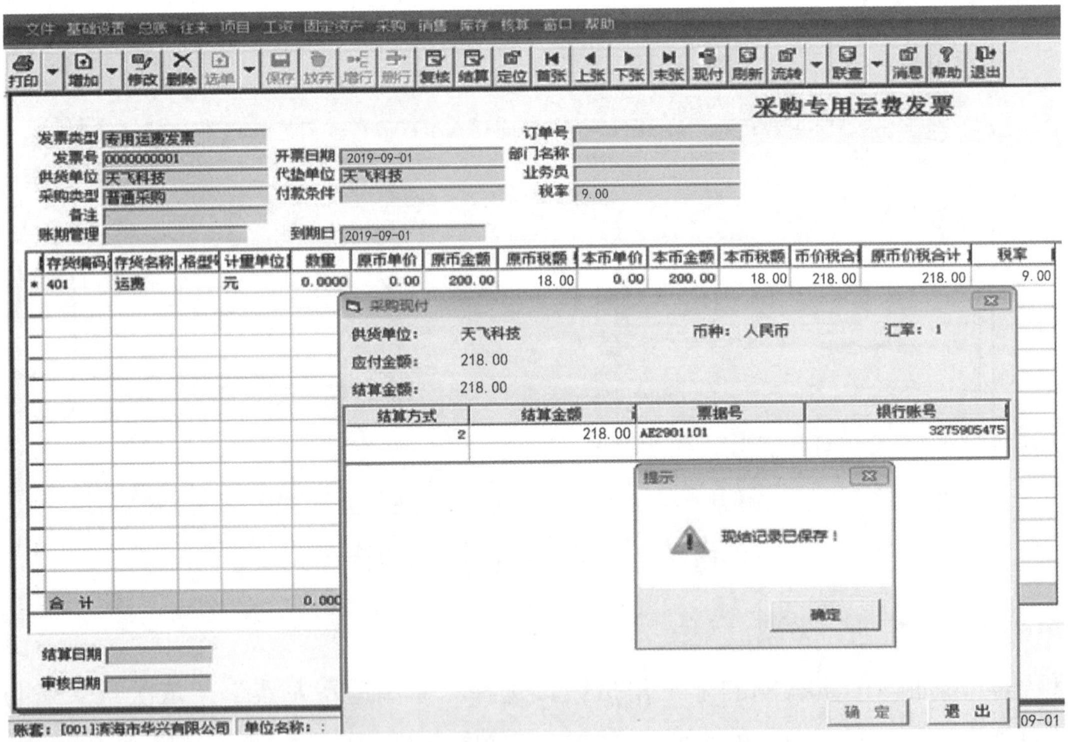

图3–9　采购专用运费发票——现付

⑩ 在“采购专用运费发票”中单击“复核”按钮，再单击“退出”按钮。

注意：

（1）当本张发票上的金额全部或部分付款时，就要单击“现付”按钮，以便生成“贷：银行存款或库存现金”的记账凭证，否则，“贷方”将是“应付账款”科目。

（2）注意输入的结算金额不能大于“采购付现”对话框左上角所显示的应付金额。

（3）只要发票填制完毕，无论是否“现付”，均需要在“退出”前单击“复核”按钮。复核后系统自动将发票登记应付账款，在往来账中可查询到该数据。如果发票未“复核”，则在“核算”系统中查询不到可供生成的记账凭证。

（4）如果发现已“复核”的发票中所填的信息有错误，可以单击“弃复”和“弃付”按钮后再进行修改。

（5）材料尚未验收入库，因此不要填制采购入库单。

（2）生成记账凭证的操作

① 选择“核算”→“凭证”→“供应商往来制单”，在“供应商制单查询”文本框中选择“现结制单”复选框，单击“确定”按钮，如图3-10所示。

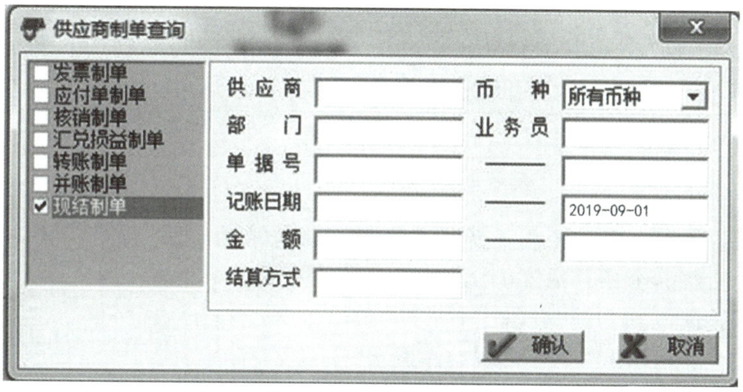

图3-10 供应商制单

② 在“现结制单”窗口中，单击“全选”按钮，再单击“合并”按钮，如图3-11所示。

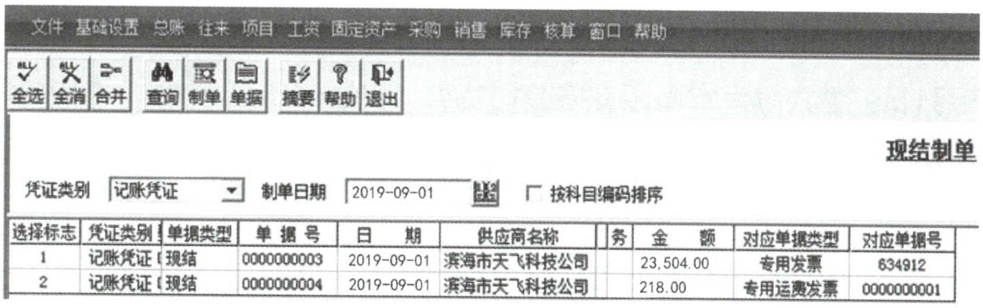

图3-11 现结制单

③ 单击“制单”按钮，修改记账凭证“附单据数”为：3，再单击“保存”按钮，生成的记账凭证如图3-12所示。

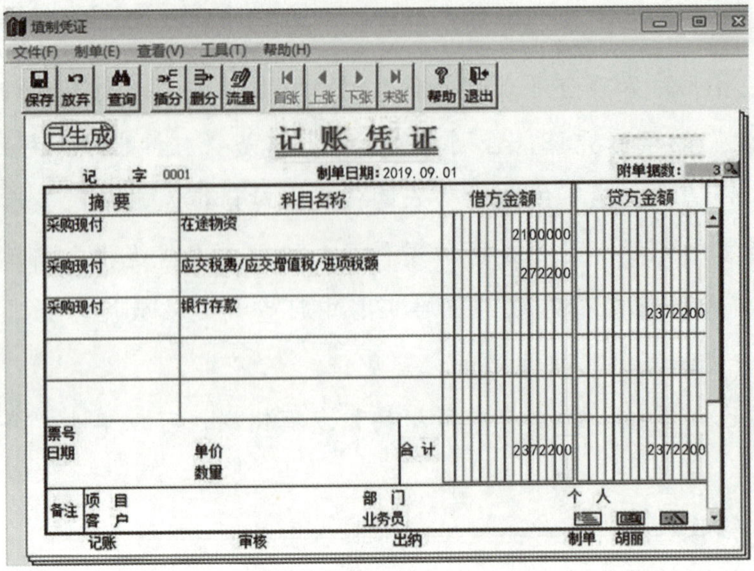

图3-12　生成的记账凭证

拓展训练

逆向修改操作错误的业务

业务序号	创设问题情境（业务操作错误描述）	扫一扫见操作指引
业务1	假设录入“采购专用运费发票”时，误将采购现付的结算金额录成200元，并已生成此笔业务的记账凭证	

3.2.2　偿还货款的业务

偿还货款的业务只需填制“付款单”，在“供应商往来制单”中选择“核销制单”，生成“冲销应付账款业务”的记账凭证。

业务2　9月1日，偿还滨海市南阳有限公司货款（见图3-13）

中国工商银行转账支票存根

支票号码：AE2901102

科　　目：__________

对方科目：__________

签发日期：2019年9月1日

收款人：滨海市南阳有限公司
金　额：￥160 008.00
用　途：货款
备　注：

图3-13　支票存根

业务2的会计分录：

借：应付账款——滨海市南阳有限公司　　160 008.00

　　贷：银行存款　　160 008.00

操作流程

采购管理
·填制付款单

核算管理
·生成记账凭证
·供应商往来制单
·核销制单

操作步骤

以会计员胡丽的身份（用户名2）登录T3系统，操作日期2019-09-01。

（1）填制付款单的操作步骤

① 选择“采购”→“供应商往来”，打开“付款结算”对话框。

② 在“供应商参照”窗口选择“滨海市南阳有限公司”。

③ 单击“增加”按钮，依次录入结算日期、结算方式、金额、结算科目等信息。

④ 单击“保存”按钮，再单击“核销”按钮，则需要核销（即尚未偿还的应付账款）的项目显示在列表中。

⑤ 单击“自动”按钮，则系统自动核销（偿还）应付的账款，并回填在“本次结算”列中，如图3-14所示。

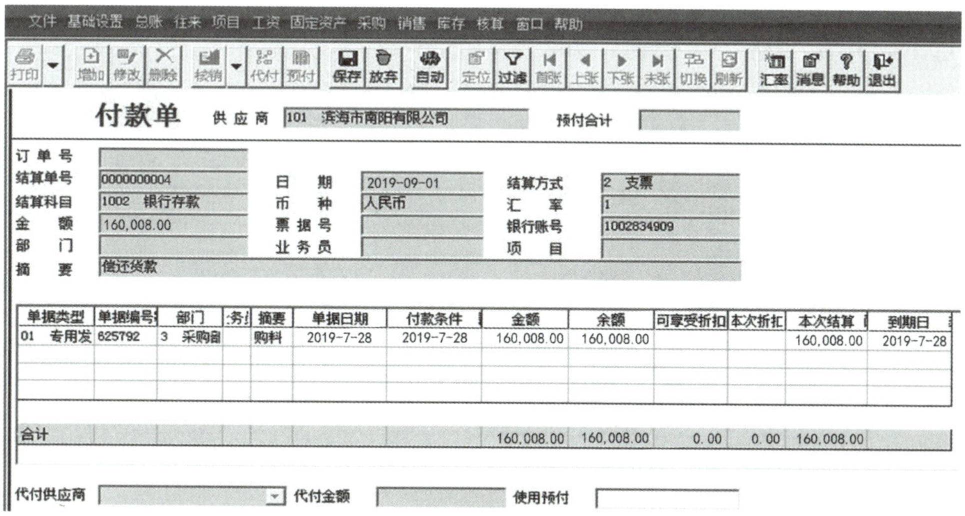

图3-14　付款单的填制

⑥ 单击“保存”按钮，完成付款单和期初应付账款之间的核销，再单击“退出”按钮。

注意：

（1）录完“付款单”的有关信息，单击“保存”按钮后，一定要再单击“核销”或“预付”或“代付”按钮，区分所填的付款单是核销前欠货款（包括核销全部货款或部分货款）的业务还是预付货款的业务或代付款业务，否则，月末采购系统结账时，就会出现“本月付款单未全部核销，不能结账”的提示。

（2）录入“付款单”的有关操作完成后，单击“退出”按钮，如果出现提示“核销尚未记账，确实要退出吗？”，则说明尚未单击“保存”按钮。

（3）如果发现已保存的付款单有错误，要选择“采购”→“供应商往来”→“取消操作”。在“取消操作条件”中，注意操作类型选择“核销”，再单击“确定”按钮。如图3-15所示，在“取消操作”对话框中单击“全选”→“确定”，即取消了操作。再选择“采购”→“供应商往来”，打开“付款结算”对话框，修改已填制的“付款单”即可。

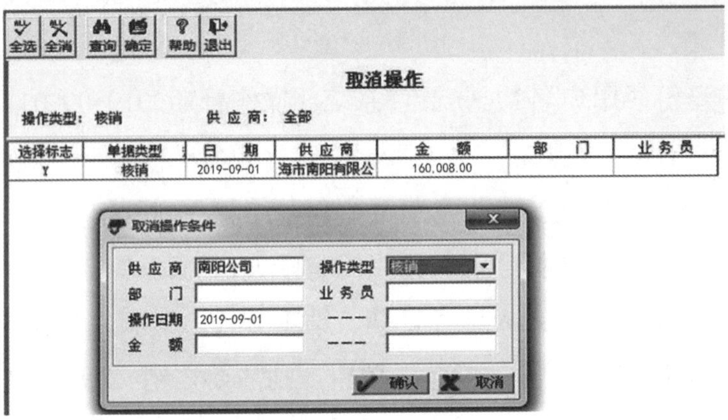

图3-15　取消操作

（2）生成记账凭证的操作

① 选择“核算”→“凭证”→“供应商往来制单”，在“供应商制单查询”中选择“核销制单”复选框，单击“确定”按钮，如图3-16所示。

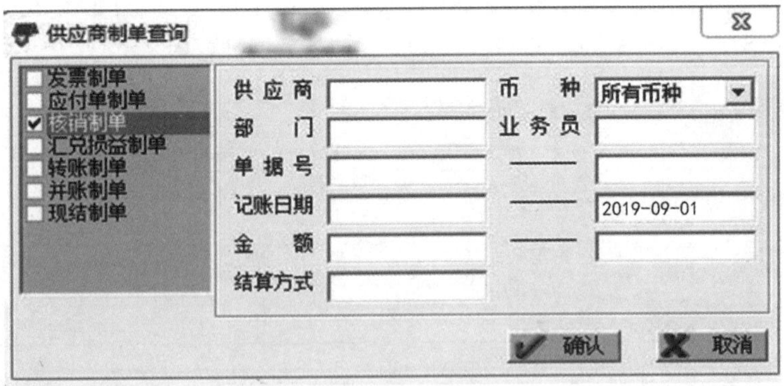

图3-16　核销制单

② 在“核销制单”窗口中，选择要制单的记录，如图3-17所示。

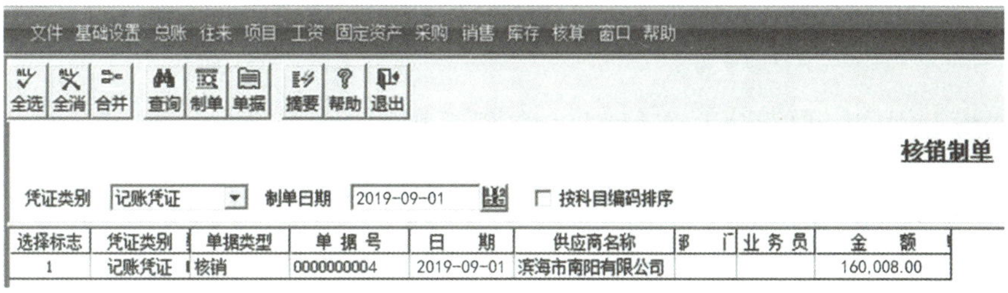

图3-17　选择要制单的凭证

③ 单击“制单”按钮，再单击“保存”按钮，生成的记账凭证如图3-18所示。

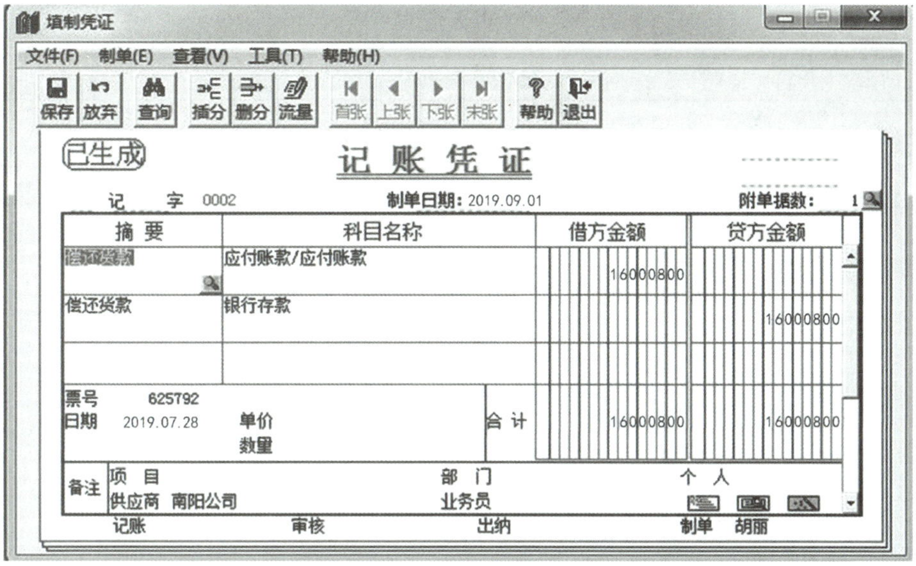

图3-18　生成的记账凭证

注意：

“核销制单”是指填制了付款单或收款单后，要生成“借：应付账款（或预付账款）　贷：银行存款”或者“借：银行存款　贷：应收账款（或预收账款）”的记账凭证所要选择的制单。

拓展训练

逆向修改操作错误的业务

业务序号	创设问题情境（业务操作错误描述）	扫一扫见操作指引
业务2	填完付款单，单击“自动”按钮后，没有再单击“保存”按钮即退出；准备在“核算”系统生成记账凭证时，发现没有可生成的记账凭证	

3.2.3　月初在途物资验收入库，进行采购结算的业务

“采购结算”是指计算验收入库材料的实际采购成本，只有填制了采购发票及对应的入库单的业务才能进行采购结算。只有采购发票，没有入库单，就还是“在途物资”；只有入库单，没有采购发票，则是暂估入库业务。

业务3　9月1日，上月30日采购的南阳有限公司的甲材料验收入库（见图3-19）

材料入库单

供货单位：市南阳有限公司　　　　2019年9月1日　　　　第1号

名称	编号	规格	单位	应收数量	实收数量	成本总额									
						千	百	十	万	千	百	十	元	角	分
甲材料			千克	650	650										
备注：															

第三联　财务记账

主管：　　　　记账：　　　　验收：王芳　　　　制单：王芳

图3-19　材料入库单

业务3的会计分录：

借：原材料——甲材料　　　　76 700.00

　　贷：在途物资　　　　76 700.00

操作流程

采购管理
- 填制采购入库单
- 采购结算

库存管理
- 采购入库单审核

核算管理
- 正常单据记账
- 生成记账凭证
  - 购销单据制单
    - 采购入库单（报销记账）

操作步骤

（1）填制采购入库单的操作步骤

① 选择“采购”→“采购入库单”。

② 单击“增加”→“采购入库单”，选择仓库“材料库”。

③ 单击“选单”→“采购发票”，打开“单据拷贝”对话框。

④ 输入过滤条件：日期、供货单位。取消“拷贝后执行发票对应的订单”复选框的√。

⑤ 双击“选择”复选框，选中“专用发票”记录，再单击“确认”按钮，如图3-20所示。

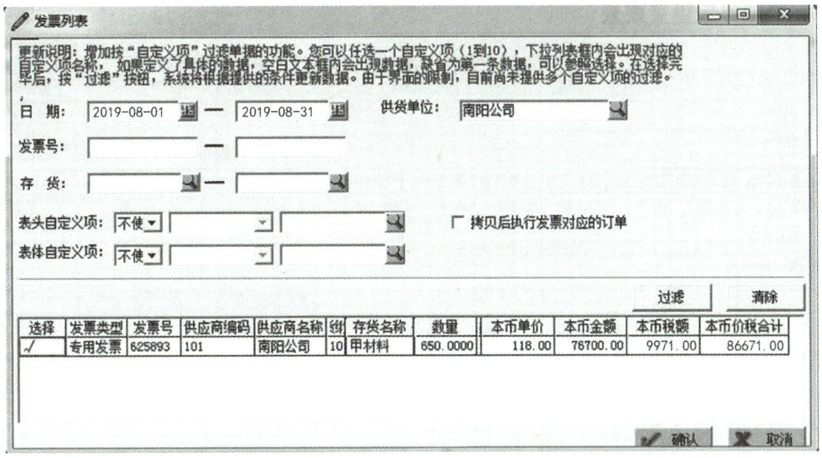

图3-20　选择期初采购专用发票

⑥ 期初采购专用发票的信息导入在“采购入库单”中，录入入库类别，单击“保存”按钮，生成采购入库单，如图3-21所示。再单击“退出”按钮退出。

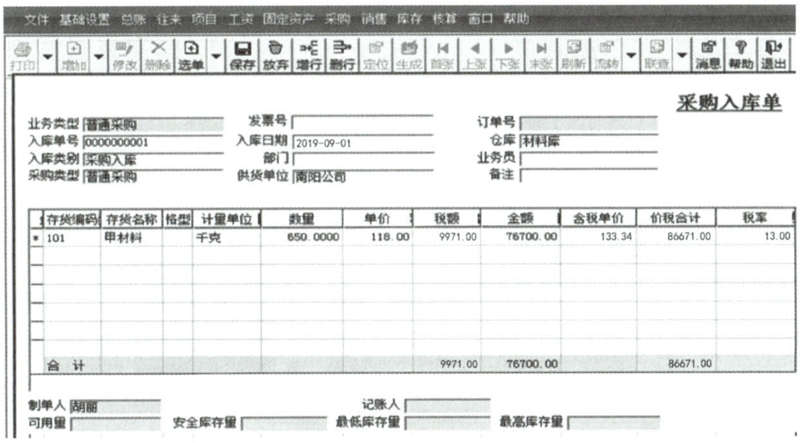

图3-21　采购入库单

注意：

（1）也可以不采用“选单”方式导入期初采购专用发票的数据，而是直接录入采购入库单。只用录数量，不用录入单价及金额，在进行了采购结算后，系统会自动重新填入采购入库单上的“单价”及“金额”。

（2）要特别注意输入过滤条件：“日期”的范围，同时要取消“拷贝后执行发票对应的订单”复选框的√，否则，过滤后筛选不到已有的记录。

（2）采购入库单和采购发票进行采购结算的操作步骤

① 选择“采购”→“采购结算”→“自动结算”。

② 输入过滤条件：起始日期：2019-08-01、供应商等信息，如图3-22所示。

③ 单击“确定”按钮，结算完成，如图3-23的提示。

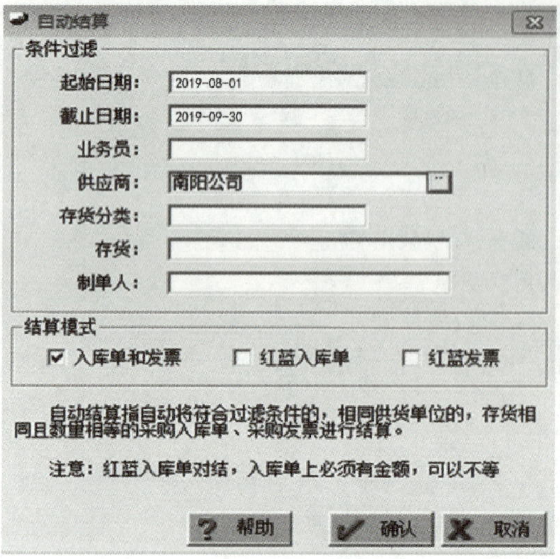

图3-22　自动结算的过滤条件

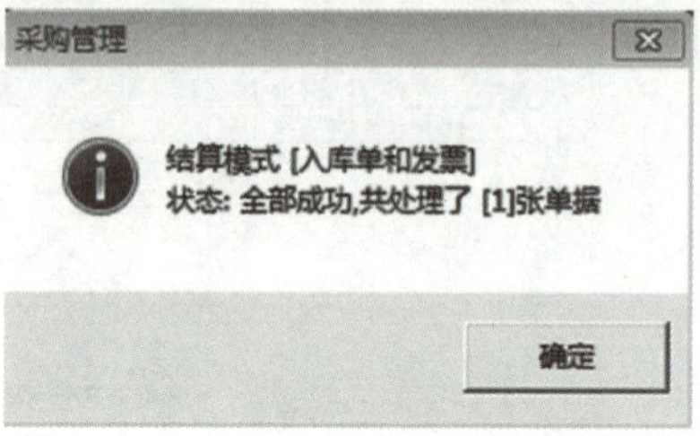

图3-23　自动结算成功的提示

④ 查询“采购入库单”，则已结算的采购入库单盖上了红色字体已结算的标识，如图3-24所示。再单击“退出”按钮退出。

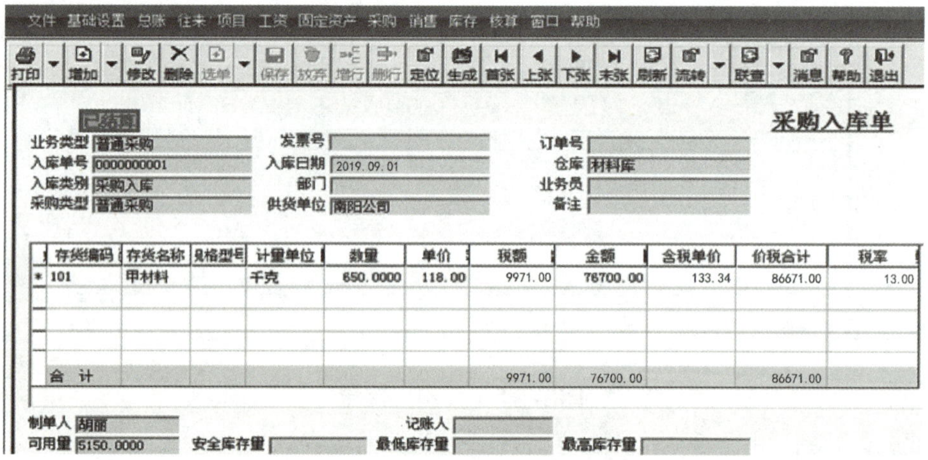

图3-24　已结算的采购入库单

（3）采购入库单审核的操作步骤

① 选择“库存”→“采购入库单审核”。

② 在“采购入库单”对话框中单击“审核”按钮，则“审核”按钮变为“弃审”按钮，即表示此单据已审核过。

注意：

（1）采购结算的作用是确认采购入库材料的实际成本，要注意区分何时进行“采购结算”：①当材料先入库，发票未到时，按暂估业务处理，不用进行采购结算；②当发票先到，材料未到时，按在途物资业务处理，也暂时不用进行采购结算；③当发票和采购入库单都已录入完成时（无论是材料先到的业务，还是发票先到的业务，或是同时到达），就要进行采购结算了。

（2）采购结算的方法是系统将属于同一采购业务的采购发票和其材料入库单进行结算，有“自动结算”和“手动结算”两种方法。

（3）自动结算是指系统自动将符合过滤条件的——“相同供货单位的、存货相同且数量相等”的采购入库单和采购发票进行结算，其操作简便，但有时会由于筛选条件的不匹配而造成自动结算不成功的现象，此时就要改为手动结算。

（4）正常单据记账的操作步骤

① 选择“核算”→“核算”→“正常单据记账条件”，选择仓库和单据类型，如图3-25所示。

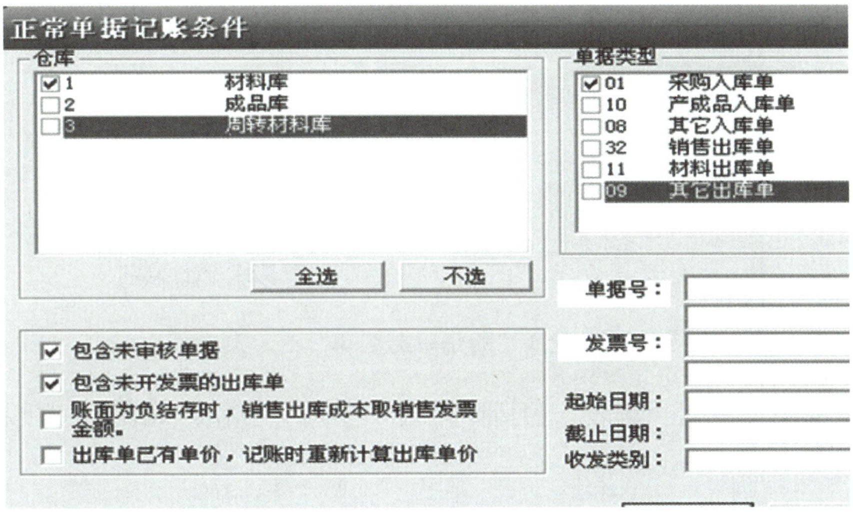

图3-25　正常单据记账条件

② 单击“确定”按钮，在“正常单据记账”窗口中，单击“全选”按钮，如图3-26所示。

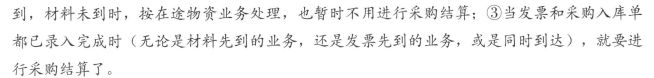

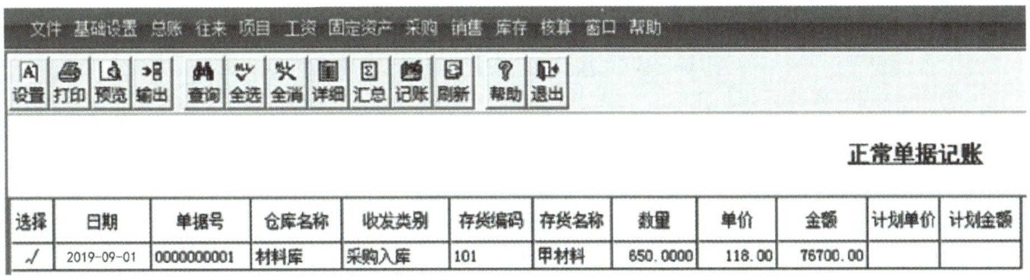

图3-26　选择“正常单据记账”的单据

③ 单击“记账”按钮，并单击“退出”按钮。

注意：

正常单据记账是指将所输入的单据（如存货入库单、存货出库单等）登记到存货类明细账。正常单据记账后，系统会自动算出存货的入库单价或出库单价，回写到对应存货的入库单或出库单上并在明细账上反映出来。如果未执行“正常单据记账”，则在“购销单据制单”中无可供制单的单据出现。

（5）生成记账凭证的操作步骤

① 单击“核算”→“凭证”→“购销单据制单”→“选择”按钮，在“查询条件”对话框中选择“采购入库单（报销记账）”，如图3-27所示，再单击“确认”按钮。

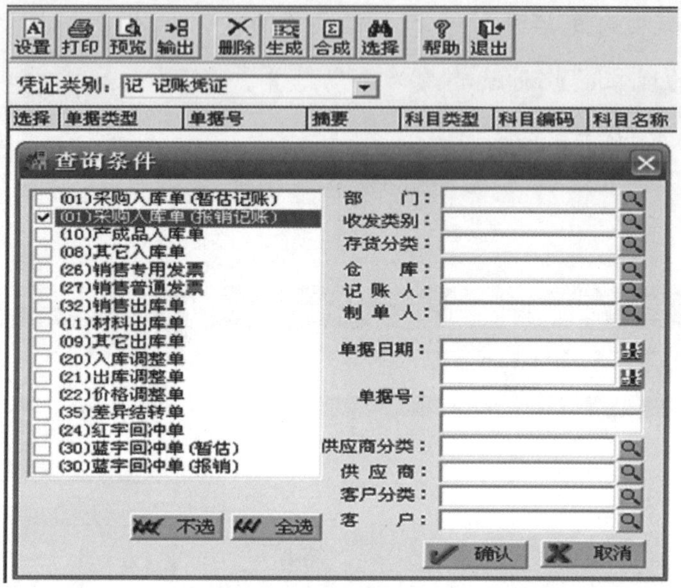

图3-27　选择“购销单据制单”的单据类型

② 在“未生成凭证单据一览表”窗口中单击“全选”按钮，如图3-28所示，再单击“确定”按钮。

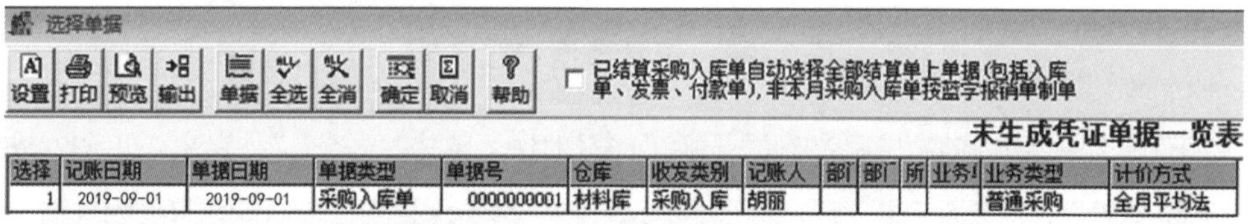

图3-28　选择要生成凭证的单据

③ 在制单界面单击“生成”按钮，如图3-29所示。

图3-29　待生成的记账凭证

④ 在“填制凭证”窗口单击“保存”按钮，则生成了记账凭证，如图3-30所示。

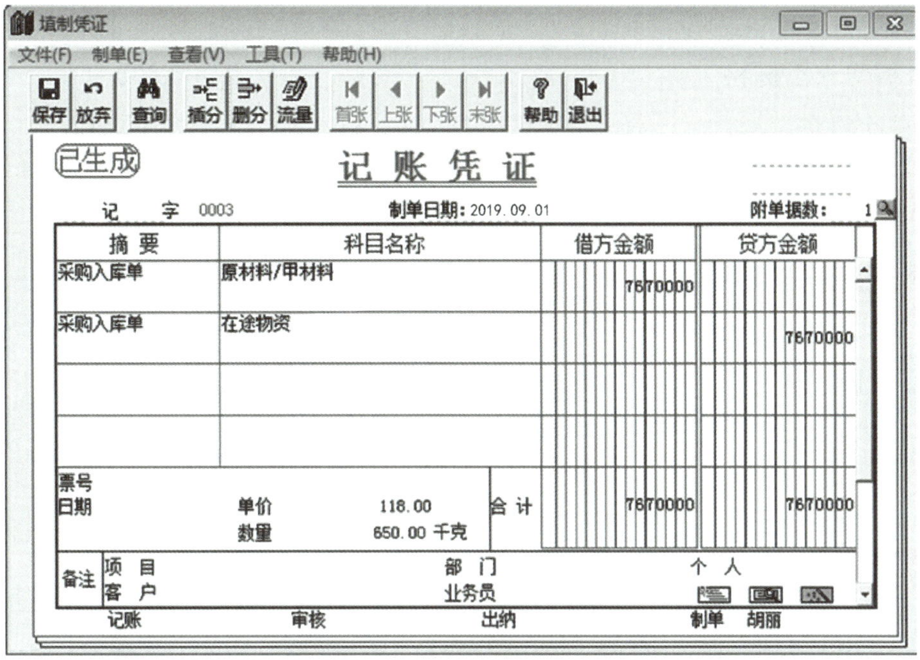

图3-30　已生成的记账凭证

拓展训练

逆向修改操作错误的业务

业务序号	创设问题情境（业务操作错误描述）	扫一扫见操作指引
业务3	自动结算时，起始日期没有修改为2019-08-01，而是按默认的起始日期2019-09-01，自动结算不成功	

业务4　9月2日，将从滨海市天飞科技公司购买的乙材料验收入库（见图3-31）

材料入库单

供货单位：市天飞科技公司　　　　2019年9月2日　　　　第2号

名称	编号	规格	单位	应收数量	实收数量	成本总额									
						千	百	十	万	千	百	十	元	角	分
乙材料			千克	400	400										
备注：															

第三联　财务记账

主管：　　　　记账：　　　　验收：王芳　　　　制单：王芳

图3-31　材料入库单

业务4的会计分录：

借：原材料——乙材料　　　　　　　　21 000.00

　贷：在途物资　　　　　　　　　　　　21 000.00

操作流程

采购管理

·填制采购入库单
·采购结算

库存管理

·采购入库单审核

核算管理

·正常单据记账
·生成记账凭证
　·购销单据制单
　　·采购入库单（报销记账）

操作步骤

以会计员胡丽的身份（用户名2）登录T3系统，操作日期2019-09-02。

（1）填制采购入库单的操作步骤

① 选择“采购”→“采购入库单”。

② 单击“增加”→“采购入库单”，选择仓库：“材料库”、供货单位：“天飞科技”、入库类别：“采购入库”。

③ 依次输入存货编码、数量等信息，再单击“保存”按钮，如图3-32所示。

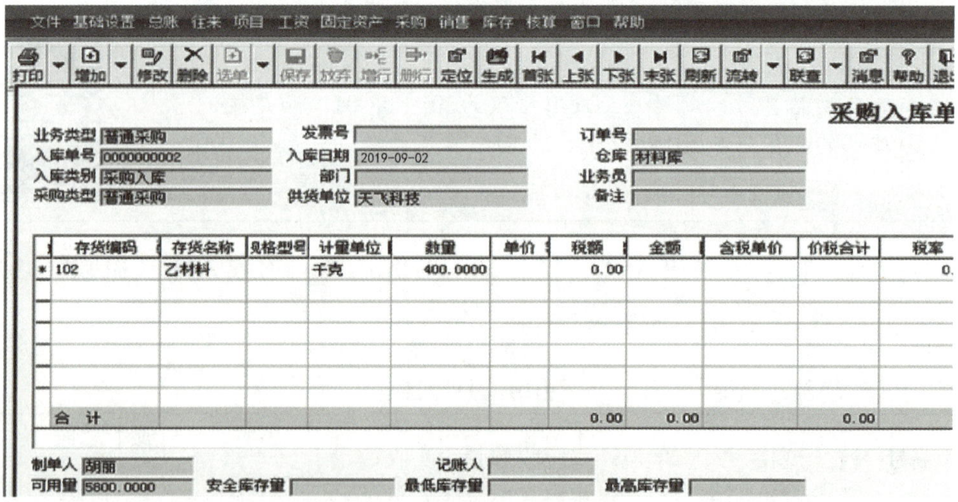

图3-32　填制采购入库单

（2）采购入库单和采购发票进行采购结算的操作步骤

① 选择“采购”→“采购结算”→“手工结算”。

② 打开“条件输入”对话框，录入过滤条件：日期、供应商等，如图3-33所示。

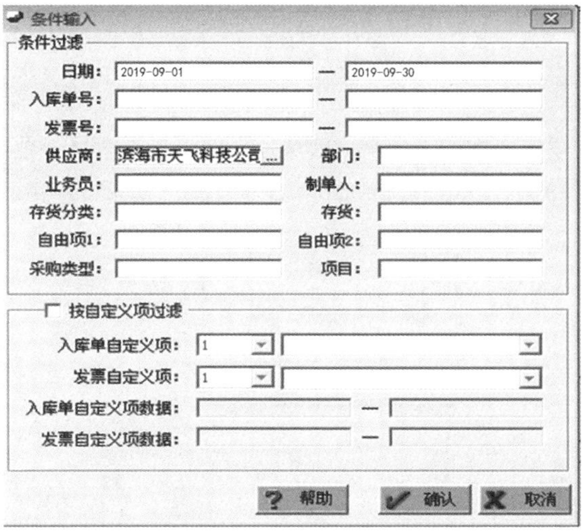

图3-33　录入过滤条件

③ 单击“确认”按钮，打开“入库单和发票选择”对话框，双击选中需要结算的入库单记录及对应的专用发票和运费发票记录，再单击“确认”按钮，如图3-34所示。

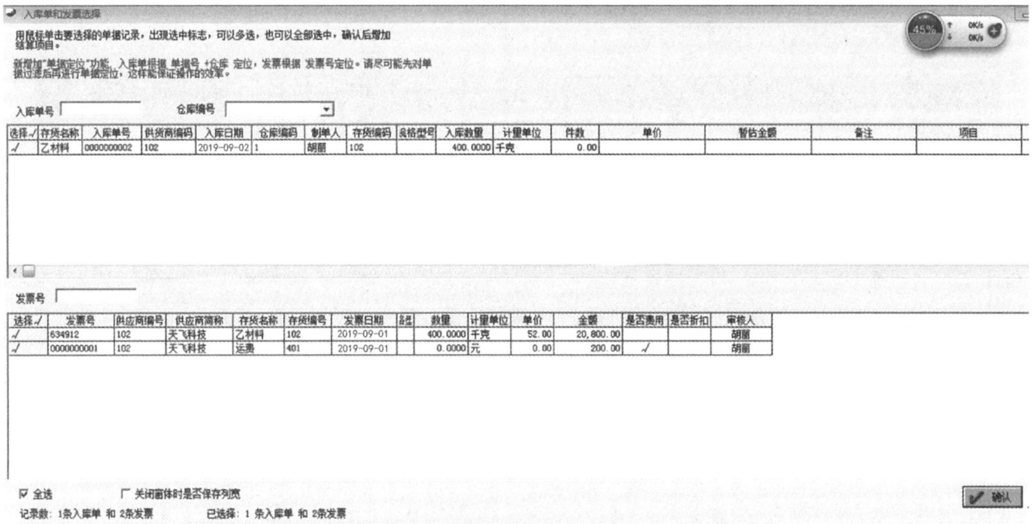

图3-34　选中需要结算的入库单和发票

④ 在“运费结算列表”选项中选择“按数量”分摊，如图3-35所示。

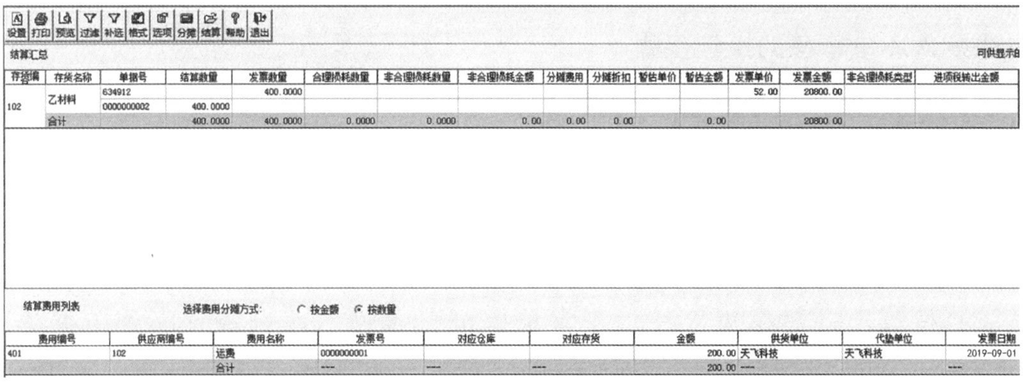

图3-35　“按数量”分摊运费

⑤ 单击“分摊”按钮，则运费200元分摊到乙材料的成本当中，如图3-36所示。

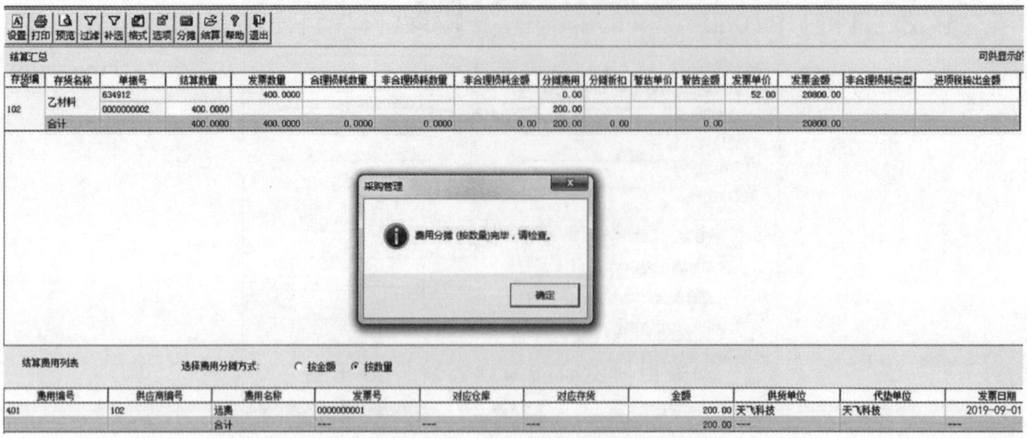

图3-36　运费分摊完毕

⑥ 单击“结算”按钮，采购结算完成，再单击“退出”按钮。

⑦ 查询“采购入库单”，则已结算的采购入库单盖上了红色字体已结算的标识，如图3-37所示，再单击“退出”按钮退出。

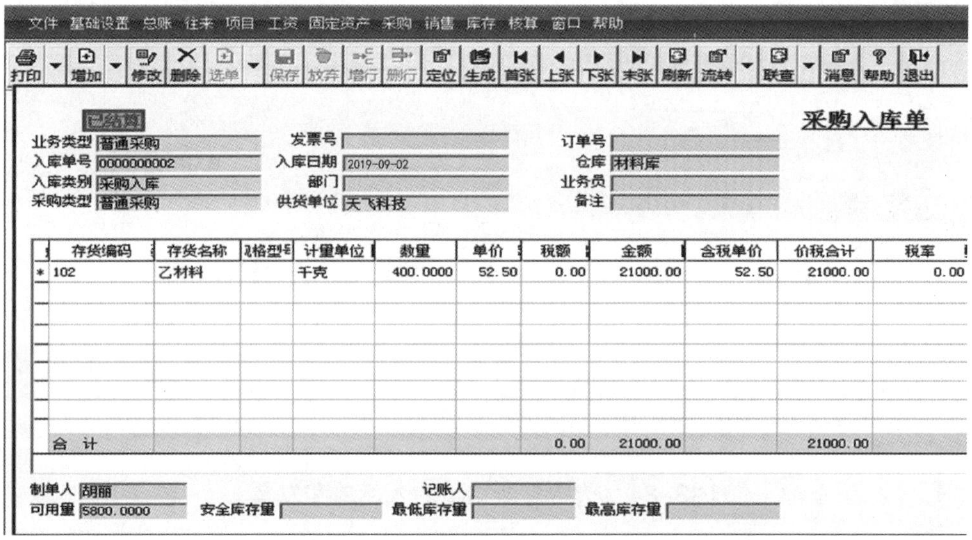

图3-37　已结算的采购入库单

（3）采购入库单审核的操作步骤

① 选择“库存”→“采购入库单审核”。

② 在“采购入库单”对话框中单击“审核”按钮，则“审核”按钮变为“弃审”按钮，即表示此单据已审核过。

（4）正常单据记账的操作步骤

① 选择“核算”→“核算”→“正常单据记账条件”，选择仓库和单据类型，如图3-38所示。

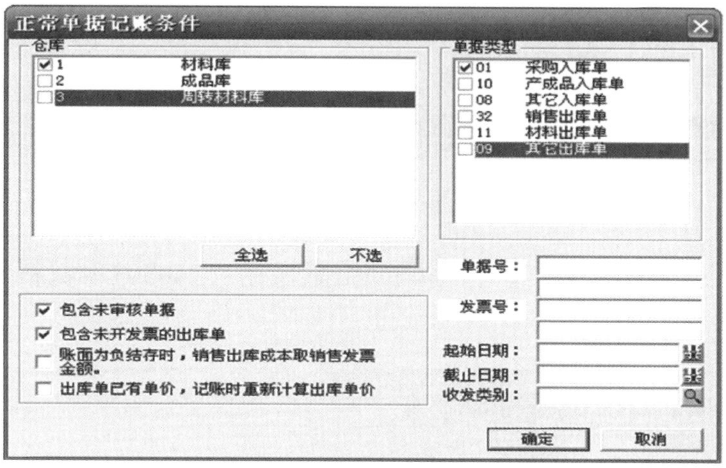

图3–38　选择正常单据记账

② 单击“确定”按钮，在“正常单据记账”窗口中，单击“全选”按钮，如图3-39所示。

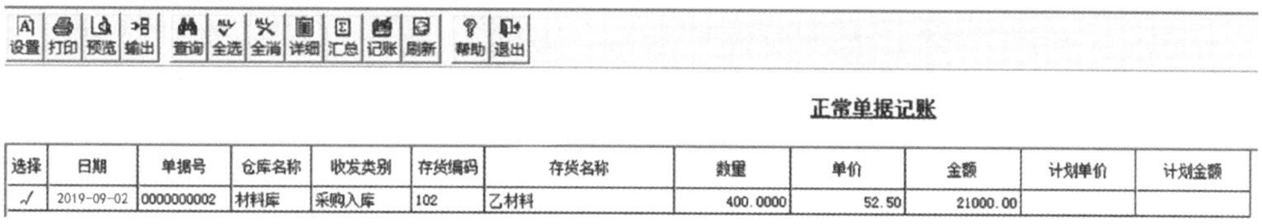

图3–39　选择“正常单据记账”的单据

③ 单击“记账”按钮，并单击“退出”按钮。

（5）生成记账凭证的操作步骤

① 单击“核算”→“凭证”→“购销单据制单”，单击“选择”按钮，在“查询条件”对话框中选择“采购入库单（报销记账）”，如图3-40所示，再单击“确定”按钮。

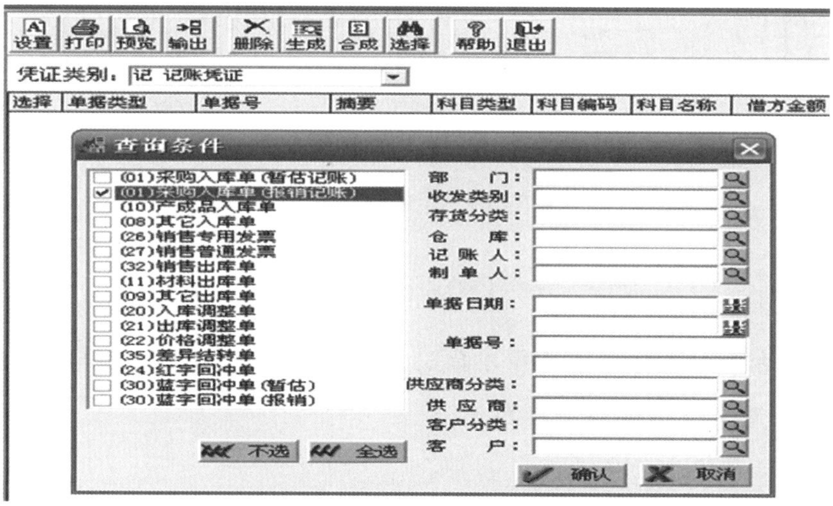

图3–40　选择制单的单据

② 在“未生成凭证单据一览表”窗口中单击“全选”按钮，如图3-41所示，再单击“确定”按钮。

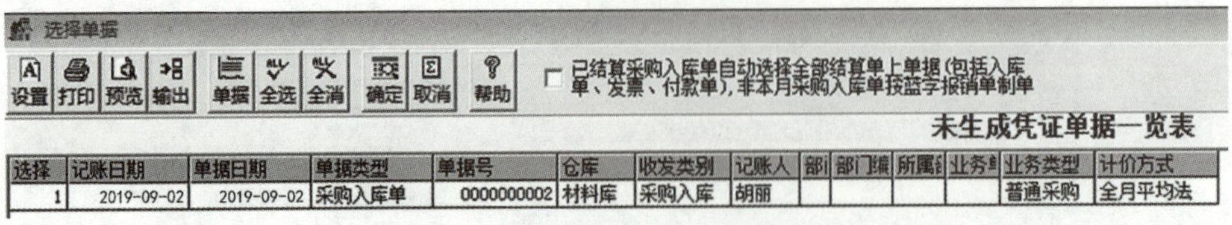

图3-41　未生成凭证单据一览表

③ 在生成凭证前，将第一行“科目编码”由默认的“140301甲材料”改为“140302乙材料”，如图3-42所示。

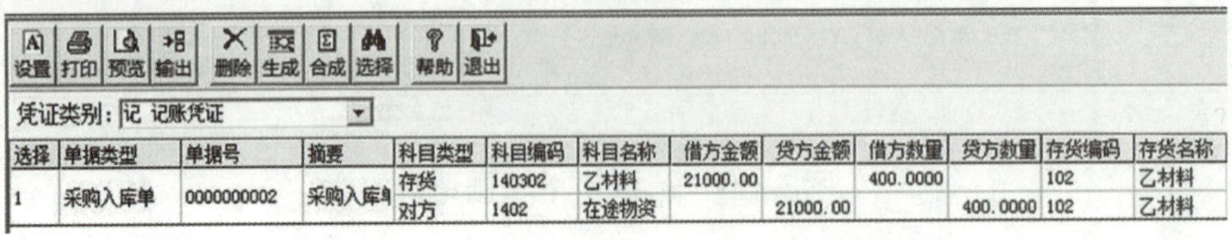

图3-42　修改默认的存货科目编码

④ 单击“生成”按钮，再单击“保存”按钮，生成记账凭证，如图3-43所示。

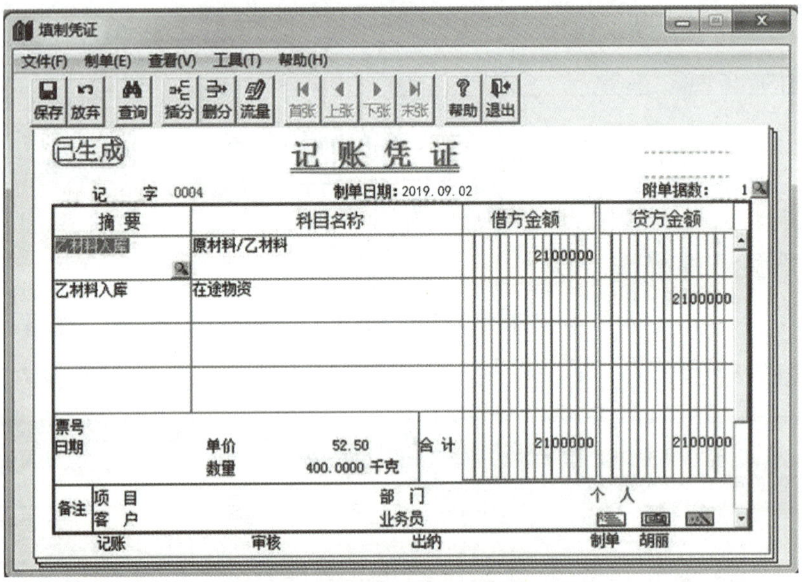

图3-43　生成记账凭证

注意：

（1）当“采购结算”还要包括运费发票时，如果还选择“自动结算”，则会造成采购结算后的材料入库成本没有分摊运费的成本。

（2）纠正上述错误的操作步骤是：

① 选择“采购”→“采购结算”→“结算单明细列表”。

② 输入单据过滤条件，结算日期：2019-09-02、供应商：天飞科技。

③ 单击“确定”按钮后，则显示采购结算列表。

④ 双击第一行记录单，则打开“采购结算表”窗口。

⑤ 单击“删除”按钮，则采购结算记录被删除。

拓展训练

逆向修改操作错误的业务

业务序号	创设问题情境（业务操作错误描述）	扫一扫见操作指引
业务4	生成记账凭证后，发现业务日期（采购入库单日期）没有改为2019-09-02	

业务5　9月2日，偿还中山市新鑫有限公司部分货款（见图3-44）

工商银行　电汇凭证（借方凭证）　2

委托日期　2019年9月2日　　　　第　　号

汇款人	全　称	滨海市华兴有限公司	收款人	全　称	中山市新鑫有限公司
	账　号	3275905475		账　号	1003674845
	汇出地点	广东省滨海市/县		汇入地点	广东省中山市/县
汇出行名称		工行滨海市蓝山支行	汇入行名称		工行中山市凤凰支行
金额	人民币（大写）	壹拾万元整	亿千百十万千百十元角分		¥1 0 0 0 0 0 0 0
汇款用途：货款如需加急，请在括号内注明(　)			支付密码		
中国工商银行 滨海市蓝山支行 2019年9月2日 转讫　汇出行签章			附加信息及用途：　复核：　记账：		

图3-44　电汇凭证

业务5的会计分录：

借：应付账款——中山市新鑫有限公司　　100 000.00

　贷：银行存款　　100 000.00

操作流程

采购管理
- 填制付款单

核算管理
- 生成记账凭证
- 供应商制单
- 核销制单

操作步骤

以会计员胡丽的身份（用户名2）登录T3系统，操作日期2019-09-02。

（1）填制付款单的操作步骤

① 选择“采购”→“供应商往来”，打开“付款结算”对话框。

② 在“供应商参照”窗口中选择“中山市新鑫有限公司”。

③ 单击“增加”按钮，依次录入日期、结算方式、金额、结算科目等信息。

④ 单击“保存”按钮，再单击“核销”按钮，则需要核销（即尚未偿还的应付账款）的项目显示在列表中。

⑤ 单击“自动”按钮，则系统自动核销（偿还）应付的账款，并回填在“本次结算”列中，如图3-45所示。

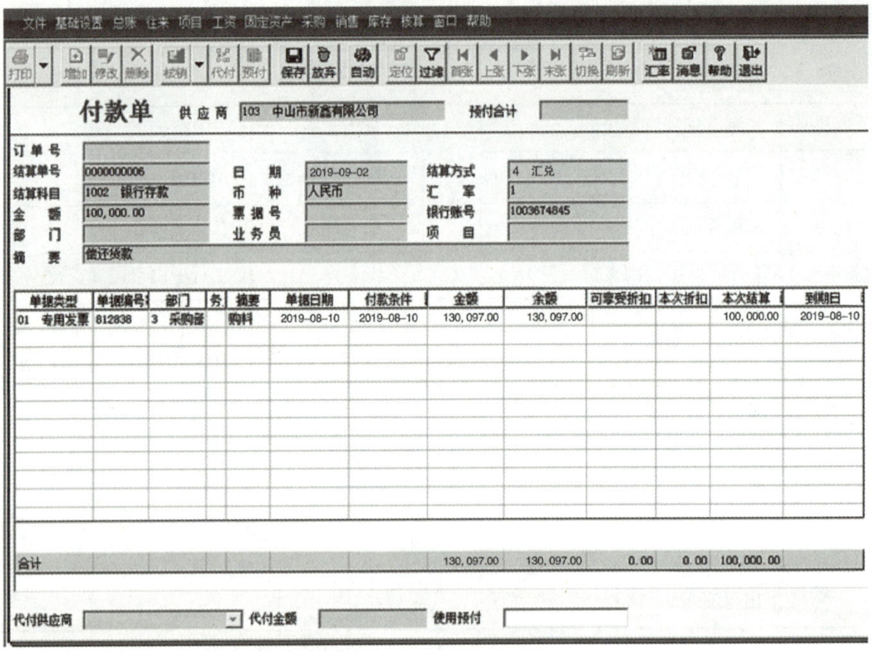

图3-45 付款单的填制

⑥ 单击“保存”按钮，完成付款单和期初应付账款之间的核销，再单击“退出”按钮。

（2）生成记账凭证的操作

① 选择“核算”→“凭证”→“供应商制单查询”，选择“核销制单”复选框，单击“确定”按钮，如图3-46所示。

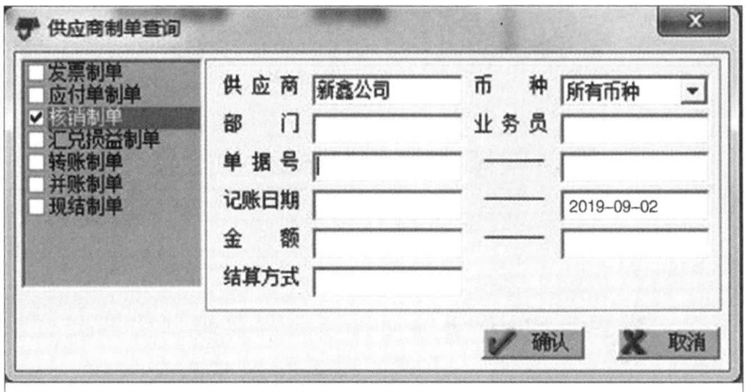

图3-46　选择供应商制单的核销制单

② 在“核销制单”窗口中，单击“全选”按钮，选中需要制单的1个凭证，如图3-47所示，再单击“制单”按钮。

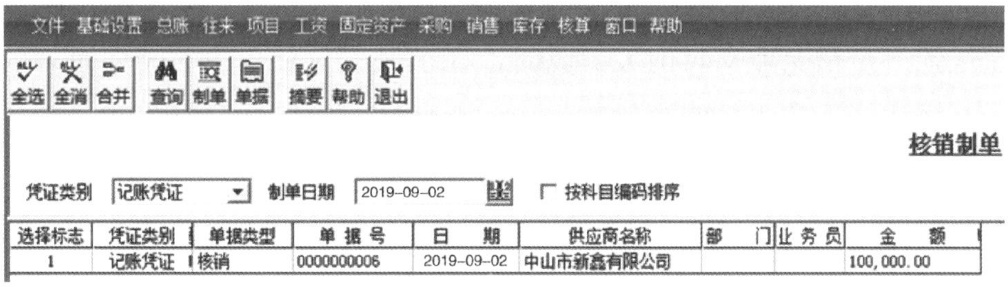

图3-47　选中需要核销制单的凭证

③ 单击“制单”按钮，再单击“保存”按钮，生成的记账凭证如图3-48所示。

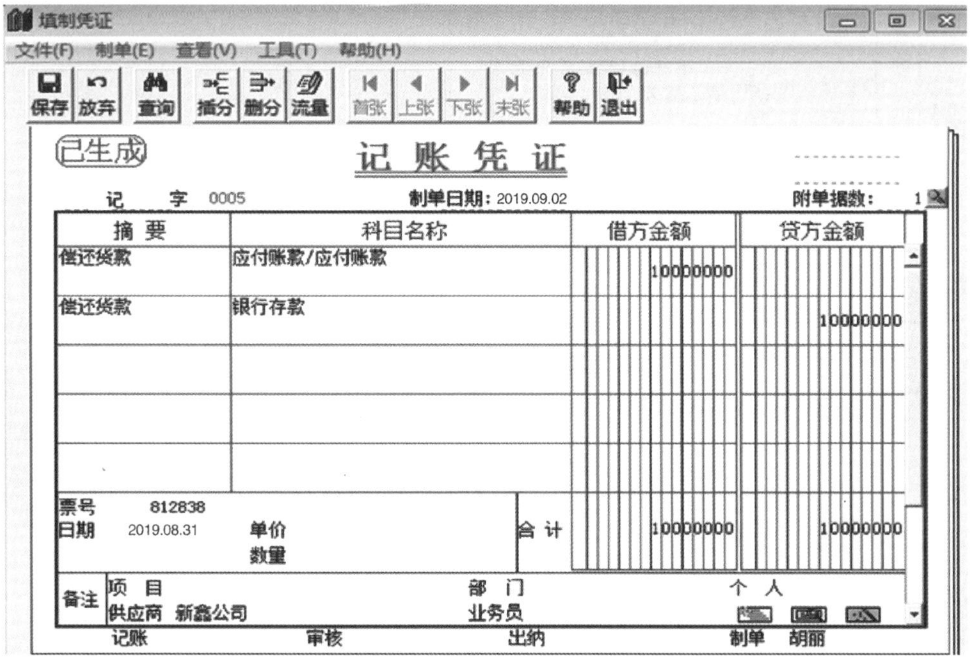

图3-48　生成的记账凭证

拓展训练

逆向修改操作错误的业务

业务序号	创设问题情境（业务操作错误描述）	扫一扫见操作指引
业务5	多填写了一张偿还中山新鑫公司10万元货款的付款单，但尚未核销。月末结账时，出现“本月付款单未全部核销”的提示	

3.2.4 采购材料，使用预付款，并付清余款的业务

“使用预付款”是指企业支付前欠货款时，在填制“付款单”时需要录入的“使用预付款”的金额，这样才能生成“冲销预付款”的记账凭证，否则，只能生成“偿还货款”的记账凭证。

业务6 9月2日，向深圳市升科有限公司采购材料，并支付余款（图3-49～图3-51）

深圳增值税专用发票

发 票 联

深圳 国家税务局监制

NO 3790430

开票日期：2019年 09月02日

购货单位	名称：滨海市华兴有限公司 纳税人识别号：44038475109 地址、电话：滨海市海河区东风东路128号 开户行及账号：工商银行滨海市蓝山支行3275905475			密码区	（略）		
货物或应税劳务名称	规格型号	单位	数量	单价	金额	税率	税额
甲材料		千克	150	125.00	18,750.00	13%	2,437.50
乙材料		千克	300	58.00	17,400.00	13%	2,262.00
小计			450		36,150.00		4,699.50
合计	⊗肆万零捌佰肆拾玖圆伍角				（小写）￥40849.50		
销货单位	名称：深圳市升科有限公司 纳税人识别号：2245874687876 地址、电话：深圳市城南大道135号 开户行及账号：工行深圳市龙岗分行5583950383			备注	深圳市升科有限公司 发票专用章		

第一联 发票联 购货方报销凭证

收款人：李珊珊　　复核：王辉　　开票人：张斌

图3-49 增值税专用发票（材料）

深圳增值税专用发票

发　票　联　（国家税务局监制）

NO 25783357

开票日期：　2019年09月02日

购货单位	名　　称：滨海市华兴有限公司 纳税人识别号：44038475109 地址、电话：滨海市海河区东风东路128号 开户行及账号：工商银行滨海市蓝山支行 3275905475			密码区	（略）			
货物或应税劳务名称	规格型号	单位	数量	单价	金额	税率	税额	
运费		元	1	450.00	450.00	9%	40.50	
合　计	⊗肆佰玖拾圆伍角整				（小写）¥490.50			
销货单位	名　　称：迅通物流有限公司 纳税人识别号：23027301839 地址、电话：深圳市银湖路390号 开户行及账号：建行滨海市银湖分行 3902189301			备注	（迅通物流有限公司 发票专用章）			

收款人：李云丽　　复核人：汪诗诗　　开票人：陈铭　　承运人：（章）

第一联　发票联　购货方记账凭证

图3-50　增值税专用发票（运费）

中国工商银行　托收承付凭证（承付支款通知）　4

委托日期　2019年9月2日　　No5728572

汇款人	全　称	滨海市华兴有限公司	收款人	全　称	深圳市升科有限公司
	账　号	3275905475		账　号	5583950383
	汇出地点	广东省滨海市/县		汇入地点	广东省深圳市/县
汇出行名称		工商银行滨海市蓝山支行	汇入行名称		工商银行龙岗分行
金额	人民币（大写）	叁万陆仟叁佰肆拾元整			
汇款用途：货款			支付密码		
付款单位开户银行盖章（中国工商银行 龙阳支行 2019年9月2日 转讫）			附加信息 复核：　记账：文莉莉		

亿	千	百	十	万	千	百	十	元	角	分
			¥	3	6	3	4	0	0	0

此联是开户银行交给持票人的回单

图3-51　托收承付支款凭证

业务6的会计分录：

（1）购料款未付

借：在途物资　　36 600.00

　应交税费——应交增值税（进项税额）　　4 740.00

　贷：应付账款——深圳市升科有限公司　　41 340.00

（2）支付余款

借：应付账款——深圳市升科有限公司　　41 340.00

　　贷：预付账款——深圳市升科有限公司　　5 000.00

　　　　银行存款　　36 340.00

操作流程

采购管理
·填制采购发票

核算管理
·生成记账凭证1
·供应商制单
·发票制单

采购管理
·填制付款单

核算管理
·生成记账凭证2
·供应商制单
·核销制单

操作步骤

以会计员胡丽的身份（用户名2）登录T3系统，操作日期2019-09-02。

（1）填制发票的操作步骤（含采购专用发票和采购运费发票）

① 选择“采购”→“采购发票”。

② 单击“增加”按钮右侧的下三角按钮，选择“专用发票”，依次录入专用发票中的各项目内容，再单击“保存”→“复核”按钮，如图3-52所示。

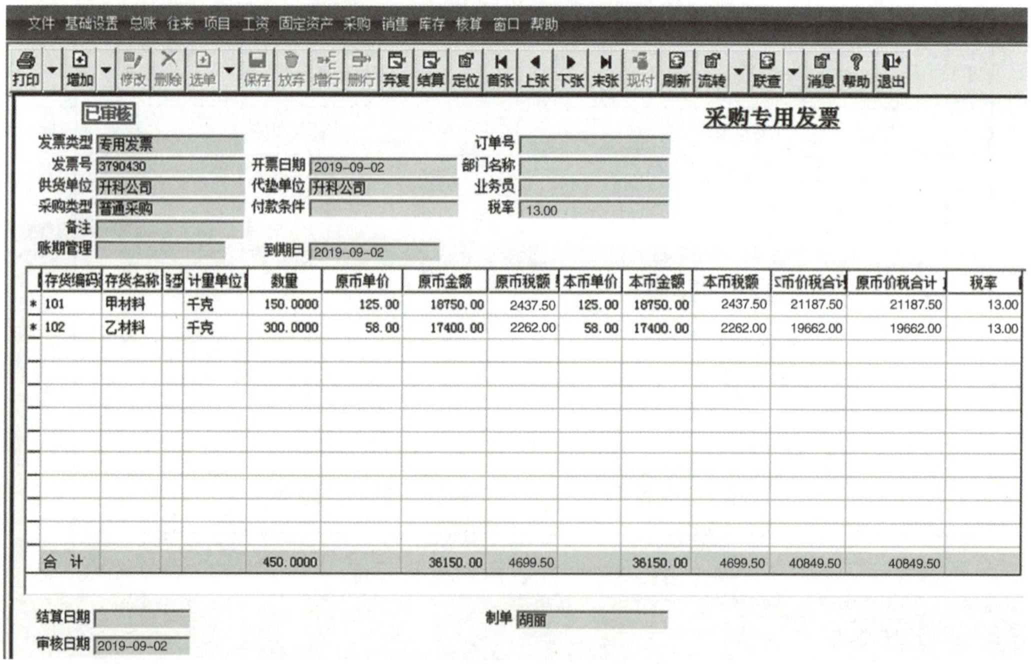

存货编码	存货名称	规格	计量单位	数量	原币单价	原币金额	原币税额	本币单价	本币金额	本币税额	本币价税合计	原币价税合计	税率
101	甲材料		千克	150.0000	125.00	18750.00	2437.50	125.00	18750.00	2437.50	21187.50	21187.50	13.00
102	乙材料		千克	300.0000	58.00	17400.00	2262.00	58.00	17400.00	2262.00	19662.00	19662.00	13.00
合计				450.0000		36150.00	4699.50		36150.00	4699.50	40849.50	40849.50	

图3-52　采购专用发票

③ 单击“增加”按钮右侧的下三角按钮，选择“专用运费发票”，填制一张采购专用运费发票，再单击“保存”→“复核”按钮，如图3-53所示。

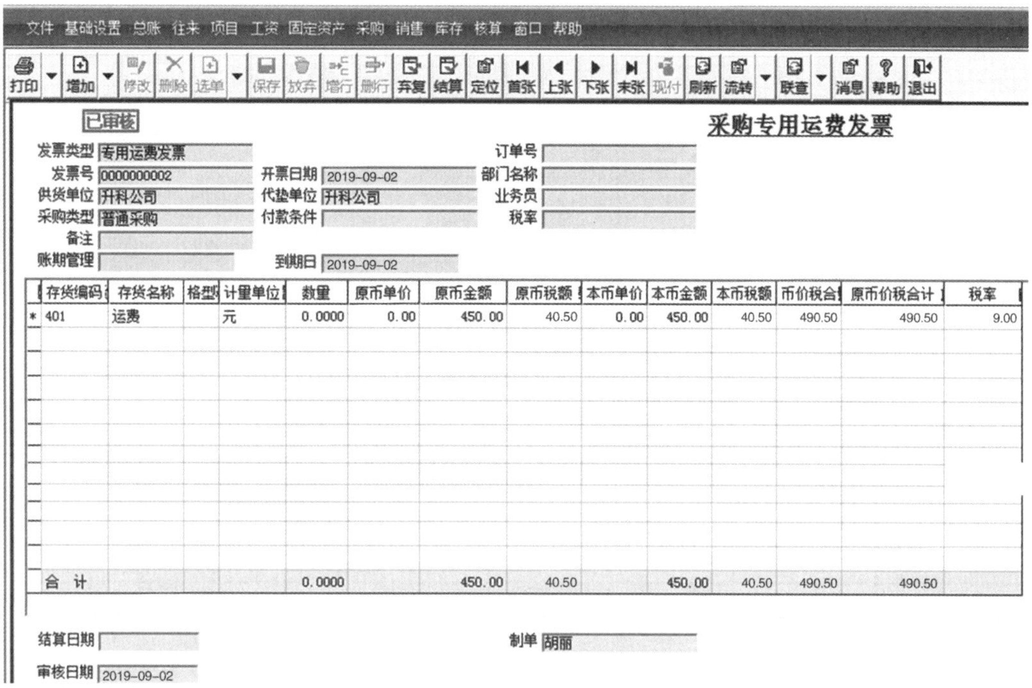

图3-53　采购专用运费发票

（2）生成记账凭证1的操作

① 选择“核算”→“凭证”→“供应商制单”，选择“发票制单”复选框，单击“确定”按钮，如图3-54所示。

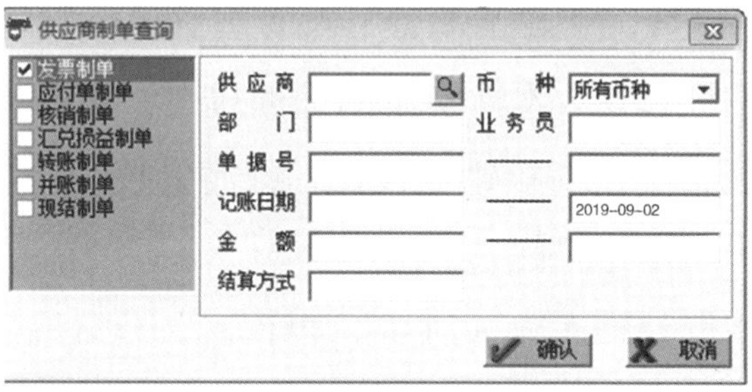

图3-54　选择供应商制单的发票制单

② 在“采购发票制单”窗口中，单击“全选”→“合并”按钮，如图3-55所示。

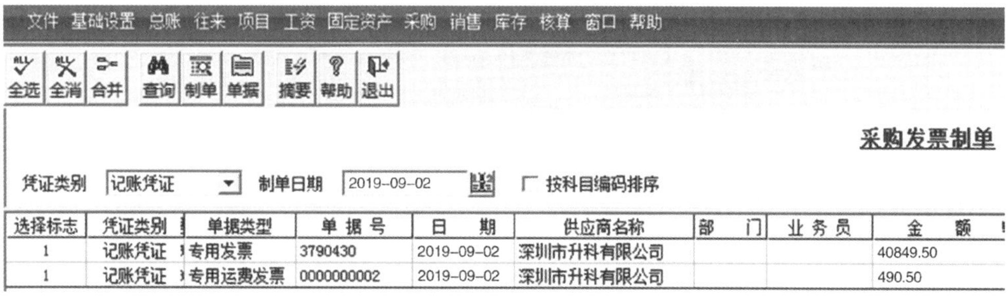

图3-55　选择待制单的记账凭证

③ 单击“制单”按钮，修改凭证摘要，记账凭证“附单据数”改为2，再单击“保存”

按钮，生成的记账凭证如图3-56所示。

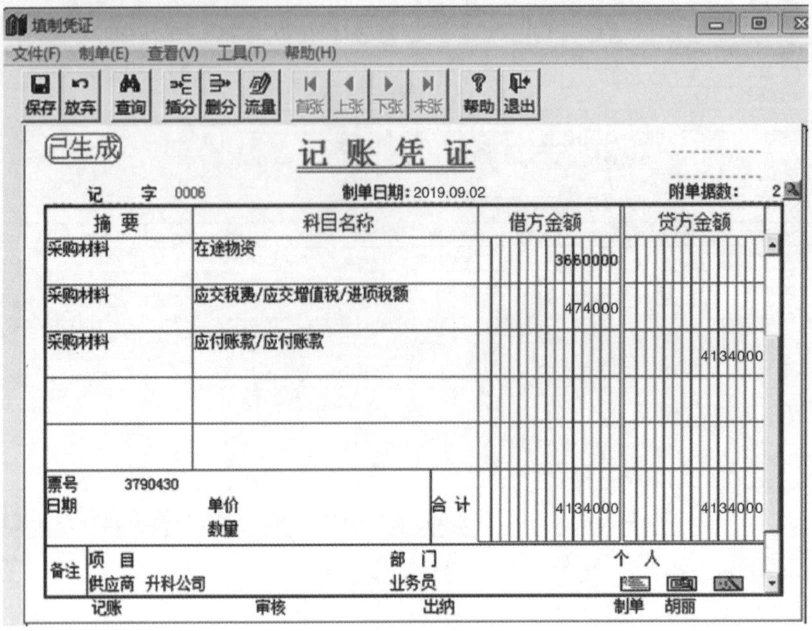

图3-56 生成的记账凭证

（3）填制付款单的操作步骤

① 选择“采购”→“供应商往来”，打开“付款结算”对话框。

② 在“供应商参照”窗口选择“深圳市升科有限公司”。

③ 单击“增加”按钮，依次录入结算日期、结算方式、结算科目等信息。

④ 注意在“金额”文本框处录入本次实付的金额37 795.00元。

⑤ 单击“保存”按钮，再单击“核销”按钮，则需要核销（偿还）的应付账款显示在列表中。

⑥ 在“使用预付”文本框处录入金额5 000，再单击“自动”按钮，如图3-57所示。

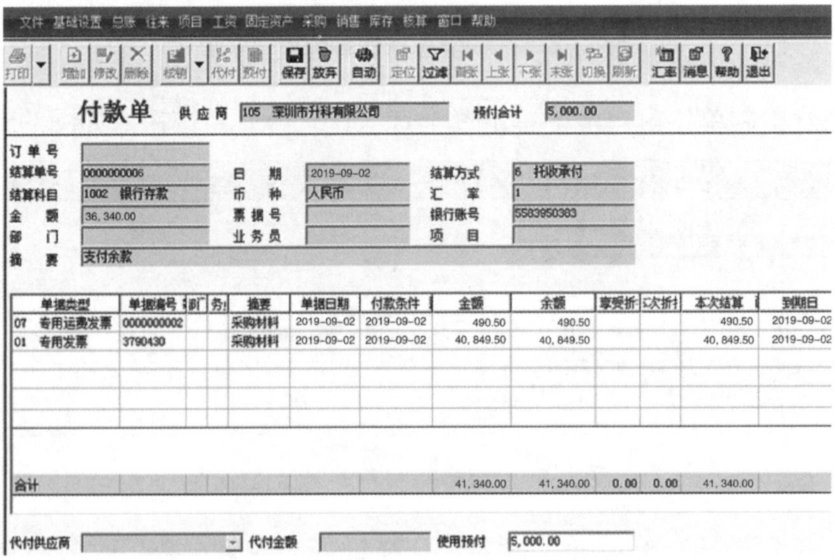

图3-57 “使用预付”付款单的填制

⑦ 单击“保存”按钮，再单击“退出”按钮。

（4）生成记账凭证2的操作

① 选择“核算”→“凭证”→“供应商制单”，选择“核销制单”复选框，单击“确定”按钮，如图3-58所示。

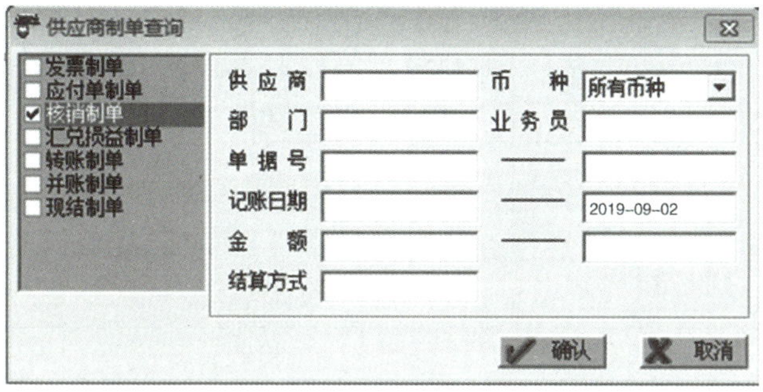

图3-58　选择供应商的核销制单

② 单击“确定”按钮，并在“核销制单”窗口中单击“全选”→“制单”。

③ 单击“保存”按钮，则生成记账凭证，如图3-59所示。

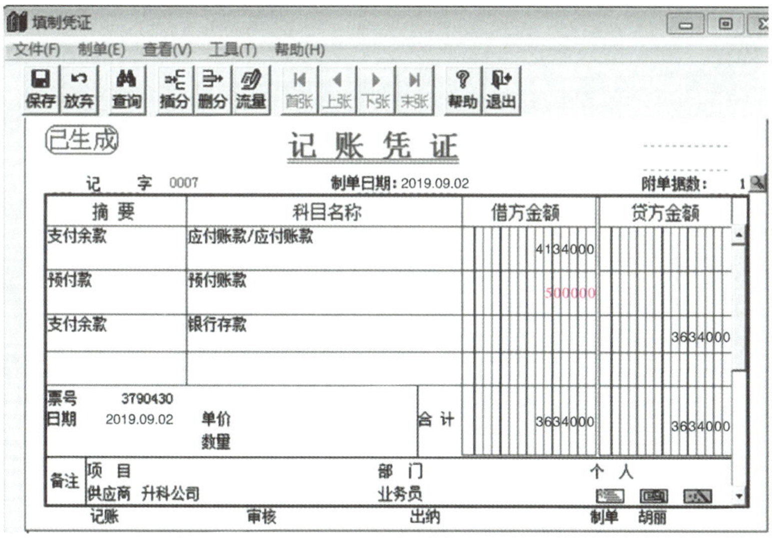

图3-59　生成的记账凭证

拓展训练

逆向修改操作错误的业务

业务序号	创设问题情境（业务操作错误描述）	扫一扫见操作指引
业务6	填制付款单时，忘记在“使用预付”文本框中输入金额5 000元，并因此生成错误的记账凭证	

业务7　9月3日，本月2日向深圳市升科有限公司采购的甲乙材料验收入库（图3-60）

材料入库单

供货单位：深圳升科公司　　　　2019年9月3日　　　　第3号

名称	编号	规格	单位	应收数量	实收数量	成本总额									
						千	百	十	万	千	百	十	元	角	分
甲材料			千克	150	150										
乙材料			千克	300	300										
备注：															

第三联　财务记账

主管：　　　　记账：　　　　验收：王芳　　　　制单：王芳

图3-60　材料入库单

业务7的会计分录：

借：原材料——甲材料　　　　18 900.00

　　原材料——乙材料　　　　17 700.00

　贷：在途物资　　　　36 600.00

操作流程

采购管理

·填制采购入库单

·采购结算

库存管理

·采购入库单审核

核算管理

·正常单据记账

·生成记账凭证

　·购销单据制单

　　·采购入库单

　　（报销记账）

操作步骤

以会计员胡丽的身份（用户名2）登录T3系统，操作日期2019-09-03。

（1）填制采购入库单的操作步骤

① 选择“采购管理”→“采购入库单”。

② 单击“增加”按钮并打开右侧倒三角下拉菜单，单击“采购入库单”，选择仓库：“材料库”、供货单位：“升科公司”、入库类别：“采购入库”。

③ 依次输入存货编码、数量等信息，再单击“保存”按钮，如图3-61所示。

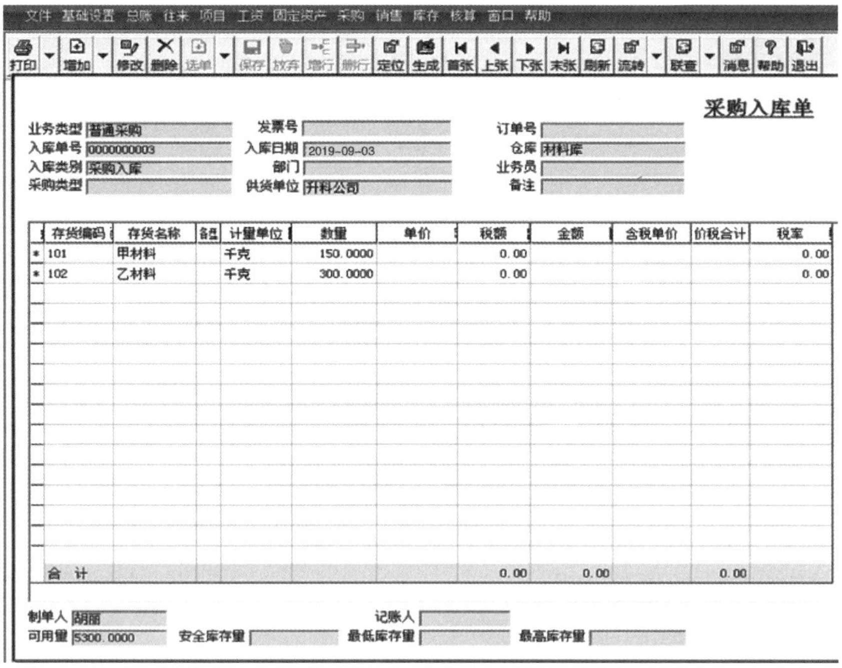

图3-61　填制采购入库单

（2）采购入库单和采购发票进行采购结算的操作步骤

① 选择“采购”→“采购结算”→“手工结算”。

② 打开“条件输入”对话框，录入过滤条件：日期、供应商-升科公司等。

③ 单击“确认”按钮，打开“入库单和发票选择”对话框，双击选中需要结算的入库单及对应的专用发票和运费发票记录，再单击“确认”按钮，如图3-62所示。

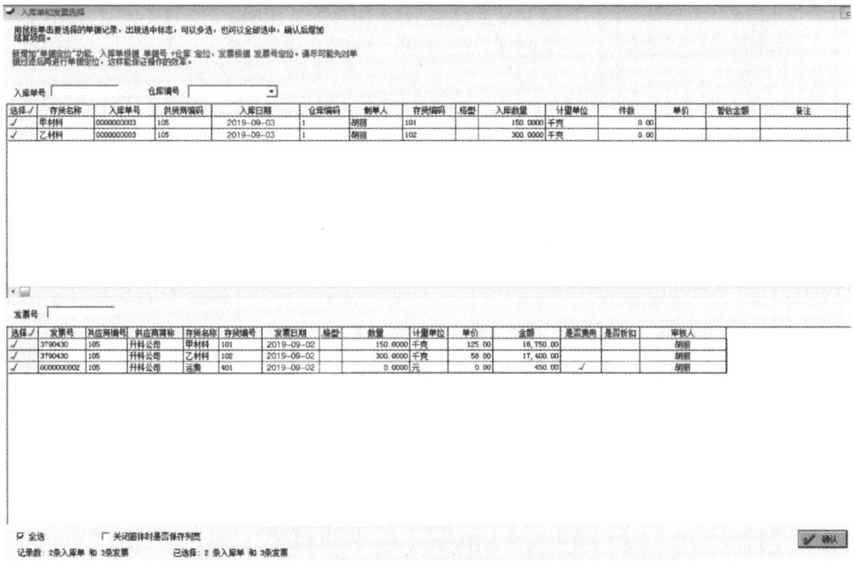

图3-62　选中需要结算的入库单和发票

④ 在“运费结算列表”选项中选择“按数量”分摊。

⑤ 单击“分摊”按钮，则运费450元分摊到甲乙材料的成本当中，如图3-63所示。

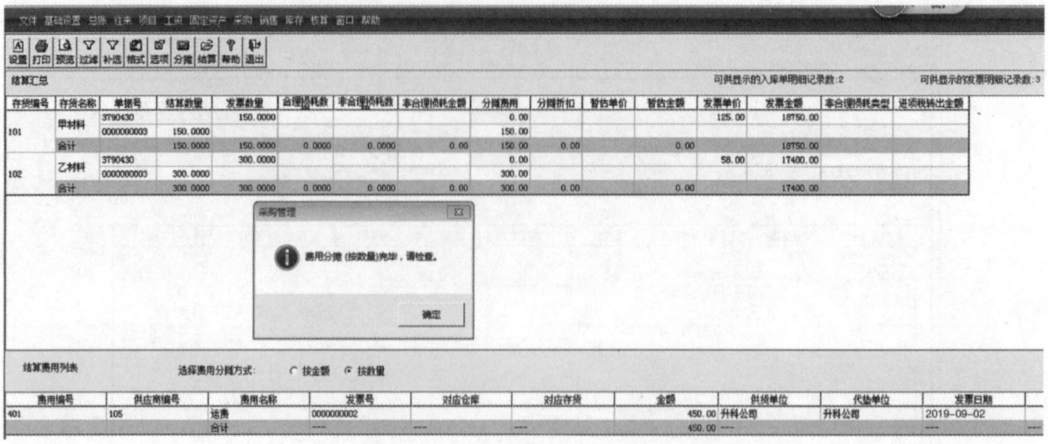

图3-63　按数量分摊运费

⑥ 单击“结算”按钮，采购结算完成，再单击“退出”按钮。

（3）采购入库单审核的操作步骤

① 选择“库存”→“采购入库单审核”。

② 在“采购入库单”对话框中单击“审核”按钮，如图3-64所示。

图3-64　采购入库单的审核

（4）正常单据记账的操作步骤

①选择“核算”→“核算”→“正常单据记账”，选择仓库和单据类型，如图3-65所示。

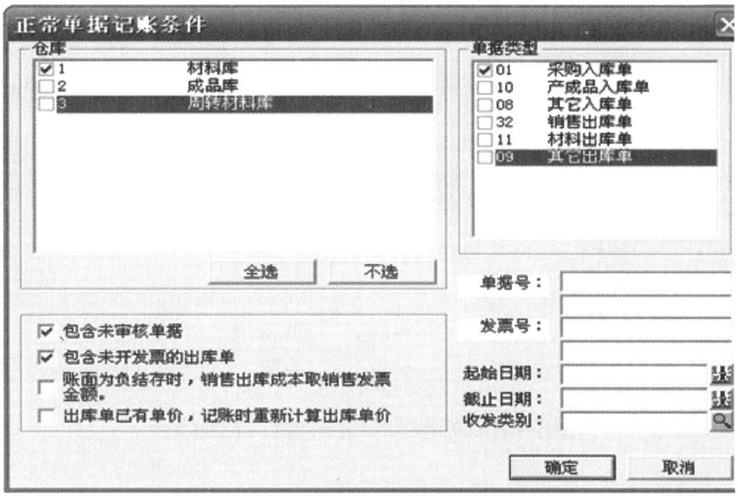

图3-65　选择正常单据记账的条件

② 单击“确定”按钮，在“正常单据记账”窗口中，单击“全选”按钮，如图3-66所示。

图3-66　选中需要正常单据记账的记录

③ 单击“记账”按钮，再单击“退出”按钮。

（5）生成记账凭证的操作步骤

① 在“核算”→“凭证”→“购销单据制单”中，单击“选择”按钮，在“查询条件”对话框中选择“采购入库单（报销记账）”，如图3-67所示。

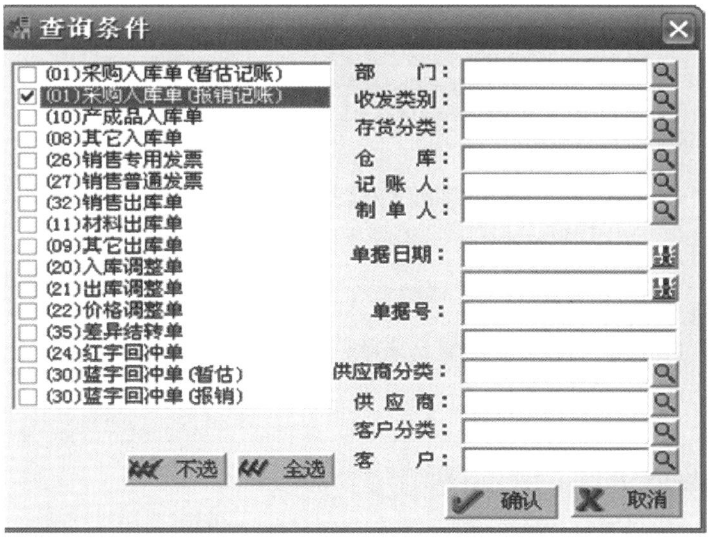

图3-67　选择制单的单据

② 单击“确认”按钮，在“未生成凭证单据一览表”窗口中单击“全选”→“确定”按钮。

③ 在生成凭证前，将第三行“科目编码”由默认的“140301甲材料”改为“140302乙材料”，如图3-68所示。

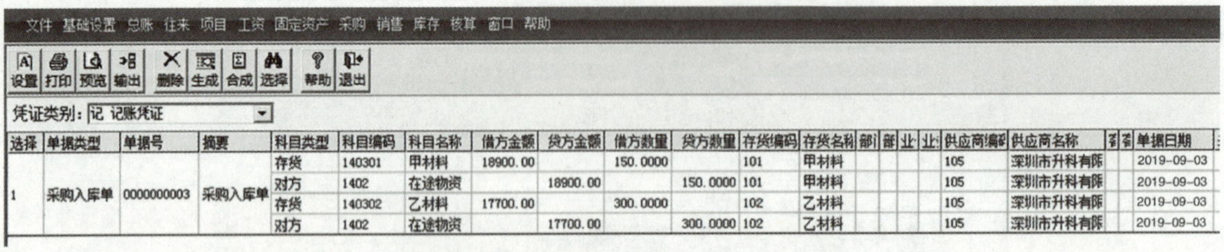

图3-68　修改默认的存货科目编码

④ 单击“合成”按钮，再单击“保存”按钮，生成记账凭证，如图3-69所示，再单击“退出”按钮。

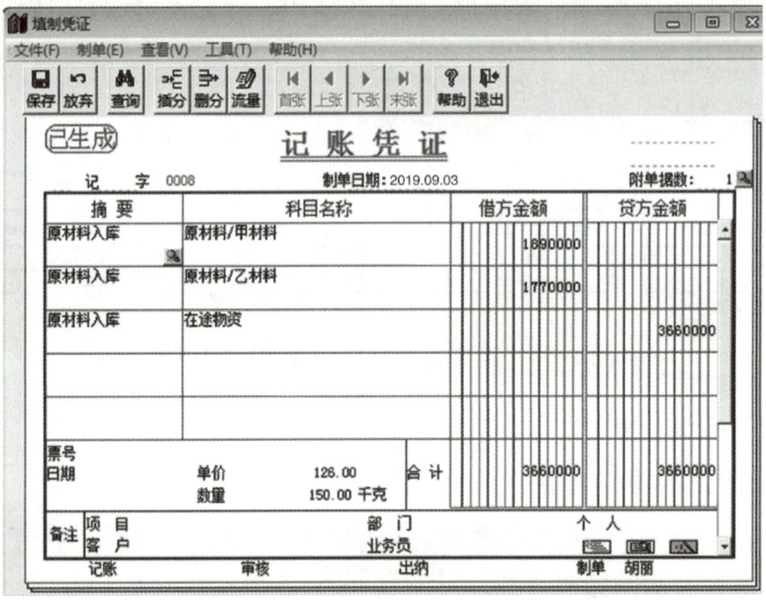

图3-69　生成的记账凭证

拓展训练

逆向修改操作错误的业务

业务序号	创设问题情境（业务操作错误描述）	扫一扫见操作指引
业务7	未执行“正常单据记账”，生成记账凭证时，在“查询条件”对话框中选择“采购入库单（报销记账）”后，无记账凭证可生成	

3.2.5　发票与材料入库单同时到达的业务

发票与材料入库单同时到达的业务可不用通过“在途物资”核算，但需要注意在“购销单据制单”中选中“已结算采购入库单自动选择结算单上发票……”复选框。

业务8　9月5日，从滨海市天飞科技公司购入乙材料，货款未付（图3-70～图3-72）

广东增值税专用发票

发 票 联

№634998

开票日期：2019年09月05日

购货单位	名　　称：滨海市华兴有限公司 纳税人识别号：44038475109 地 址 、电 话：滨海市海河区东风东路128号 开户行及账号：工商银行滨海市蓝山支行 3275905475					密码区	（略）	
货物或应税劳务名称	规格型号	单位	数量	单价	金额	税率	税额	
乙材料		千克	300	52.00	15 600.00	13%	2 028.00	
合　　计	⊗壹万柒仟陆佰贰拾捌圆整						（小写）¥ 17 628.00	
销货单位	名　　称：滨海市天飞科技公司 纳税人识别号：44634552536 地 址 、电 话：滨海市城北路1号 开户行及账号：建行滨海市中山分行3368439767					备注	滨海市天飞科技公司 发票专用章	

第一联：发票联　购货方记账凭证

收款人：李丽清　　　复核：孙小雯　　　开票人：王浩

图3-70　增值税专用发票（材料）

广东增值税专用发票

发 票 联

№63315356

开票日期：2019年09月05日

购货单位	名　　称：滨海市华兴有限公司 纳税人识别号：44038475109 地 址 、电 话：滨海市海河区东风东路128号 开户行及账号：工商银行滨海市蓝山支行3275905475					密码区	（略）	
货物或应税劳务名称	规格型号	单位	数量	单价	金额	税率	税额	
运费		元	1	100.00	100.00	9%	9.00	
合　　计	⊗壹佰零玖圆整						（小写）¥ 109.00	
销货单位	名　　称：飞达物流有限公司 纳税人识别号：230200730 地 址 、电 话：滨海市华海路390号 开户行及账号：建行滨海市华海分行8937911739					备注	飞达物流有限公司 发票专用章	

第一联：发票联　购货方记账凭证

收款人：杨云龙　　　复核：李军　　　开票人：白小燕　　　承运人：（章）

图3-71　增值税专用发票（运费）

材料入库单

供货单位：滨海市天飞科技公司　　　　2019年9月5日　　　　第4号

名称	编号	规格	单位	应收数量	实收数量	成本总额									
						千	百	十	万	千	百	十	元	角	分
乙材料			千克	300	300										
备注：															

第三联 财务记账

主管：　　　　记账：　　　　验收：王芳　　　　制单：王芳

图3-72　材料入库单

业务8的会计分录：

借：原材料——乙材料　　15 700.00
　　应交税费——应交增值税（进项税额）　　2 037.00
　贷：应付账款——滨海市天飞科技公司　　17 737.00

操作流程

采购管理
- ·填制采购入库单
- ·流转生成采购入库单
- ·采购结算

库存管理
- ·采购入库单审核

核算管理
- ·正常单据记账
- ·生成记账凭证
  - ·购销单据制单
    - ·采购入库单（报销记账）

操作步骤

以会计员胡丽的身份（用户名2）登录T3系统，操作日期2019-09-05。

（1）填制发票的操作步骤（含采购专用发票和采购运费发票）

① 选择“采购”→“采购发票”，打开“采购专用发票”对话框。

② 单击“增加”按钮右侧的下三角按钮，选择“专用发票”，依次录入专用发票中的各项目内容。

③ 单击“保存”→“复核”按钮，如图3-73所示。

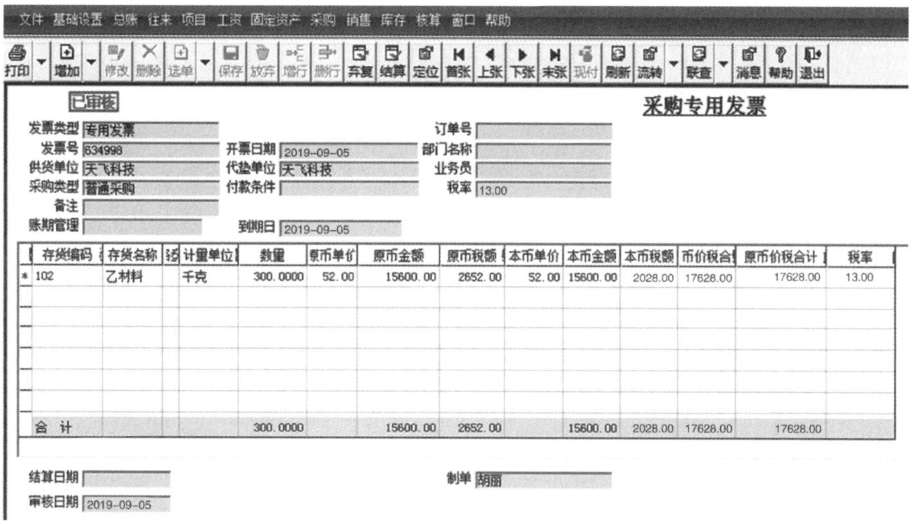

图3–73　录入采购专用发票

④ 单击“增加”按钮右侧的下三角按钮，选择“专用运费发票”，依次录入采购专用运费发票中的各项目内容。

⑤ 单击“保存”→“复核”按钮，如图3-74所示，再单击“退出”按钮。

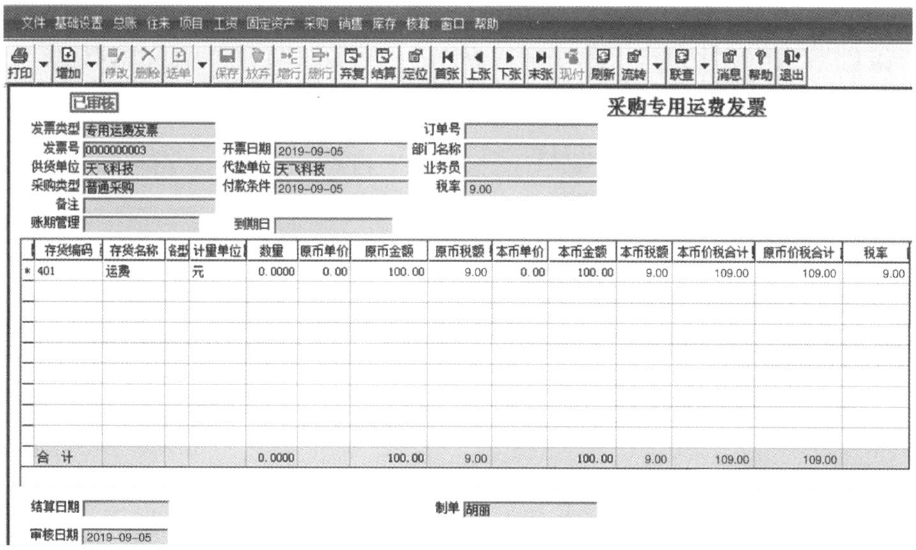

图3–74　录入采购专用运费发票

（2）流转生成采购入库单的操作步骤

① 单击“上张”按钮，打开“采购专用发票”。

② 单击“流转”右侧的倒三角按钮，选择“生成采购入库单”。

③ 依次录入“仓库”“入库类别”等信息。

④ 单击“保存”按钮，如图3-75所示。

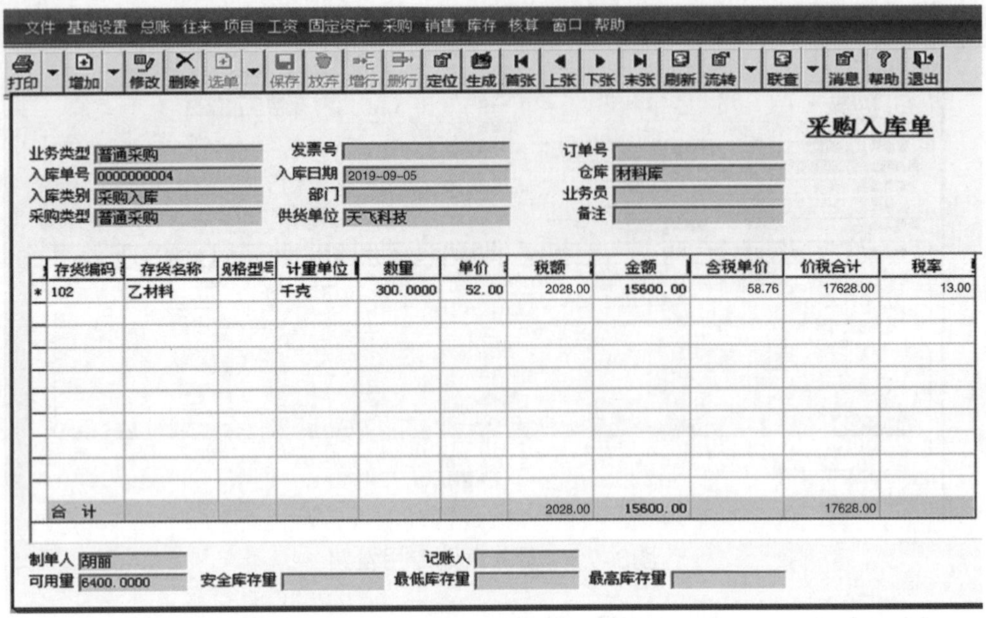

图3-75 流转生成采购入库单

（3）采购入库单和采购发票进行采购结算的操作步骤

① 选择“采购”→“采购结算”→“手工结算”。

② 打开“条件输入”对话框，录入过滤条件：日期、供应商-天飞科技等。

③ 单击“确认”，打开“入库单和发票选择”对话框，双击选中需要结算的入库单及对应的专用发票和专用运费发票记录，再单击“确认”按钮，如图3-76所示。

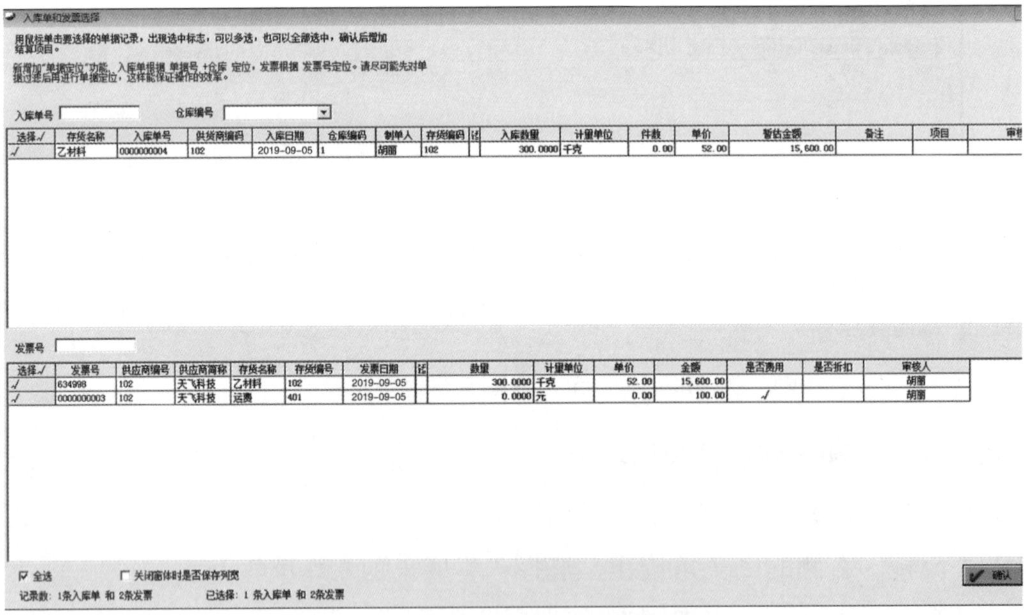

图3-76 选择需结算的发票和入库单

④ 在“运费结算列表”选项中选择“按数量”分摊。

⑤ 单击“分摊”按钮，则运费100元分摊到乙材料的成本当中，如图3-77所示。

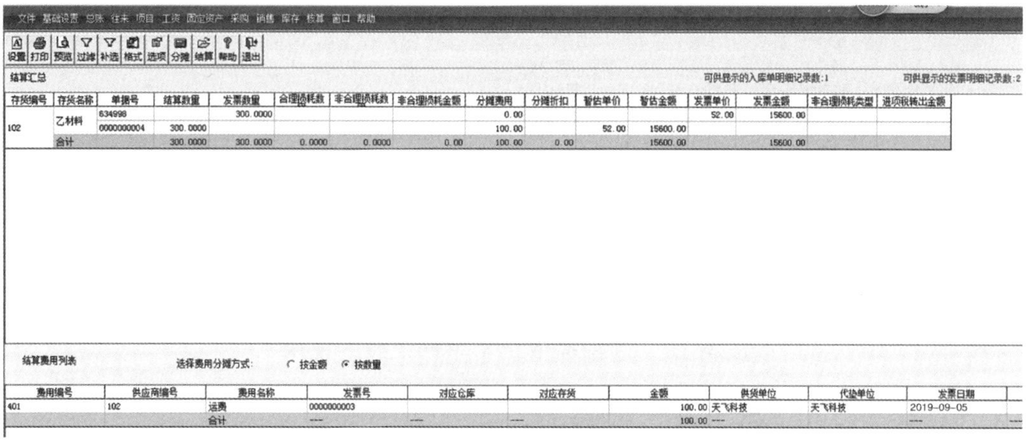

图3-77　采购结算

⑥ 单击“结算”按钮，则采购结算完成，再单击“退出”按钮。

（4）采购入库单审核的操作步骤

① 选择“库存”→“采购入库单审核”。

② 在“采购入库单”对话框中单击“审核”按钮，如图3-78所示。

图3-78　采购入库单审核

（5）正常单据记账的操作步骤

① 单击“核算管理”，打开“正常单据记账”，选择仓库“材料库”和单据类型“采购入库单”，再单击“确认”按钮。

② 在“正常单据记账”窗口中，单击“全选”按钮，如图3-79所示。

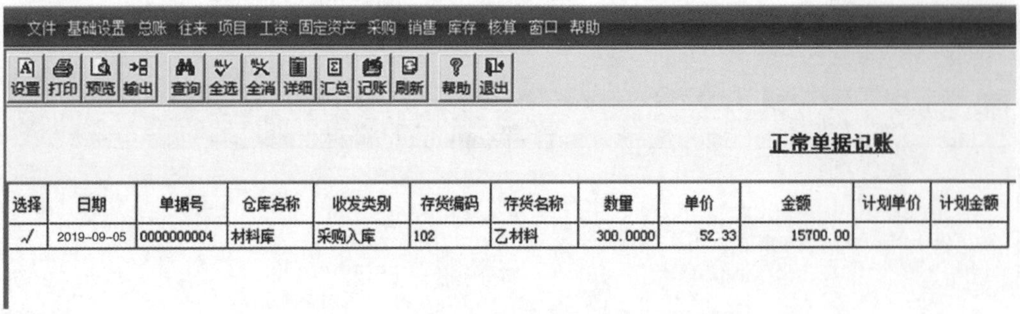

图3-79　选中需要正常单据记账的记录

③ 单击“记账”，再单击“退出”按钮。

（6）生成记账凭证的操作步骤

① 在“核算”→“凭证”→“购销单据制单”中，单击“选择”按钮，在“查询条件”对话框中选择“采购入库单（报销记账）”，再单击“确认”按钮。

② 在“未生成单据一览表”中，单击“全选”按钮。

③ 注意将“已结算采购入库单自动选择全部结算单上单据（包括入库单、发票、付款单）”复选框选中，如图3-80所示，再单击“确定”按钮。

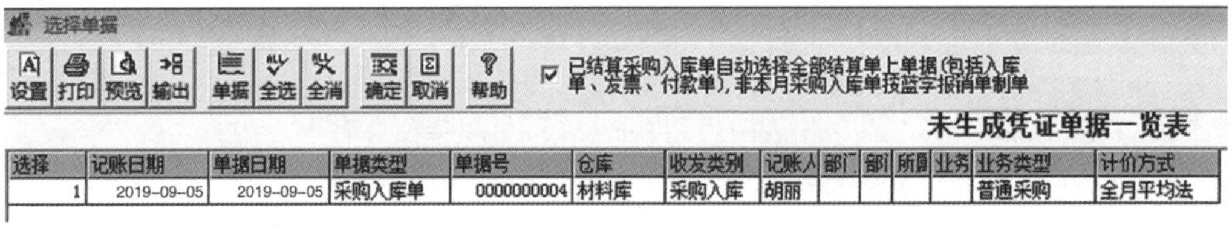

图3-80　未生成凭证单据一览表

④ 在制单界面将科目编码由“140301甲材料”改为“140302乙材料”，如图3-81所示。

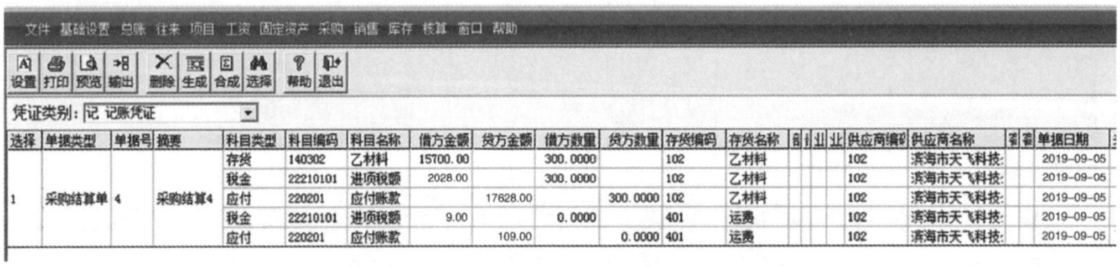
文件 基础设置 总账 往来 项目 工资 固定资产 采购 销售 库存 核算 窗口 帮助
设置 打印 预览 输出 删除 生成 合成 选择 帮助 退出
凭证类别：记 记账凭证
选择 单据类型 单据号 摘要 科目类型 科目编码 科目名称 借方金额 贷方金额 借方数量 贷方数量 存货编码 存货名称 供应商编码 供应商名称 单据日期
1 采购结算单 4 采购结算4
存货 140302 乙材料 15700.00 300.0000 102 乙材料 102 滨海市天飞科技: 2019-09-05
税金 22210101 进项税额 2028.00 300.0000 102 乙材料 102 滨海市天飞科技: 2019-09-05
应付 220201 应付账款 17628.00 300.0000 102 乙材料 102 滨海市天飞科技: 2019-09-05
税金 22210101 进项税额 9.00 0.0000 401 运费 102 滨海市天飞科技: 2019-09-05
应付 220201 应付账款 109.00 0.0000 401 运费 102 滨海市天飞科技: 2019-09-05

图3-81　修改默认的会计科目编码

⑤ 单击“合成”按钮，修改摘要，附件单据数改为3，再单击“保存”按钮，如图3-82所示。再单击“退出”按钮。

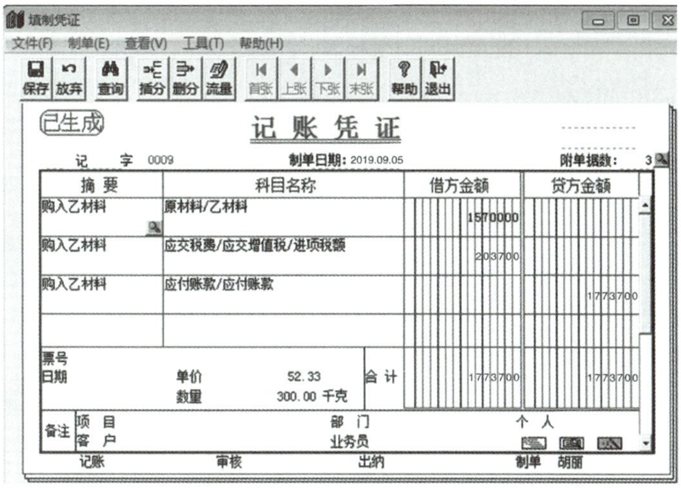

图3-82　生成的记账凭证

注意：

对于发票和入库单同时到达的采购业务，可以有如下两种做法：

第一种是不通过“在途物资”核算，生成一张记账凭证的方法，即

借：原材料

　　应交税费——应交增值税（进项税额）

　贷：应付账款（或银行存款）

采用这种方法时，要在“核算”→“凭证”→“购销单据制单”→“未生成单据一览表”中，将“已结算采购入库单自动选择全部结算单上单据……”复选框勾上。

第二种做法是通过“在途物资”核算，即生成两张记账凭证，一张凭证是在“核算”→“凭证”→“供应商往来制单”→“凭证”→“供应商往来制单”中生成：

借：在途物资

　　应交税费——应交增值税（进项税额）

　贷：应付账款（或银行存款）

第二张凭证是在“核算”→“凭证”→“购销单据制单”→“采购入库单（报销记账）”→“未生成单据一览表”中生成。注意：“已结算采购入库单自动选择全部结算单上单据……”的复选框不要选。

借：原材料

　贷：在途物资

拓展训练

逆向修改操作错误的业务

业务序号	创设问题情境（业务操作错误描述）	扫一扫见操作指引
业务8	生成记账凭证前，未将“已结算采购入库单自动选择全部结算单上单据……”的复选框勾上，以至于在“制单”界面待生成的记账凭证不正确	

业务9　9月5日，上交税金（见图3-83、图3-84）

支行名称：蓝山支行网　　　　网点号：432490702

滨海市电子缴税系统回单

扣款日期：2019.09.05
清算日期：2019.09.05
付款人名称：滨海市华兴有限公司
付款人账号：3275905475
付款人开户银行：工商银行滨海市蓝山支行

收款人名称：国家税务总局滨海市税务局
收款人账号：876554328
收款人开户银行：国家金库滨海支库

款项内容：代扣（国税）税款　　　　电子税票号：2859314123
小写金额：¥35 680.00
大写金额：叁万伍仟陆佰捌拾元整
纳税人编码：44038475109
纳税人名称：滨海市华兴有限公司

中国工商银行 滨海市蓝山支行 2019年9月5日 转讫

税种	所属时期	纳税金额	备注
增值税	2019.08.01—2019.08.31	¥35 680.00	

图3-83　电子缴税凭证1

支行名称：蓝山支行　　　　网点号：57490708

滨海市电子缴税系统回单

扣款日期：2019.09.05
清算日期：2019.09.05
付款人名称：滨海市华兴有限公司
付款人账号：3275905475
付款人开户银行：工商银行蓝山支行

收款人名称：国家税务总局滨海市税务局
收款人账号：685939282
收款人开户银行：国家金库蓝山支库

款项内容：代扣税款　　　　电子税票号：834002182
小写金额：¥172 327.00
大写金额：壹拾柒万贰仟叁佰贰拾柒元整
纳税人编码：44038475109
纳税人名称：滨海市华兴有限公司

中国工商银行 滨海市蓝山支行 2019年9月5日 转讫

税种	所属时期	纳税金额	备注
企业所得税	2019.08.01—2019.08.31	¥158 379.00	
城建税	2019.08.01—2019.08.31	¥2 497.60	
教育费附加	2019.08.01—2019.08.31	¥1 070.40	
个人所得税	2019.08.01—2019.08.31	¥10 380.00	

图3-84　电子缴税凭证2

业务9的会计分录：

借：应交税费——未交增值税　　35 680.00

　　应交税费——应交所得税　　158 379.00

　　应交税费——应交个人所得税　　10 380.00

　　应交税费——应交城建税　　2 497.60

　　应交税费——应交教育费附加　　1 070.40

　贷：银行存款　　208 007.00

说明：此类业务不涉及购销存系统，在总账中完成即可，操作步骤略，下同。

业务10　9月5日，支付社会保险费（见图3-85）

社会保险费电子转账凭证

凭　证　号：468899

日期：2019年9月5日　　凭证提交号：90501

付款人	全　称	滨海市华兴有限公司	收款人	全　称	滨海市社会保障局
	账　号	3275905475		账　号	2301032785
	开户行	工商银行蓝山支行		开户行	工商银行东海支行
	行　号	332490		行　号	332467
金额		人民币叁万肆仟玖佰元整			¥34 900.00
摘要		代扣号：68468　2019年8月社保 单位社保：28 340.00　个人社保：6 560.00			收款人开户行盖章
备注		1. 本凭证按《关于滨海市财政、税政、税务、国库、银行实现计算机联网后有关票据使用问题的通知》（穗财库〔2001〕1296号）规定作为缴纳社保的会计核算凭证。 2. 本凭证一式两联，第一联作为开户银行的记账凭证，第二联交缴费单位作为记账凭证。 打印次数：1			转账时间：15:40

中国工商银行股份有限公司 滨海市蓝山支行 ★★ 2019.09.05 业务办理章

图3-85　社保费转账凭证

业务10的会计分录：

借：其他应收款——应收社会保险费　　6 560.00

　　应付职工薪酬——社会保险费　　28 340.00

　贷：银行存款　　34 900.00

业务11　9月6日偿还滨海市扬帆工厂货款（见图3-86）

业务11的会计分录：

借：应付账款——滨海市扬帆工厂　　3 600.00

　贷：银行存款　　3 600.00

中国工商银行转账支票存根

支票号码：AE2901103

科　　目：__________

对方科目：__________

签发日期：2019年9月6日

收款人：滨海市扬帆有限公司
金　额：¥3 600.00
用　途：货款
备　注：

图3-86　支票存根

操作流程

采购管理

·填制付款单

核算管理

·生成记账凭证

·供应商往来制单

·核销制单

操作步骤

以会计员胡丽的身份（用户名2）登录T3系统，操作日期2019-09-06。

（1）填制付款单的操作步骤

① 选择“采购”→“供应商往来”，打开“付款结算”对话框。

② 在“供应商参照”窗口选择“滨海市扬帆有限公司”。

③ 单击“增加”按钮，依次录入日期、结算方式、金额、结算科目等信息。

④ 单击“保存”按钮，再单击“核销”按钮，则需要核销（即尚未偿还的应付账款）的项目显示在列表中。

⑤ 单击“自动”按钮，则系统自动核销（偿还）应付的账款，并回填在“本次结算”列中，如图3-87所示。

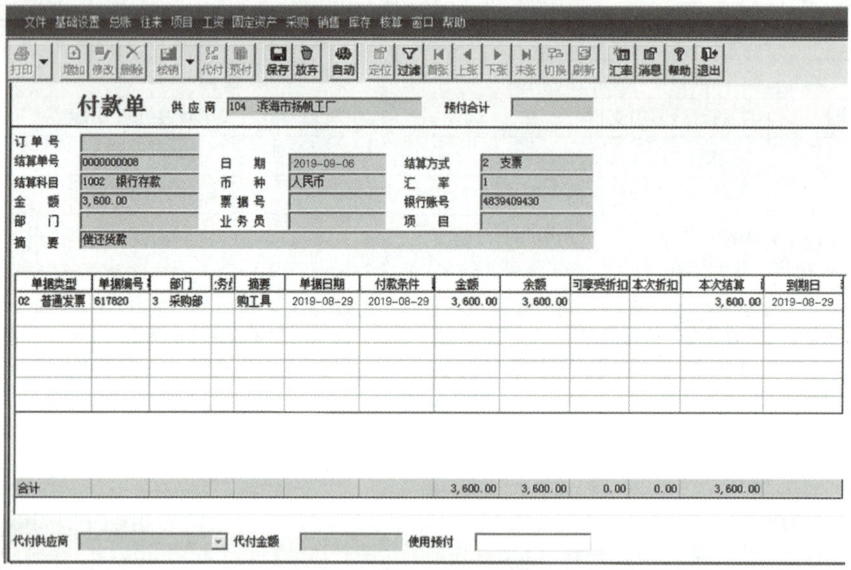

图3-87　付款单的录入

⑥ 单击“保存”按钮，再单击“退出”按钮。

（2）生成记账凭证的操作步骤

① 单击“核算管理”→“供应商往来制单”，选中“核销制单”复选框，如图3-88所示。

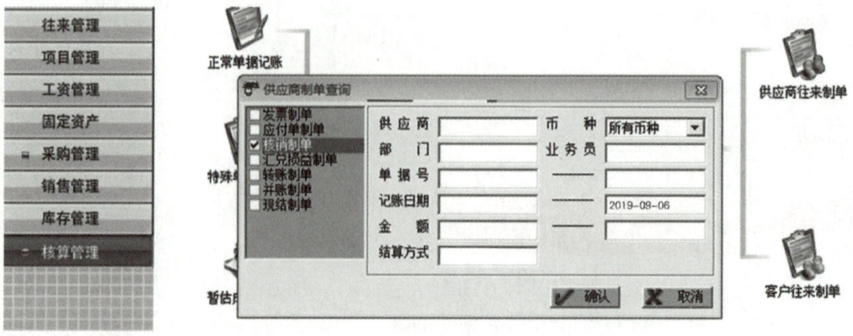

图3-88　在“供应商制单查询”中选中“核销制单”

② 在“核销制单”窗口中，选择要制单的记录，生成的记账凭证如图3-89所示。

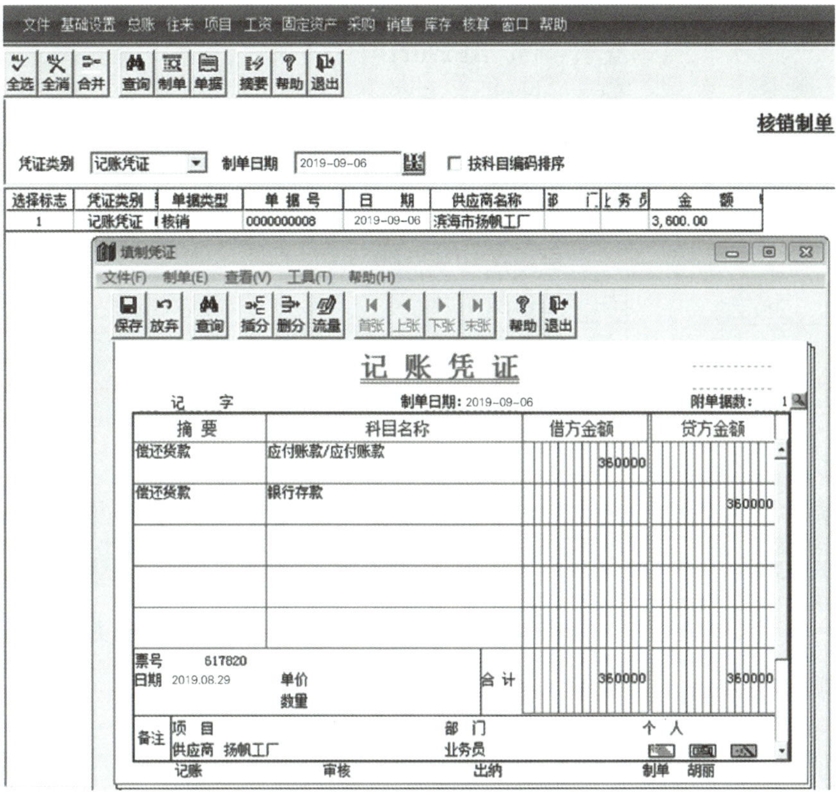

图3-89　生成的记账凭证

③ 单击“保存”按钮，再单击“退出”按钮。

拓展训练

逆向修改操作错误的业务

业务序号	创设问题情境（业务操作错误描述）	扫一扫见操作指引
业务11	填制付款单时，误将金额3 600元录成36 000元，并据以生成错误的记账凭证	

3.2.6　预付货款的业务

预付货款的业务与偿还货款的业务的操作方法基本相同，区别就在于填制完“付款单”的有关信息后，是单击“预付”按钮还是“核销”按钮。如果是支付前欠货款，则单击“核销”按钮；如果是预付货款，则单击“预付”按钮。生成记账凭证时，均是选择“供应商制单”中的“核销制单”。

业务12　9月6日，预付滨海市南阳有限公司货款（见图3-90）

中国工商银行转账支票存根

支票号码：AE2901104

科　　目：＿＿＿＿＿

对方科目：＿＿＿＿＿

签发日期：2019年9月6日

收款人：滨海市南阳有限公司
金　额：￥10 000.00
用　途：货款
备　注：

图3-90　支票存根

业务12的会计分录：

借：预付账款——滨海市南阳有限公司　　　　10 000.00

　　贷：银行存款　　　　10 000.00

操作流程

采购管理

·填制付款单

核算管理

·生成记账凭证

·供应商往来制单

·核销制单

操作步骤

（1）填制付款单的操作步骤

① 单击“采购管理”→“付款结算”。

② 在“付款单”的“供应商参照”窗口选择“滨海市南阳有限公司”。

③ 单击“增加”按钮，依次录入日期、结算方式、金额、结算科目等信息，如图3-91所示。

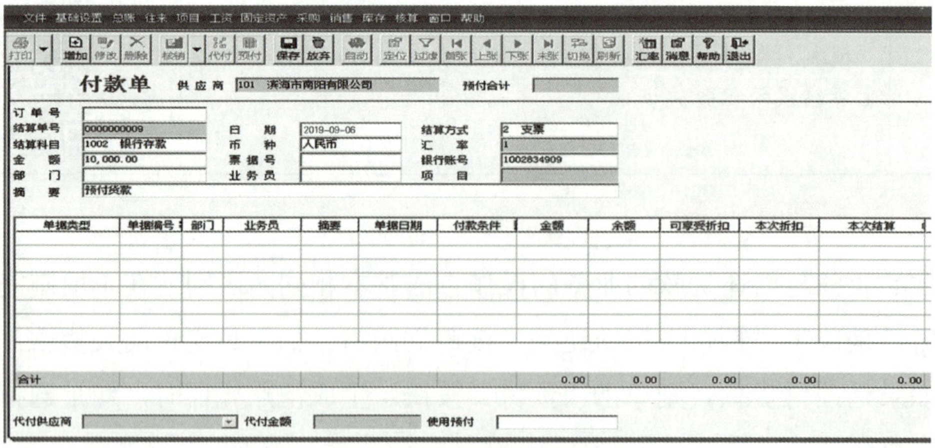

图3-91　付款单的填制

④ 单击“保存”按钮，再单击“预付”按钮，则在右上角的“预付合计”文本框中自动填入10 000元，再单击“退出”按钮。

（2）生成记账凭证的操作步骤

① 单击“核算管理”，打开“供应商往来制单”对话框，选中“核销制单”复选框。

② 在“核销制单”窗口中，选择要制单的记录，生成的记账凭证如图3-92所示。

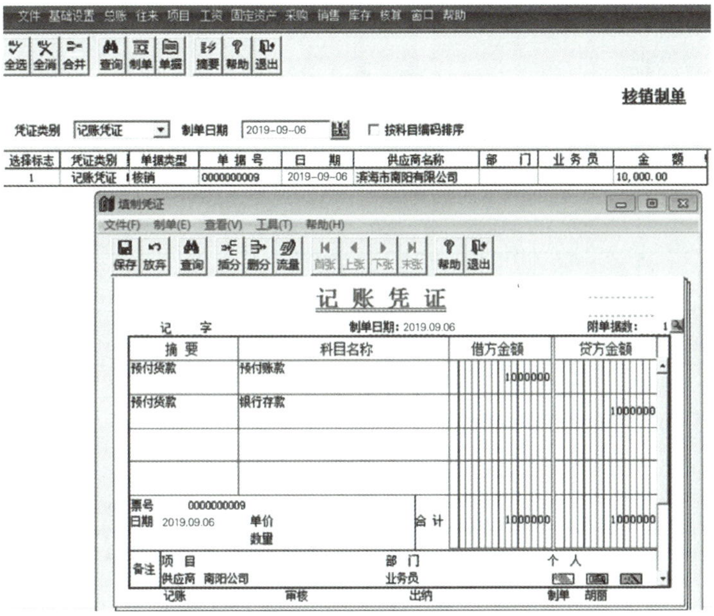

图3-92　生成的记账凭证

③ 单击“保存”命令，再单击“退出”按钮。

拓展训练

逆向修改操作错误的业务

业务序号	创设问题情境（业务操作错误描述）	扫一扫见操作指引
业务12	预付南阳公司货款10 000元录成了预付升科公司货款10 000元，并据以生成错误的记账凭证	

3.2.7　预付冲应付的业务

预付冲应付的业务是对有预付款和应付款的供应商进行对冲，可以手动输入需对冲的金额，也可以由系统自动分摊填入转账的金额，在“供应商往来制单”中选择“转账制单”，生成“预付冲应付业务”的记账凭证。

业务13　9月7日，向滨海市南阳有限公司购入甲材料，材料验收入库，货款未付（见图3-93、图3-94）

广东增值税专用发票

发票联

№845624

开票日期：2019年09月07日

购货单位	名　　称：滨海市华兴有限公司 纳税人识别号：44038475109 地 址 、电 话：滨海市海河区东风东路128号 开户行及账号：工商银行滨海市蓝山支行3275905475				密码区	（略）	
货物或应税劳务名称	规格型号	单位	数量	单价	金额	税率	税额
甲材料		千克	350	118.00	41 300.00	13%	5 369.00
合　计	⊗肆万陆仟陆佰陆拾玖圆整						（小写）¥46 669.00
销货单位	名　　称：滨海市南阳有限公司 纳税人识别号：1102759643312 地 址 、电 话：滨海市东风路13号 开户行及账号：工行滨海市东风支行1002834909				备注	滨海市南阳有限公司 发票专用章	

第一联：发票联　购货方记账凭证

收款人：李华　　　　复核：杨丽　　　　开票人：王燕

图3-93　增值税专用发票（材料）

材料入库单

供货单位：滨海市南阳有限公司　　　　2019年9月7日　　　　第5号

名称	编号	规格	单位	应收数量	实收数量	成本总额									
						千	百	十	万	千	百	十	元	角	分
甲材料			千克	350	350										
备注：															

第三联　财务记账

主管：　　　　记账：　　　　验收：王芳　　　　制单：王芳

图3-94　材料入库单

业务13的会计分录：

（1）购料并入库

借：原材料——甲材料　　41 300.00

　　应交税费——应交增值税（进项税额）　　5 369.00

　贷：应付账款——滨海市南阳有限公司　　46 669.00

（2）预付冲应付

借：应付账款——滨海市南阳有限公司　　　　　　10 000.00

　贷：预付账款——滨海市南阳有限公司　　　　　　10 000.00

操作流程

采购管理	库存管理	核算管理	采购管理	核算管理
·填制采购发票 ·流转生成采购入库单 ·采购核算	·采购入库单审核	·正常单据记账 ·生成记账凭证1 ·购销单据制单 ·采购入库单（报销记账）	·预付冲应付操作	·生成记账凭证2 ·供应商制单 ·转账制单

操作步骤

以会计员胡丽的身份（用户名2）登录T3系统，操作日期2019-09-07。

（1）填制发票的操作步骤

① 选择“采购”→“采购发票”，打开“采购专用发票”对话框。

② 单击“增加”，选择“专用发票”，依次录入专用发票中的各项目内容。

③ 单击“保存”→“复核”按钮，如图3-95所示。

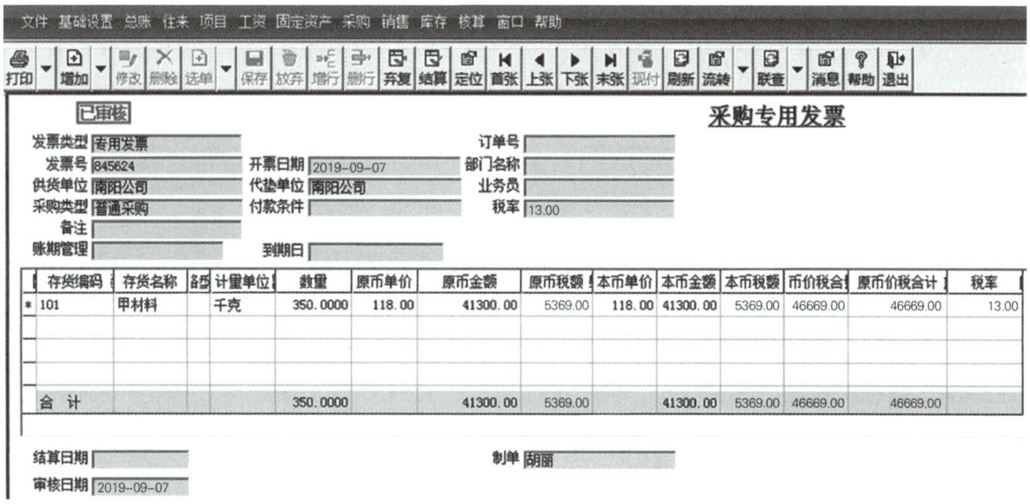

图3-95　已复核的采购专用发票

（2）流转生成采购入库单的操作步骤

① 单击“流转”按钮旁的倒三角按钮，选择“生成采购入库单”。

② 依次录入“仓库”“入库类别”等信息，如图3-96所示。

图3-96　生成采购入库单

③ 单击“保存”按钮，再单击“退出”按钮。

（3）采购入库单和采购发票进行采购结算的操作步骤

① 单击“采购管理”，打开“采购结算”对话框。

② 打开“条件输入”对话框，录入过滤条件：日期（默认）、供应商-南阳公司等，再单击“确认”按钮。

③ 打开“入库单和发票选择”对话框，双击选中需要结算的入库单及对应的专用发票记录，如图3-97所示。

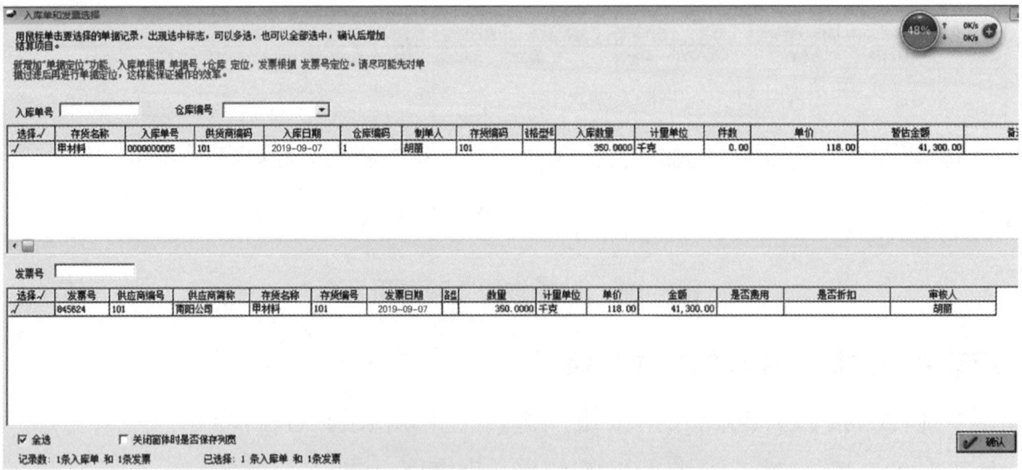

图3-97　选中需要进行采购结算的发票及入库单

④ 单击“确认”按钮后，如图3-98所示，再单击“结算”按钮，则采购结算完成，再单击“退出”按钮。

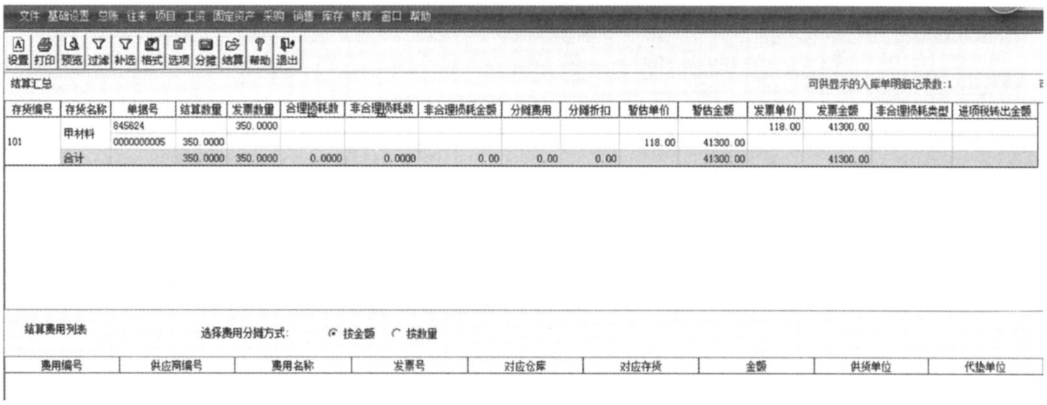

图3-98　采购结算

（4）采购入库单审核的操作步骤

① 单击“库存管理”，打开“采购入库单审核”。

② 在“采购入库单”对话框中单击“审核”按钮，如图3-99所示，再单击“退出”按钮。

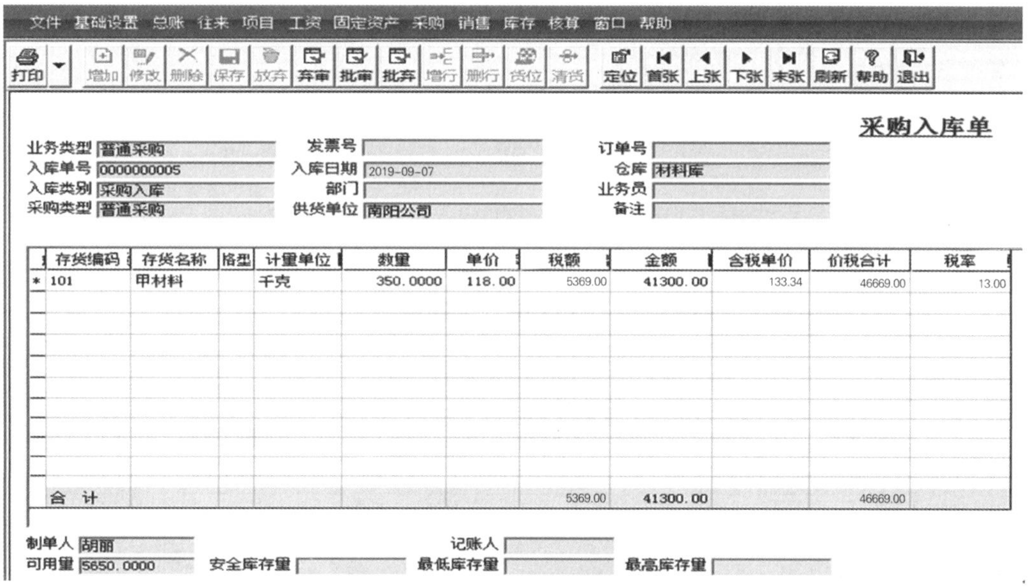

图3-99　采购入库单审核

（5）正常单据记账的操作步骤

① 单击“核算管理”，打开“正常单据记账”，选择仓库“材料库”和单据类型“采购入库单”，再单击“确认”按钮。

② 在“正常单据记账”窗口中，单击“全选”按钮，如图3-100所示。

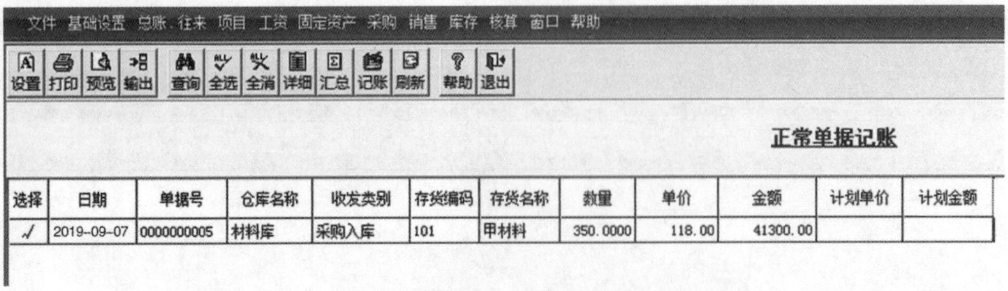

图3-100 选中需要正常单据记账的记录

③ 单击“记账”命令，单击“退出”按钮。

（6）生成记账凭证1的操作步骤

① 单击“核算管理”，打开“购销单据制单”。

② 单击“选择”按钮，在“查询条件”对话框中选择“采购入库单（报销记账）”，再单击“确定”按钮。

③ 在“未生成凭证单据一览表”中，单击“全选”按钮。

④ 注意将“已结算采购入库单自动选择全部结算单上单据……”复选框选中，如图3-101所示，再单击“确定”按钮。

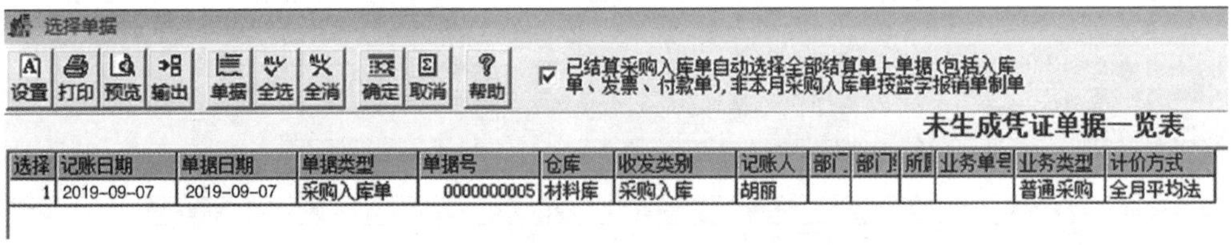

图3-101 未生成凭证单据一览表

⑤ 单击“生成”按钮，修改摘要，附件单据数改为2，如图3-102所示。

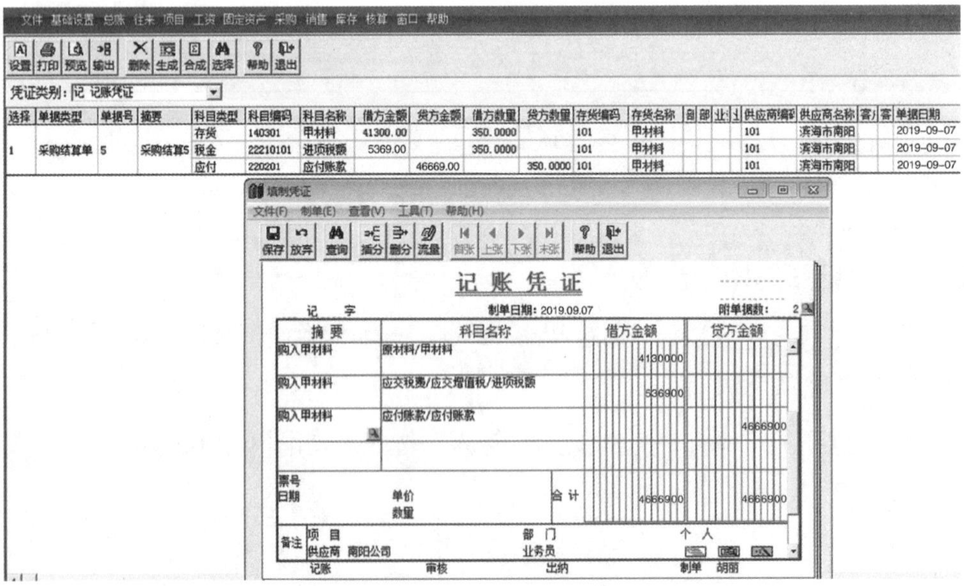

图3-102 生成的记账凭证

⑥ 单击“保存”按钮，再单击“退出”按钮。

（7）预付冲应付的操作步骤

① 选择“采购”→“供应商往来”→“预付冲应付”。

② 打开“预付冲应付”对话框，单击“预付款”按钮，选择“供应商：南阳公司”。

③ 单击“过滤”按钮，则9月6日预付的货款10 000元显示在列表中。

④ 在“转账总金额”文本框中输入转账金额：10 000元，如图3-103所示。

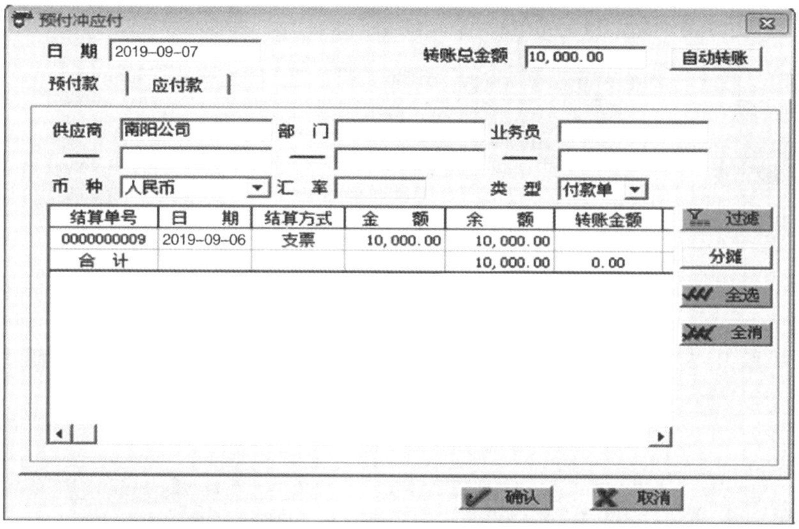

图3-103　输入预付冲应付转账金额

⑤ 单击“应付款”按钮，则9月7日应付的货款48 321元显示在列表中。单击“自动转账”按钮，如图3-104所示，再单击“确定”按钮。

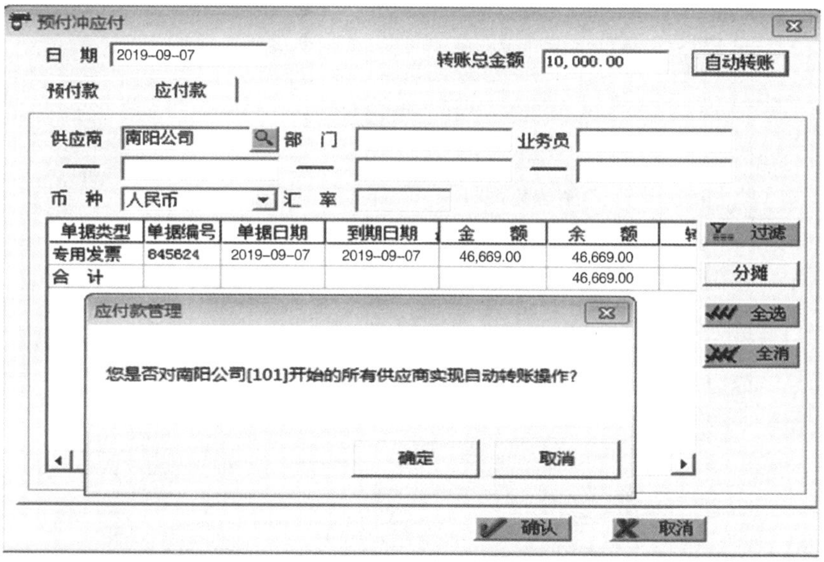

图3-104　执行预付冲应付自动转账

⑥ 系统显示的转账信息“转账成功金额或不成功的原因”为10 000元，则表示转账成功。在“预收冲应收”对话框，单击“取消”按钮退出。

（8）生成记账凭证2的操作步骤

① 单击“核算管理”，打开“供应商制单查询”，选择“转账制单”，如图3-105所示。

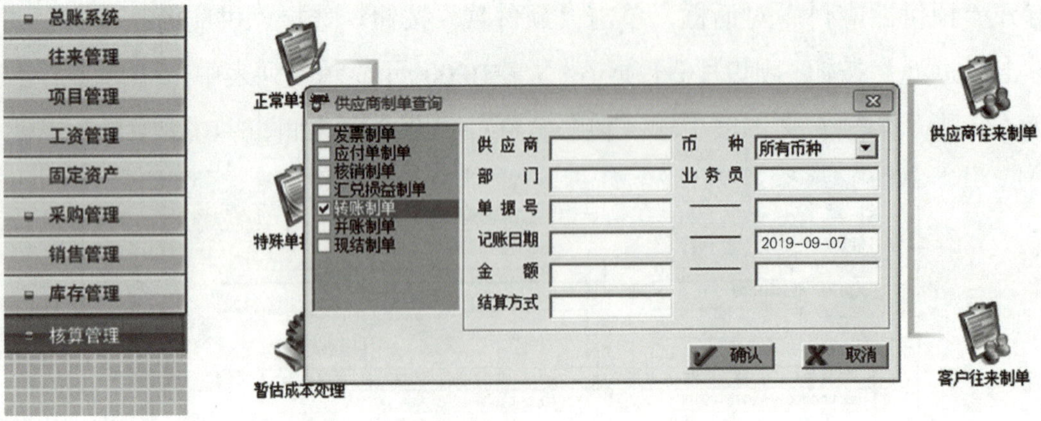

图3-105　供应商往来制单——转账制单

② 在“转账制单”窗口中，单击“全选”→“制单”，生成的记账凭证如图3-106所示。再单击“保存”→“退出”。

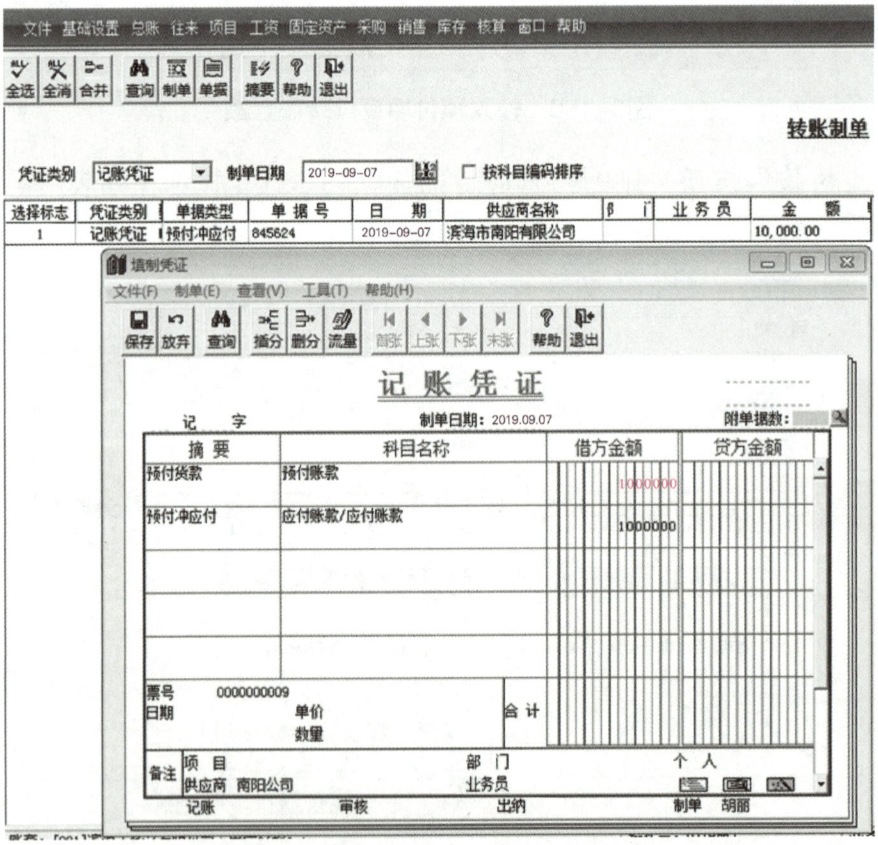

图3-106　转账制单生成的记账凭证

拓展训练

逆向修改操作错误的业务

业务序号	创设问题情境（业务操作错误描述）	扫一扫见操作指引
业务13	生成此笔业务的两张记账凭证后，发现发票单价录入有错误，误将单价118元录成了116元	

3.2.8　采购材料，使用商业汇票的业务

业务14　9月7日，向中山市新鑫有限公司采购甲乙材料，开出商业汇票一张（见图3-107～图3-109）

广东增值税专用发票

发　票　联

№839102

开票日期：2019年09月07日

购货单位	名　称：滨海市华兴有限公司 纳税人识别号：44038475109 地 址 、电 话：滨海市海河区东风东路128号 开户行及账号：工商银行滨海市蓝山支行3275905475					密码区	（略）
货物或应税劳务名称	规格型号	单位	数量	单价	金额	税率	税额
甲材料		千克	400	120.00	48 000.00	13%	6 240.00
乙材料		千克	100	50.00	5 000.00	13%	650.00
合　计	⊗伍万玖仟捌佰玖拾圆整				（小写）¥ 59 890.00		
销货单位	名　称：中山市新鑫有限公司 纳税人识别号：4402588675136 地 址 、电 话：中山市环山路12号 开户行及账号：工行中山市凤凰支行1003674845					备注	

第一联：发票联　购货方记账凭证

收款人：　　　复核：胡珊　　　开票人：张丽

图3-107　增值税专用发票（材料）

广东增值税专用发票

发　票　联

№32678424

开票日期：2019年09月07日

购货单位	名　　称：滨海市华兴有限公司 纳税人识别号：44038475109 地 址 、电 话：滨海市海河区东风东路128号 开户行及账号：工商银行滨海市蓝山支行3275905475				密码区	（略）	
货物或应税劳务名称	规格型号	单位	数量	单价	金额	税率	税额
运费		元	1	200.00	200.00	9%	18.00
装卸搬运费		元	1	100.00	100.00	6%	6.00
合　计	⊗叁佰贰拾肆圆整					（小写）¥324.00	
销货单位	名　　称：舒通达物流有限公司 纳税人识别号：3902781938 地 址 、电 话：中山市南朗路48号 开户行及账号：中行中山南朗支行3902813092				备注	舒通达物流有限公司 发票专用章	

第一联：发票联　购货方记账凭证

收款人：杨黎黎　　复核：李红　　开票人：曾云云　　承运人：（章）

图3–108　增值税专用发票（运费）

商业承兑汇票

出票日期　贰零壹玖年零玖月零柒日
（大写）

付款人	全称	滨海市华兴有限公司	收款人	全称	中山市新鑫有限公司
	账号	3275905475		账号	1003674845
	开户银行	工商银行滨海市蓝山支行		开户银行	工行中山市凤凰支行
出票金额	人民币（大写）	陆万零贰佰壹拾肆圆整		亿千百十万千百十元角分	¥6021400
汇票到期日（大写）		贰零壹玖年壹拾贰月零柒日	付款人开户行	行号	102595003244
交易合同号		2399837		地址	滨海市海河区东风东路53号
本汇票已经承兑，到期无条件付票款。 滨海市华兴有限公司　军孙印小 承兑人签章 承兑日期　2019 年 09 月 07 日			本汇票请予以承兑，于到期日付款。 滨海市华兴有限公司　军孙印小 出票人签章		

此联持票人开户行随托收凭证寄付款人开户行作借方凭证附件

图3–109　商业承兑汇票

业务14的会计分录：

借：在途物资　　53 300.00

　　应交税费——应交增值税（进项税额）　　6 914.00

　贷：应付票据　　60 214.00

操作流程

采购管理

·填制采购发票

核算管理

·生成记账凭证
·供应商制单
·现结制单

操作步骤

以会计员胡丽的身份（用户名2）登录T3系统，操作日期2019-09-07。

（1）填制发票的操作步骤

① 选择“采购”→“采购发票”，打开“采购专用发票”对话框。

② 单击“增加”按钮右侧的下三角按钮，选择“专用发票”，依次录入专用发票中的各项目内容，再单击“保存”按钮。

③ 单击“现付”按钮，依次录入“采购现付”对话框中的“结算方式”“结算金额”等信息，如图3-110所示，再单击“确定”→“退出”按钮。

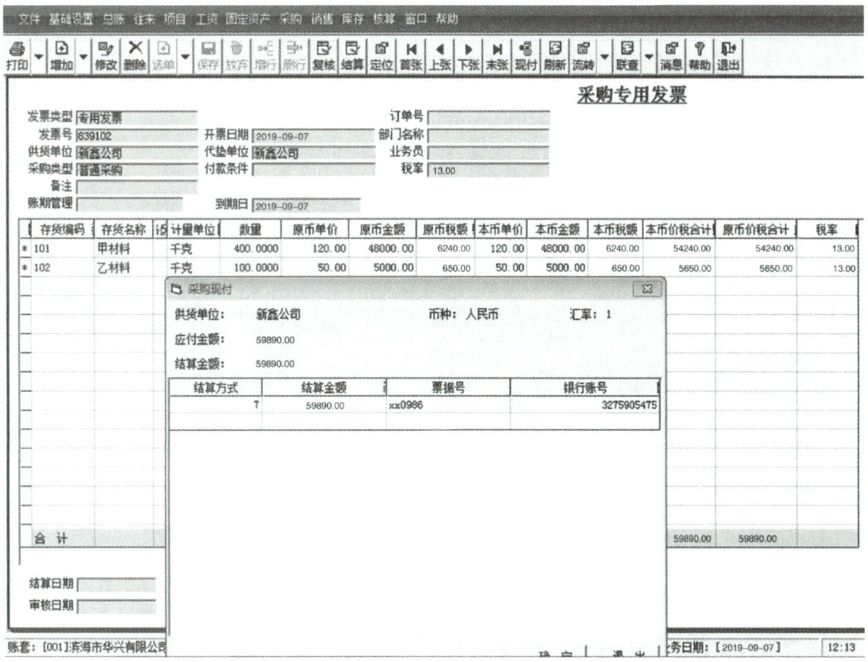

图3-110　采购专用发票——现付

④ 单击“复核”按钮。

⑤ 单击“增加”按钮右侧的下三角按钮，选择“专用运费发票”，依次录入专用运费发票中的各项目内容，注意将第二行“装卸搬运费”的税率修改为“6%”，再单击“保存”按钮。

⑥ 单击“现付”按钮，依次录入“采购现付”对话框中的“结算方式”“结算金额”等信息，如图3-111所示，再单击“确定”→“退出”按钮。

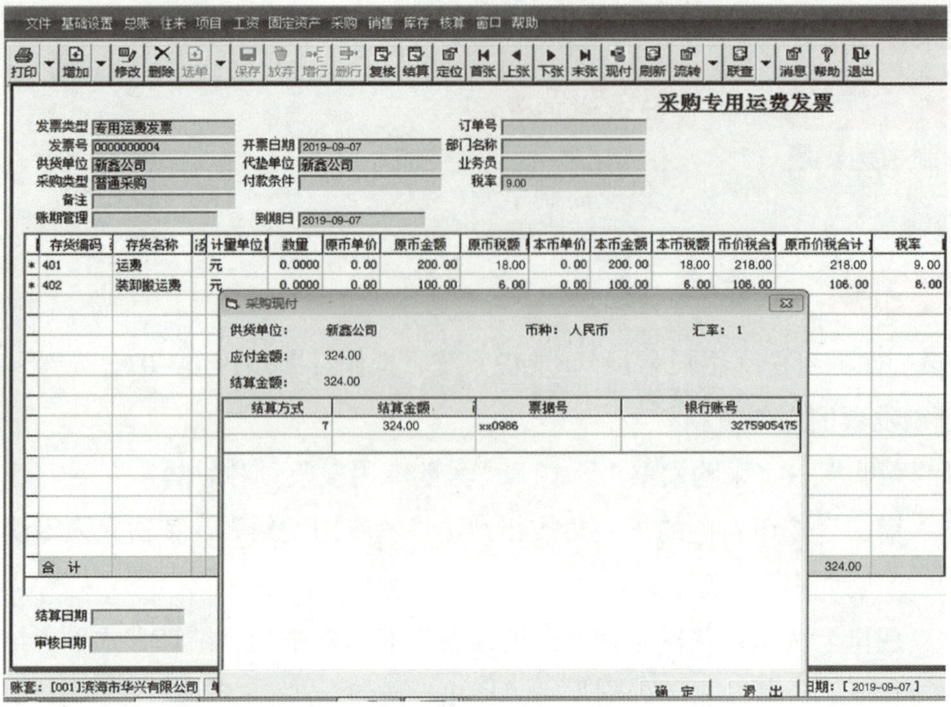

图3-111 采购专用运费发票——现付

⑦ 单击“复核”按钮，再单击“退出”按钮。

注意：

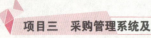

“应付票据”设置为供应商往来科目，但不受控于“应付”子系统，可以在“核算”→“科目设置”→“供应商往来科目”中将商业汇票结算方式设为“2201应付票据”，因此，当采购材料采用的是商业汇票结算方式时，即属于“现付”。

（2）生成记账凭证的操作步骤

① 打开“核算”→“凭证”→“供应商往来制单”对话框，选择“现结制单”，如图3-112所示，再单击“确认”按钮。

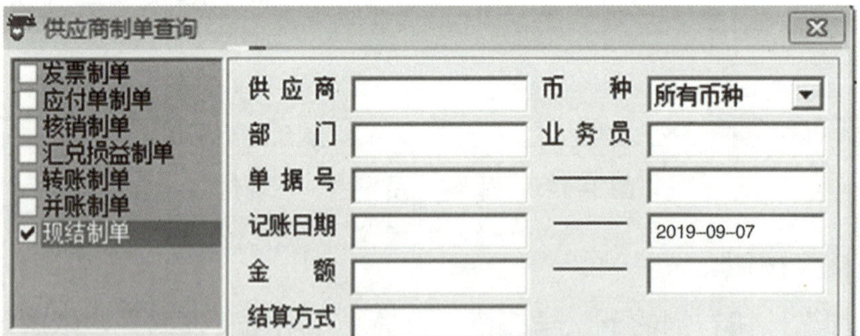

图3-112 选择现结制单

② 单击“全选”→“合并”→“制单”，在“填制凭证”中修改摘要及附单据数，如图3-113所示。

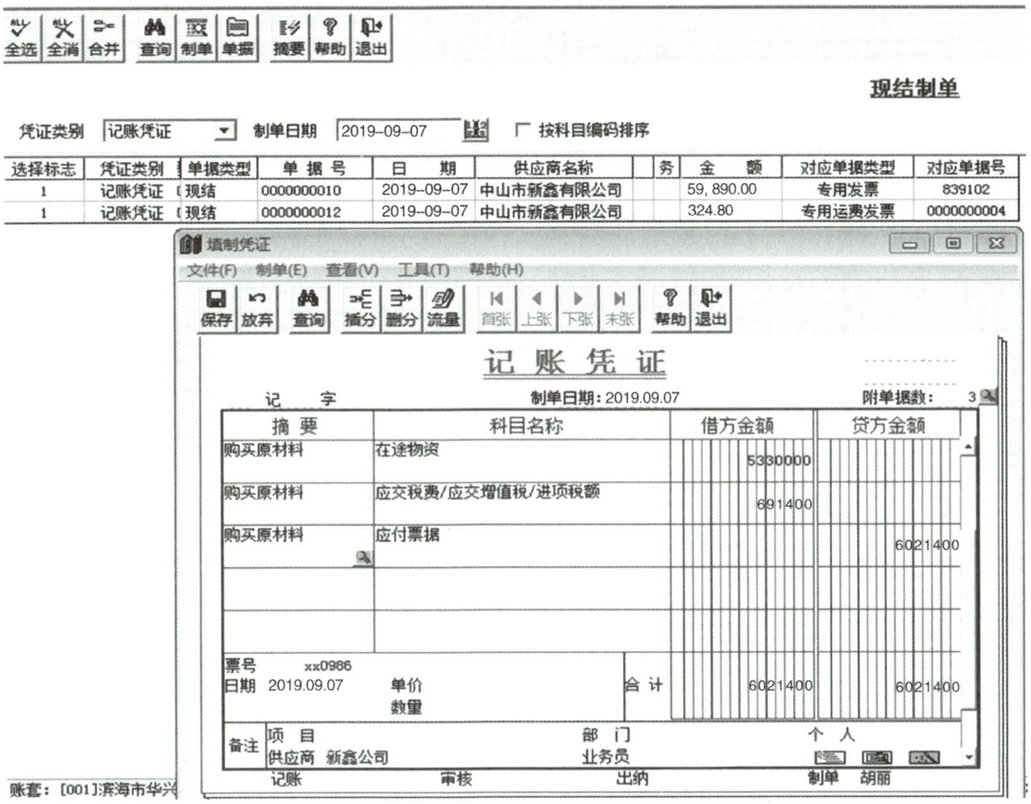

图3-113　待生成的记账凭证

③ 单击“保存”按钮后，再单击“退出”按钮。

拓展训练

逆向修改操作错误的业务

业务序号	创设问题情境（业务操作错误描述）	扫一扫见操作指引
业务14	生成记账凭证后，发现贷方科目不是“应付票据”，而是“银行存款”。原因是录入发票“采购付现”结算方式时，选择了“支票”结算方式	

业务15　9月7日，发工资，并结转工资中的代扣款项（见图3-114、图3-115）

工资汇总表

2019年8月

车间、部门		基本工资	奖金	津贴	加班工资	应付工资	代扣款项		实发工资
							社保	个人所得税	
生产车间	生产工人	70 720	4 400	10 250	3 200	88 570	8 946	1 771	77 853
生产车间	管理人员	7 500	840	560	1 120	10 020	1 012	200	8 808
行政管理人员		60 210	3 560	8 500	280	72 550	7 328	1 451	63 771
专设销售机构人员		28 570	8 500	800	900	38 770	3 916	775	34 079
合计		167 000	17 300	20 110	5 500	209 910	21 202	4 197	184 511

制表人：胡丽　　　　审核人：张燕玲

图3-114　工资汇总表

业务15的会计分录：

（1）发工资

借：应付职工薪酬——工资　　184 511.00

　贷：银行存款　　184 511.00

（2）结转代扣款项

借：应付职工薪酬——工资　　25 399.00

　贷：其他应收款——应收个人社保费　　21 202.00

　　应交税费——应交个人所得税　　4 197.00

说明：此类业务不涉及购销存系统，在总账中完成即可，操作步骤略。

中国工商银行转账支票存根

支票号码：AE2901105

科　　目：__________

对方科目：__________

签发日期：2019年9月7日

收款人：滨海市华兴有限公司	
金　额：￥184 511.00	
用　途：工资	
备　注：	

图3-115　支票存根

业务16　9月7日，支付水电费（见图3-116～图3-119）

中国工商银行转账支票存根

支票号码：AE2901106

科　　目：__________

对方科目：__________

签发日期：2019年9月7日

收款人：滨海市供水公司
金　额：￥847.50
用　途：水费
备　注：

图3-116　支票存根1

中国工商银行转账支票存根

支票号码：AE2901107

科　　目：__________

对方科目：__________

签发日期：2019年9月7日

收款人：滨海市供电公司
金　额：￥22 932.00
用　途：电费
备　注：

图3-117　支票存根1

广东增值税专用发票

发　票联

No586610
开票日期：2019年09月07日

购货单位	名　　称：滨海市华兴有限公司 纳税人识别号：44038475109 地 址 、电 话：滨海市海河区东风东路128号 开户行及账号：工商银行滨海市蓝山支行3275905475				密码区	（略）	
货物或应税劳务名称	规格型号	单位	数量	单价	金额	税率	税额
电费		千瓦时	24 500	0.80	19 600.00	13%	2 548.00
合　计	⊗贰万贰仟壹佰肆拾捌圆整					（小写）¥22 148.00	
销货单位	名　　称：滨海市供电公司 纳税人识别号：2290388675136 地 址 、电 话：市金风路12号 开户行及账号：工行中山市金风支行3623674829				备注	滨海市供电公司 发票专用章	

第一联：发票联　购货方记账凭证

收款人：李珊大　　复核：曾静　　开票人：杨科

图3-118　增值税专用发票（电费）

广东增值税专用发票

发　票联

No596611
开票日期：2019年09月07日

购货单位	名　　称：滨海市华兴有限公司 纳税人识别号：44038475109 地 址 、电 话：滨海市海河区东风东路128号 开户行及账号：工商银行滨海市蓝山支行 3275905475				密码区	（略）	
货物或应税劳务名称	规格型号	单位	数量	单价	金额	税率	税额
水费		吨	600	1.25	750.00	9%	67.50
合　计	⊗捌佰壹拾柒圆伍角整					（小写）¥817.50	
销货单位	名　　称：滨海市供电公司 纳税人识别号：449088675124 地 址 、电 话：市山海路11号 开户行及账号：工行中山市山海支行2836674812				备注	滨海市供电公司 发票专用章	

第一联：发票联　购货方记账凭证

收款人：黄明　　复核：刘小君　　开票人：王大风

图3-119　增值税专用发票（水费）

业务16的会计分录：

借：应付账款——市供电公司　　19 600.00

　　应付账款——市供水公司　　750.00

　　应交税费——应交增值税（进项税额）　　2 616.50

　贷：银行存款　　22 965.50

说明：此类业务不涉及购销存系统，在总账中完成即可，需要在会计科目编辑中增加“应付账款——市供电公司”和“应付账款——市供水公司”明细科目，不受控于应付子系统，不设为供应商往来，如图3-120所示。

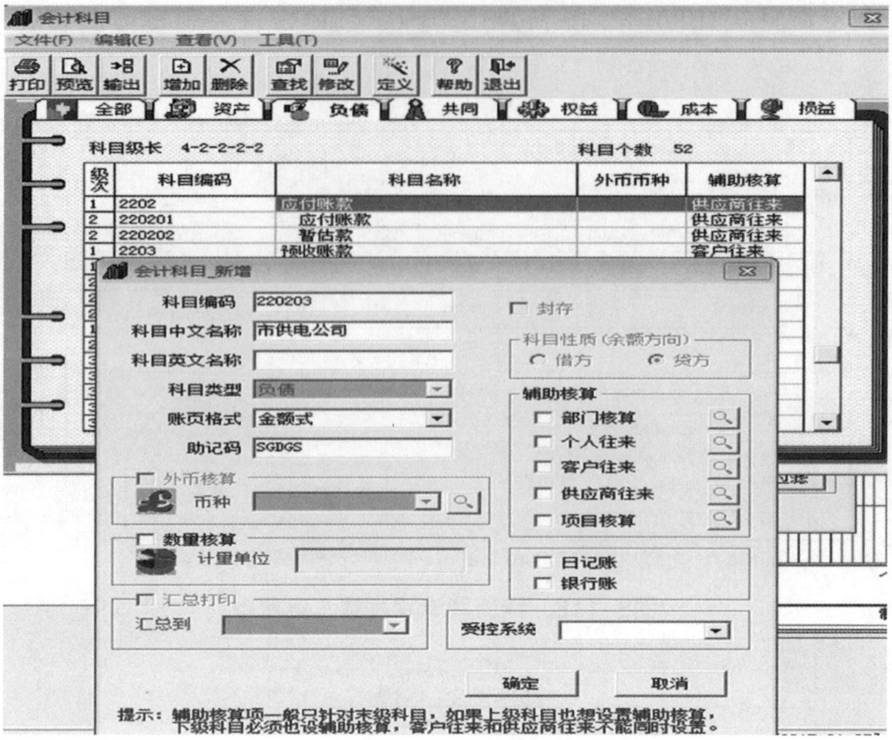

图3-120 增设应付账款明细科目

业务17 9月8日，向中山市新鑫有限公司采购甲乙材料验收入库（见图3-121）

材料入库单

供货单位：中山新鑫公司　　2019年9月8日　　第6号

名称	编号	规格	单位	应收数量	实收数量	成本总额									
						千	百	十	万	千	百	十	元	角	分
甲材料			千克	400	400										
乙材料			千克	100	100										
备注：															

第三联 财务记账

主管：　　记账：　　验收：王芳　　制单：王芳

图3-121 材料入库单

业务17的会计分录：

借：原材料——甲材料　　48 240.00

　　原材料——乙材料　　5 060.00

　贷：在途物资　　53 300.00

操作流程

采购管理

·填制采购入库单

·采购结算

库存管理

·采购入库单审核

核算管理

·正常单据记账

·生成记账凭证

·购销单据制单

·采购入库单（报销记账）

操作步骤

以会计员胡丽的身份（用户名2）登录T3系统，操作日期2019-09-08。

（1）填制采购入库单的操作步骤

① 选择“采购”→“采购入库单”。

② 单击“增加”→“采购入库单”，选择仓库：“材料库”、供货单位：“新鑫公司”、入库类别：“采购入库”。

③ 依次输入存货编码、数量等信息，再单击“保存”→“退出”。

（2）采购入库单和采购发票进行采购结算的操作步骤

① 选择“采购”→“采购结算”→“手工结算”。

② 打开“条件输入”对话框，录入过滤条件：供应商——中山市新鑫公司。

③ 单击“确认”按钮，打开“入库单和发票选择”对话框，双击选中需要结算的入库单及对应的专用发票和运费发票，再单击“确认”按钮，如图3-122所示。

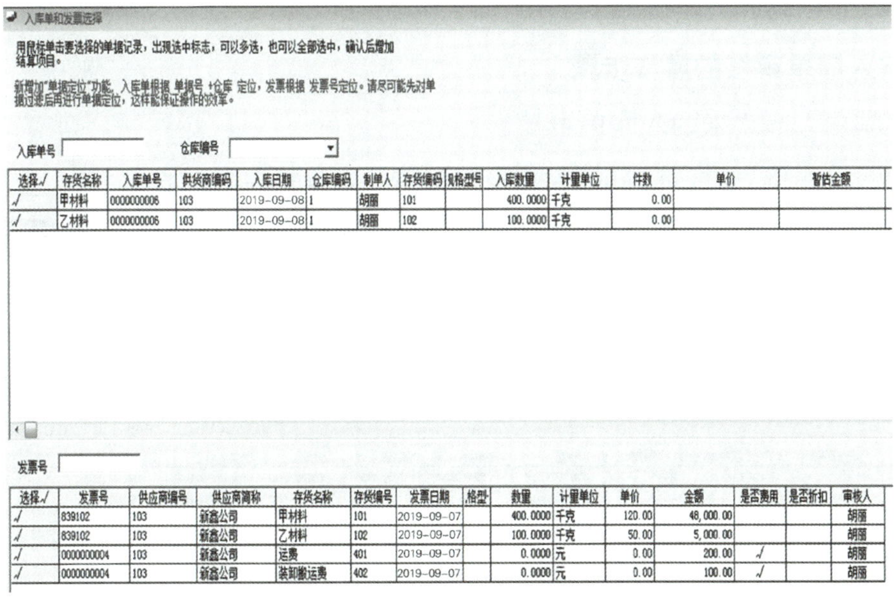
入库单和发票选择

用鼠标单击要选择的单据记录，出现选中标志，可以多选，也可以全部选中，确认后增加结算项目。

新增加"单据定位"功能，入库单根据 单据号 +仓库 定位，发票根据 发票号定位。请尽可能先对单据过滤后再进行单据定位，这样能保证操作的效率。

入库单号　　仓库编号

选择√	存货名称	入库单号	供货商编码	入库日期	仓库编码	制单人	存货编码	规格型号	入库数量	计量单位	件数	单价	暂估金额
√	甲材料	0000000006	103	2019-09-08	1	胡丽	101		400.0000	千克	0.00		
√	乙材料	0000000006	103	2019-09-08	1	胡丽	102		100.0000	千克	0.00		

发票号

选择√	发票号	供应商编号	供应商简称	存货名称	存货编号	发票日期	规格型号	数量	计量单位	单价	金额	是否费用	是否折扣	审核人
√	839102	103	新鑫公司	甲材料	101	2019-09-07		400.0000	千克	120.00	48,000.00			胡丽
√	839102	103	新鑫公司	乙材料	102	2019-09-07		100.0000	千克	50.00	5,000.00			胡丽
√	0000000004	103	新鑫公司	运费	401	2019-09-07		0.0000	元	0.00	200.00	√		胡丽
√	0000000004	103	新鑫公司	装卸搬运费	402	2019-09-07		0.0000	元	0.00	100.00	√		胡丽

图3-122　选中需要结算的入库单和发票

④ 在“结算费用列表”选项中选择“按数量”分摊，如图3-123所示。

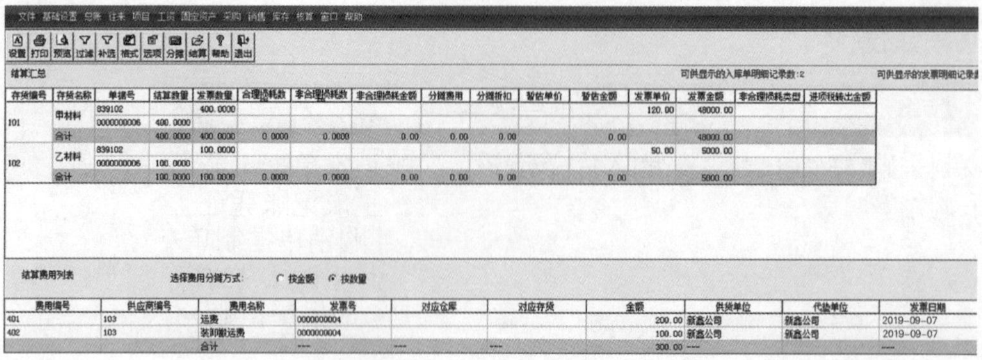

图3-123　按数量分摊运费

⑤ 单击“分摊”按钮，则运费及杂费分摊到甲乙材料的成本当中，如图3-124所示。

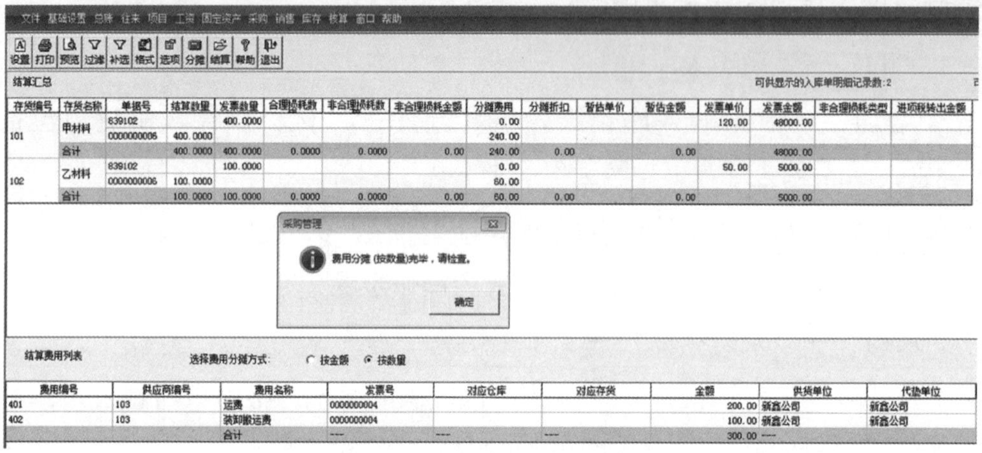

图3-124　运费分摊完毕

⑥ 单击“结算”按钮，采购结算完成。

（3）采购入库单审核的操作步骤

① 选择“库存”→“采购入库单审核”。

② 在“采购入库单”对话框中单击“审核”按钮，如图3-125所示。

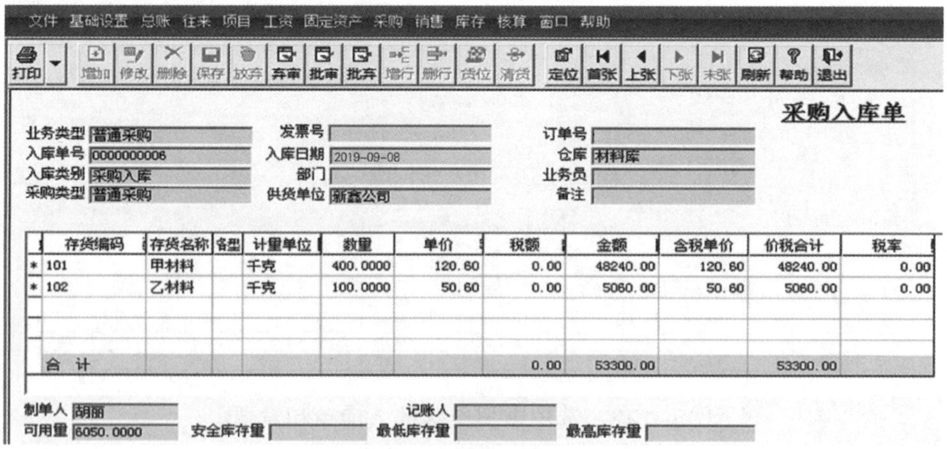

图3-125　采购入库单审核

（4）正常单据记账的操作步骤

①选择“核算”→“核算”→“正常单据记账”，选择仓库和单据类型。

②单击“确定”按钮，在“正常单据记账”窗口中，单击“全选”按钮，如图3-126所示。

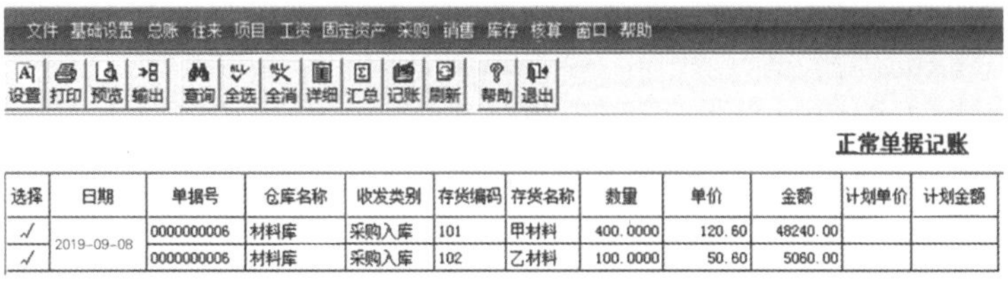

图3–126　正常单据记账

③单击“记账”按钮，并单击“退出”按钮。

（5）生成记账凭证的操作步骤

①选择“核算”→“凭证”→“购销单据制单”，单击“选择”按钮，在“查询条件”对话框中选择“采购入库单（报销记账）”。

②单击“确定”按钮，在“未生成凭证单据一览表”窗口中单击“全选”按钮，注意复选框要去掉“√”，如图3-127所示，再单击“确定”按钮。

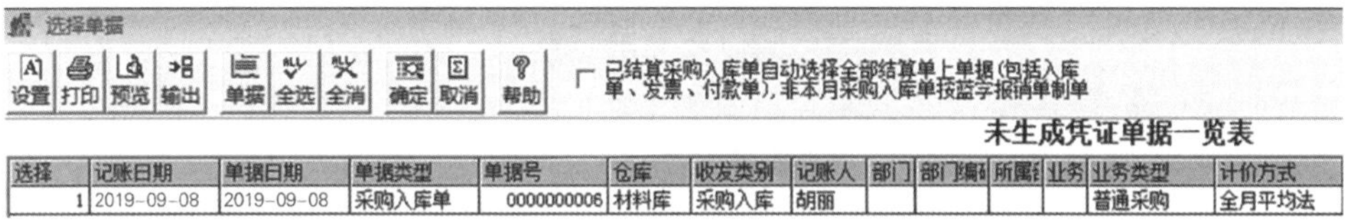

图3–127　未生成凭证单据一览表

③在生成凭证前，将第三行“科目编码”由默认的“140301甲材料”改为“140302乙材料”。

④单击“生成”按钮，修改记账凭证的摘要，如图3-128所示。

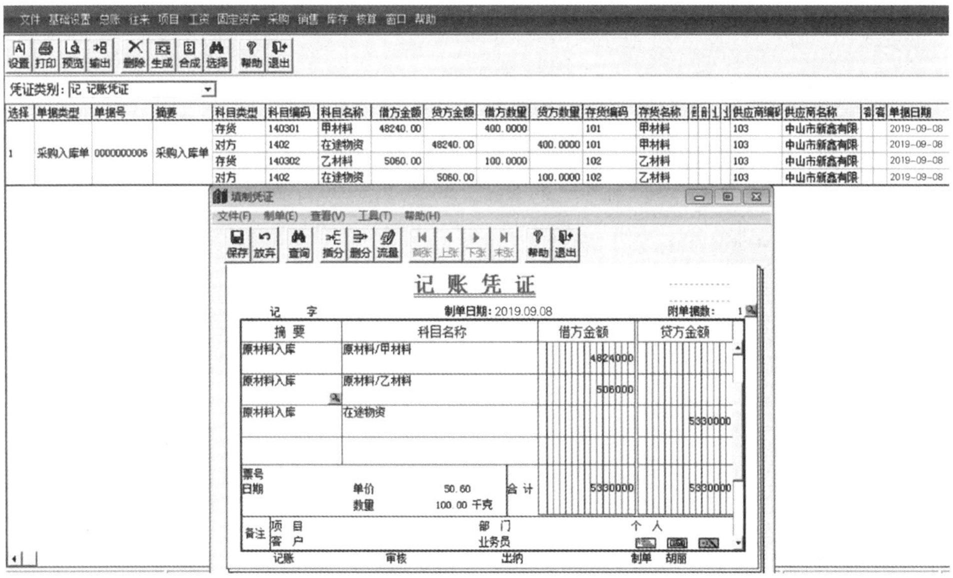

图3–128　待生成的记账凭证

⑤单击“保存”按钮，再单击“退出”按钮。

拓展训练

逆向修改操作错误的业务

业务序号	创设问题情境（业务操作错误描述）	扫一扫见操作指引
业务17	生成记账凭证前，未将“已结算采购入库单自动选择全部结算单上单据……”的复选框的“√”去掉，以至于在“制单”界面中待生成的记账凭证不正确	

业务18 9月8日，从滨海市天飞科技公司购买乙材料，支付部分所欠货款，材料尚未验收入库（见图3-129～图3-131）

广东增值税专用发票

发 票 联

№635018

开票日期：2019年08月08日

购货单位	名　　称：滨海市华兴有限公司 纳税人识别号：44038475109 地 址 、电 话：滨海市海河区东风东路128号 开户行及账号：工商银行滨海市蓝山支行3275905475				密码区	（略）	
货物或应税劳务名称	规格型号	单位	数量	单价	金额	税率	税额
乙材料		千克	400	52.00	20 800.00	13%	2 704.00
合　计	⊗贰万叁仟伍佰零肆圆整					（小写）¥23 504.00	
销货单位	名　　称：滨海市天飞科技公司 纳税人识别号：44634552536 地 址 、电 话：滨海市城北路1号 开户行及账号：建行滨海市中山分行3368439767				备注		

第一联：发票联　购货方记账凭证

收款人：李丽清　　复核：孙小雯　　开票人：王浩

图3-129 增值税专用发票（材料）

广东增值税专用发票

发 票 联

№30892878

开票日期：2019年09月08日

购货单位	名　　称：滨海市华兴有限公司 纳税人识别号：44038475109 地 址 、电 话：滨海市海河区东风东路128号 开户行及账号：工商银行滨海市蓝山支行3275905475	密码区	（略）

货物或应税劳务名称	规格型号	单位	数量	单价	金额	税率	税额
运费		元	1	100.00	100.00	9%	9.00
合　计	⊗壹佰零玖圆整					（小写）¥109.00	

销货单位	名　　称：飞达物流有限公司 纳税人识别号：230200730 地 址 、电 话：滨海市华海路390号 开户行及账号：建行滨海市华海分行8937911739	备注	飞达物流有限公司 发票专用章

收款人：杨云龙　　复核：李军　　开票人：白小燕　　承运人：（章）

第一联：发票联　购货方记账凭证

图3–130　增值税专用发票（运费）

中国工商银行转账支票存根

支票号码：AE2901108

科　　目：__________

对方科目：__________

签发日期：2019年9月8日

收款人：	滨海市天飞科技公司
金　额：	¥80 000.00
用　途：	货款
备　注：	

图3–131　支票存根

业务18的会计分录：

（1）采购乙材料

借：在途物资——乙材料　　20 900.00

　　应交税费——应交增值税（进项税额）　　2 713.00

　　贷：应付账款——滨海市天飞科技公司　　23 613.00

（2）支付货款

借：应付账款——滨海市天飞科技公司　　80 000.00

　　贷：银行存款　　80 000.00

操作流程

采购管理 → **核算管理** → **采购管理** → **核算管理**

- 采购管理：·填制采购发票
- 核算管理：·生成记账凭证1
  - ·供应商往来制单
  - ·发票制单
- 采购管理：·填制付款单
- 核算管理：·生成记账凭证2
  - ·供应商往来制单
  - ·核销制单

操作步骤

以会计员胡丽的身份（用户名2）登录T3系统，操作日期2019-09-08。

（1）填制发票的操作步骤（含采购专用发票和专用运费发票）

① 选择“采购”→“采购发票”，打开“采购专用发票”对话框。

② 单击“增加”按钮右侧的下三角按钮，选择“专用发票”，依次录入专用发票中的各项目内容，再单击“保存”按钮。

③ 单击“复核”按钮，如图3-132所示。

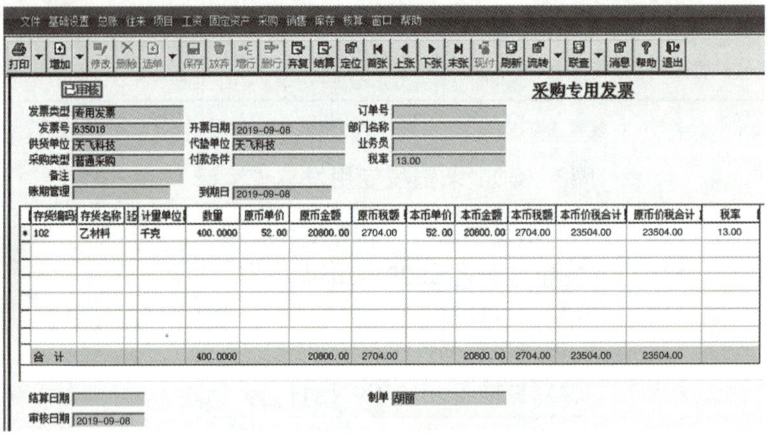

图3-132　已复核的专用发票

④ 单击“增加”按钮右侧的下三角按钮，选择“专用运费发票”。

⑤ 依次录入专用运费发票中的各项目内容，再单击“保存”→“复核”按钮，如图3-133所示。

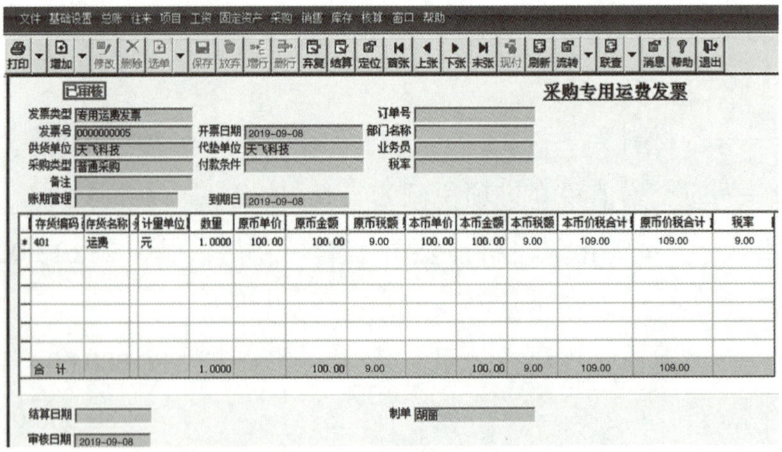

图3-133　已复核的运费发票

（2）生成记账凭证1的操作步骤

① 选择“核算”→“凭证”→“供应商往来制单”，选择“发票制单”，如图3-134所示，再单击“确定”按钮。

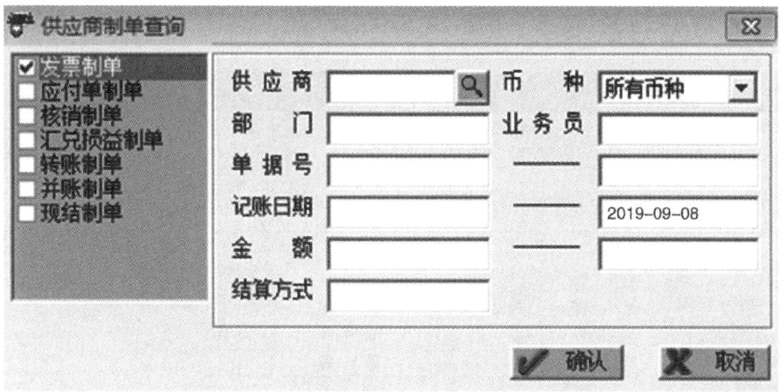

图3-134 选择“发票制单”

② 单击“全选”→“合并”→“制单”，再修改记账凭证摘要及附单据数，则待生成的记账凭证如图3-135所示。

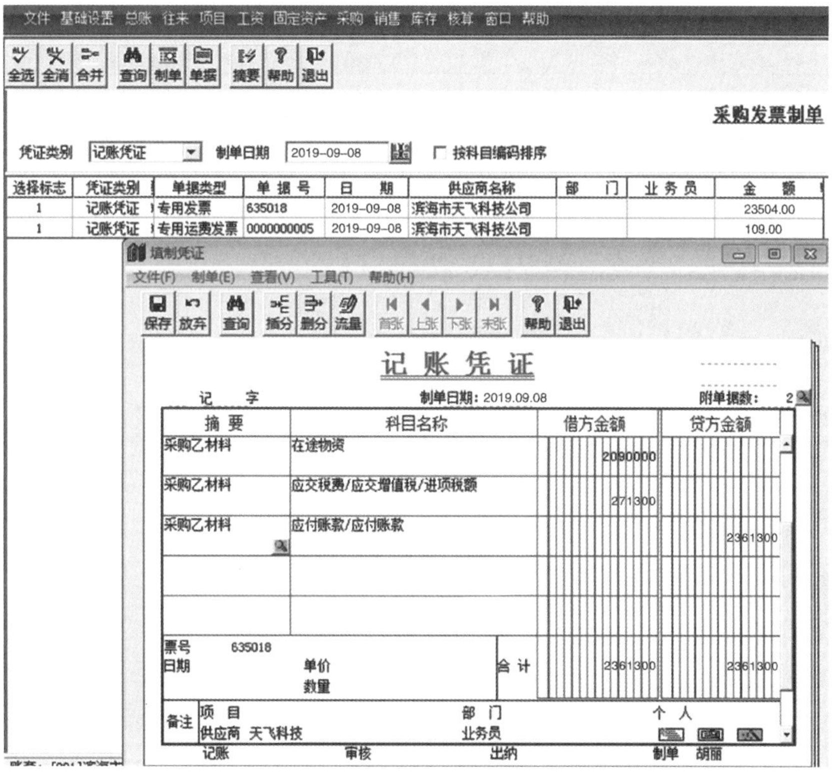

图3-135 发票制单待生成的记账凭证

③ 单击“保存”按钮后，再单击“退出”按钮。

（3）填制付款单的操作步骤

① 选择“采购”→“供应商往来”，打开“付款结算”对话框。

② 在“供应商参照”窗口选择“滨海市天飞科技公司”。

③ 单击“增加”按钮，依次录入日期、结算方式、金额、结算科目等信息。

④ 单击“保存”按钮。

⑤ 单击“核销”按钮，则需要核销的应付款显示在下方，再单击“自动”按钮，系统自动按先后顺序对应付款金额进行核销，如图3-136所示。

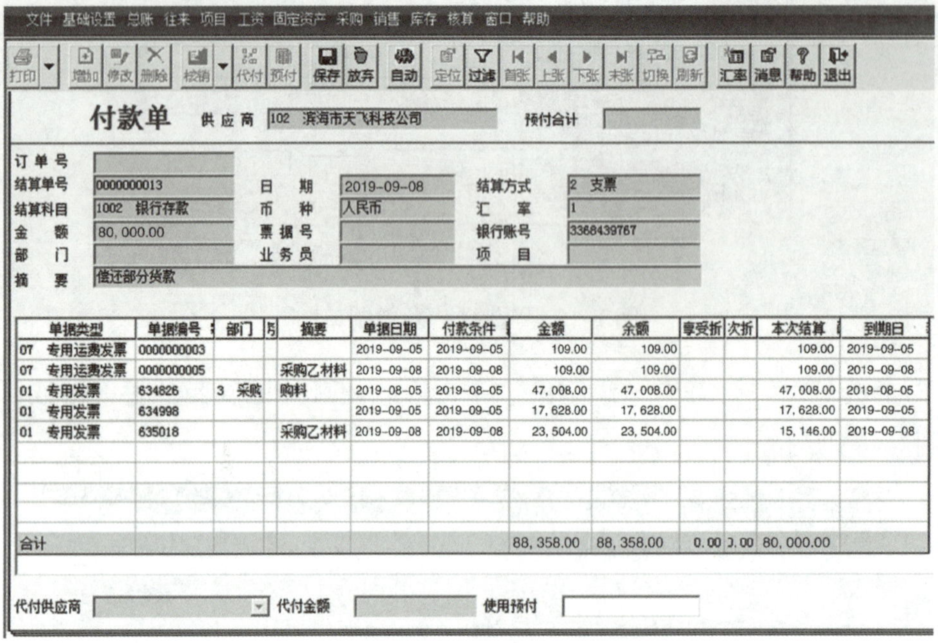

图3-136 自动核销应付货款

⑥ 单击“保存”按钮，再单击“退出”按钮。

注意：

如果要核销指定的某笔业务的应付款，则要在对应的单据这一行“本次结算”中手工输入要核销的金额。

（4）生成记账凭证2的操作步骤

① 选择“核算”→“凭证”→“供应商往来制单”，选择“核销制单”，如图3-137所示，再单击“确定”按钮。

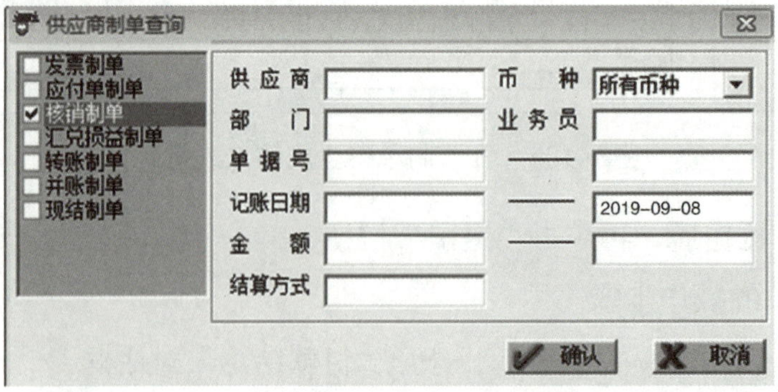

图3-137 选择“核销制单”

② 单击“全选”→“制单”，待生成的记账凭证如图3-138所示。

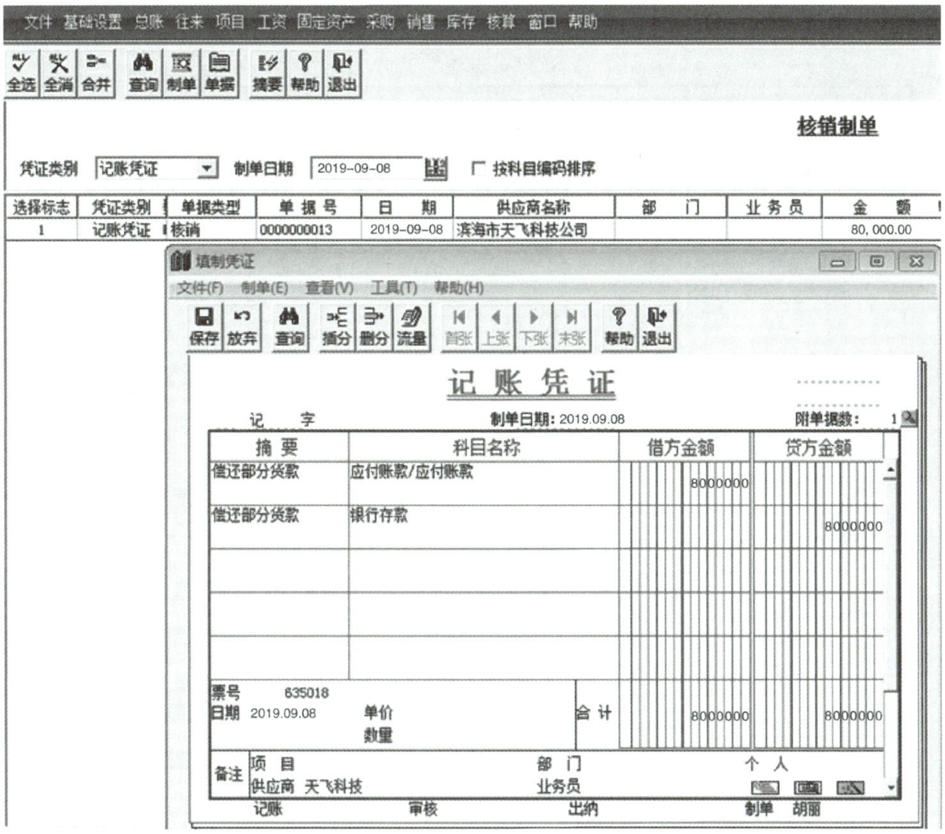

图3-138　核销制单待生成的记账凭证

③ 单击“保存”按钮，再单击“退出”按钮。

拓展训练

逆向修改操作错误的业务

业务序号	创设问题情境（业务操作错误描述）	扫一扫见操作指引
业务18	填制付款单时，误将金额80 000元录成8 000元，并据以生成错误的记账凭证	

3.2.9　采购材料，取得普通运费发票的业务

业务19　9月8日，向滨海市南阳有限公司采购甲材料，以银行存款支付货款，现金支付运费，材料尚未验收入库（见图3-139～图3-141）

广东增值税专用发票

发票联

№845689

开票日期：2019年09月08日

购货单位	名　　　称：滨海市华兴有限公司 纳税人识别号：44038475109 地 址 、电 话：滨海市海河区东风东路128号 开户行及账号：工商银行滨海市蓝山支行3275905475					密码区	（略）	
货物或应税劳务名称	规格型号	单位	数量	单价	金额	税率	税额	
甲材料		千克	400	117.00	46 800.00	13%	6 084.00	
合　计	⊗伍万贰仟捌佰捌拾肆圆整						（小写）¥52 884.00	
销货单位	名　　　称：滨海市南阳有限公司 纳税人识别号：1102759643312 地 址 、电 话：滨海市东风路13号 开户行及账号：工行滨海市东风支行1002834909					备注	滨海市南阳有限公司 发票专用章	

收款人：李华　　复核：杨丽　　开票人：王燕

第一联：发票联　购货方记账凭证

图3-139　增值税专用发票（材料）

广东增值税普通发票

发票联

№238002

开票日期：2019年09月08日

购货单位	名　　　称：滨海市华兴有限公司 纳税人识别号：44038475109 地 址 、电 话：滨海市海河区东风东路128号 开户行及账号：工商银行滨海市蓝山支行3275905475					密码区	（略）	
货物或应税劳务名称	规格型号	单位	数量	单价	金额	税率	税额	
运费		元	1	97.09	97.09	3%	2.91	
				现金付讫				
合　计	⊗壹佰圆整						（小写）¥100.00	
销货单位	名　　　称：滨海市阳光货运公司 纳税人识别号：4726920260 地 址 、电 话：滨海市银香路52号 开户行及账号：建行滨海市银香分行3980187610					备注	滨海市阳光货运公司 发票专用章	

收款人：郑伟洪　　复核：陈银中　　开票人：陈雪　　承运人：（章）

第一联：发票联　购货方记账凭证

图3-140　增值税普通发票（运费）

中国工商银行转账支票存根

支票号码：AE2901109

科　　目：__________

对方科目：__________

签发日期：2019年9月8日

收款人：滨海市南阳有限公司
金　额：￥52 884.00
用　途：货款
备　注：

图3-141　支票存根

业务19的会计分录：

借：在途物资——甲材料　46 900.00

　　应交税费——应交增值税（进项税额）　6 084.00

　贷：银行存款　52 884.00

　　　库存现金　100.00

操作流程

采购管理
·填制采购发票

核算管理
·生成记账凭证
·供应商往来制单
·现结制单

操作步骤

以会计员胡丽的身份（用户名2）登录T3系统，操作日期2019-09-08。

（1）填制发票的操作步骤（含采购专用发票和运费普通发票）

① 选择“采购”→“采购发票”，打开“采购专用发票”对话框。

② 单击“增加”按钮右侧的下三角按钮，选择“专用发票”，依次录入专用发票中的各项目内容，再单击“保存”按钮。

③ 单击“现付”按钮，依次录入“采购现付”对话框中的“结算方式”“结算金额”等信息。单击“确定”按钮，如图3-142所示，再单击“退出”按钮。

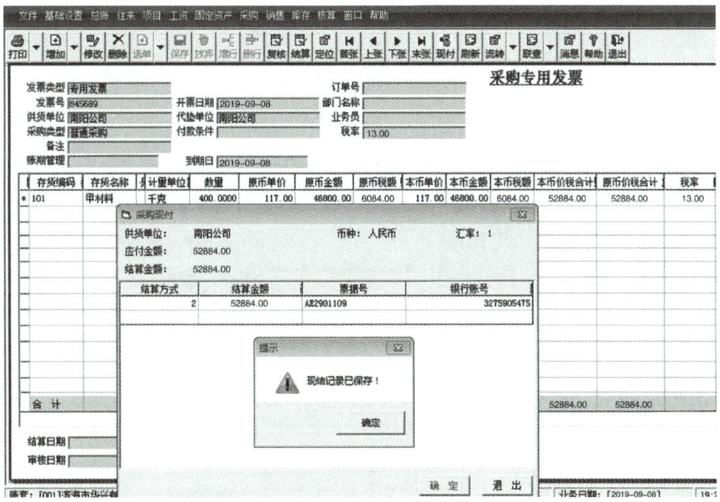

图3-142　采购专用发票——现付

④ 单击“复核”按钮。

⑤ 单击“增加”按钮右侧的下三角按钮，增加一张“采购普通运费发票”。注意“存货编码”选择“401”，“存货名称”选择“运费”，并将“税率”由默认的“9%”修改为“0”。在“原币金额”列录入“100”，再单击“保存”按钮。

⑥ 单击“现付”按钮，依次录入“采购现付”对话框中的“结算方式”“结算金额”等信息。单击“确定”按钮，如图3-143所示，再单击“退出”按钮。

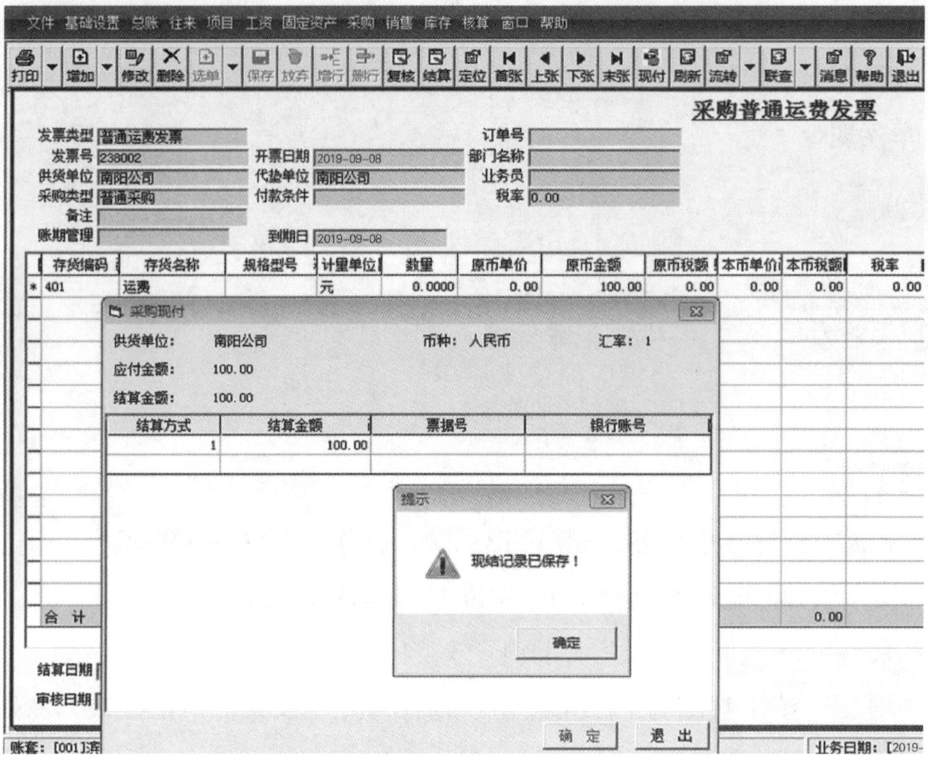

图3-143 采购普通运费发票——现付

⑦ 单击“复核”按钮，再单击“退出”按钮。

（2）生成记账凭证的操作步骤

① 打开“核算”→“凭证”→“供应商往来制单”对话框，选择“现结制单”，如图3-144所示，再单击“确认”按钮。

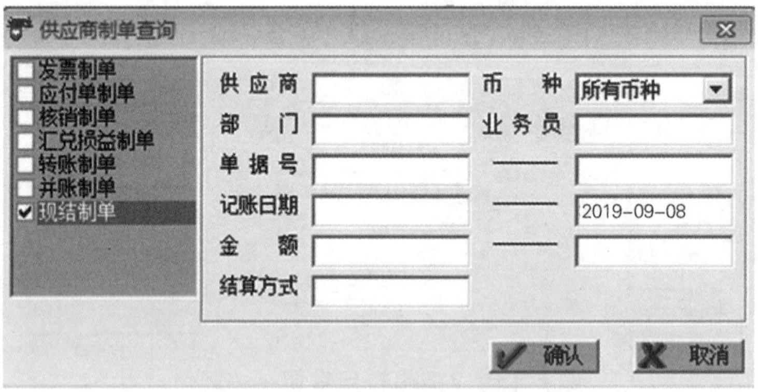

图3-144 选择“现结制单”

② 单击“全选”→“合并”→“制单”按钮，修改凭证摘要和附单据数，待生成的记账凭证如图3-145所示。

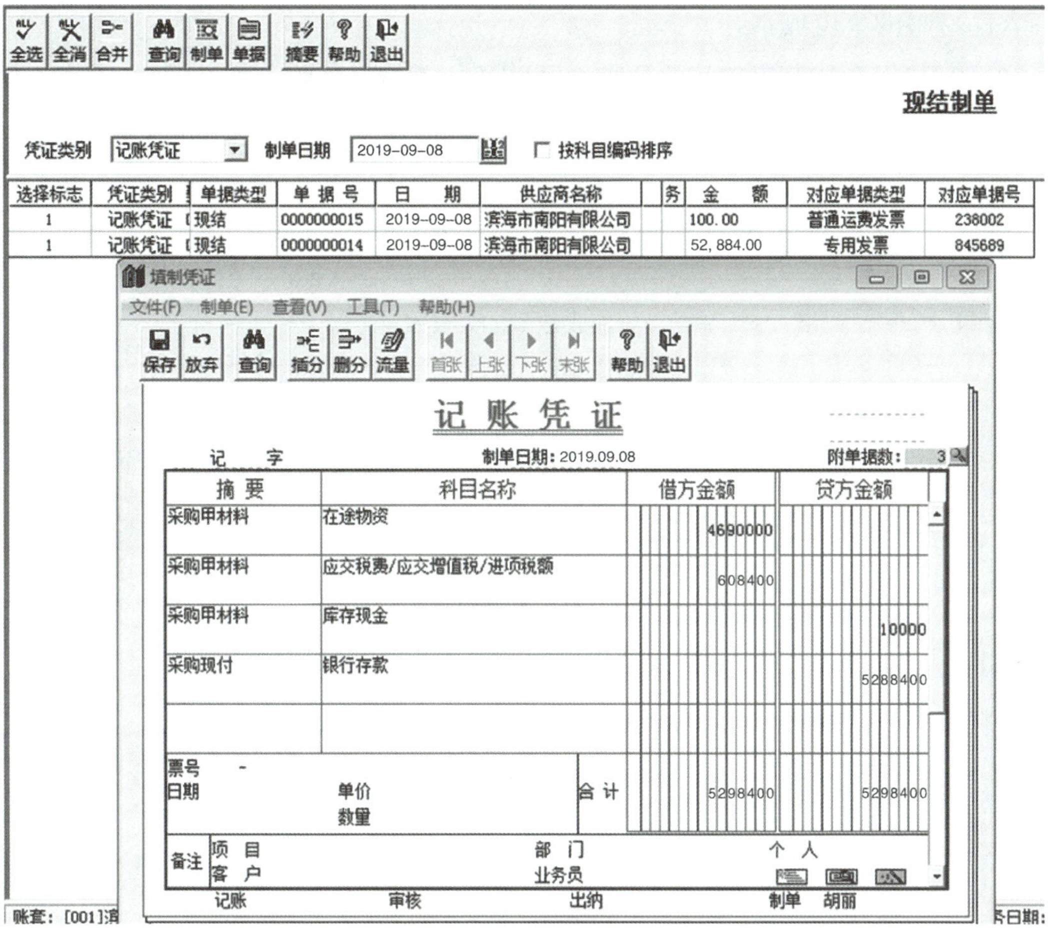

图3-145　待生成的记账凭证

③ 单击“保存”按钮，再单击“退出”按钮。

拓展训练

逆向修改操作错误的业务

业务序号	创设问题情境（业务操作错误描述）	扫一扫见操作指引
业务19	忘记录入运费发票，并据以生成错误的记账凭证	

3.2.10　购入材料发生定额内合理损耗的业务

采购的材料发生定额内合理损耗的，按实收数量入库，不需另作账务处理，总成本不变，提高入库材料的单位成本。

业务20　9月9日，从滨海市天飞科技公司购买的乙材料验收入库，短缺1千克，属定额内合理损耗（见图3-146）

材料入库单

供货单位：天飞科技公司　　　　2019年9月9日　　　　第7号

名称	编号	规格	单位	应收数量	实收数量	成本总额									
						千	百	十	万	千	百	十	元	角	分
乙材料			千克	400	399										
备注：短缺1千克属定额内合理损耗															

第三联　财务记账

主管：　　　　记账：　　　　验收：王芳　　　　制单：王芳

图3-146　材料入库单

业务20的会计分录：

借：原材料——乙材料　　　　20 900.00

　贷：在途物资　　　　20 900.00

操作流程

采购管理
·填制采购入库单
·采购结算

库存管理
·采购入库单审核

核算管理
·正常单据记账
·生成记账凭证
·购销单据制单
·采购入库单
（报销记账）

操作步骤

以会计员胡丽的身份（用户名2）登录T3系统，操作日期2019-09-09。

（1）填制采购入库单的操作步骤

① 选择"采购"→"采购入库单"。

② 单击"增加"→"采购入库单"，选择仓库："材料库"、供货单位："天飞科技公司"、入库类别："采购入库"。

③ 依次输入存货编码等信息，注意"数量"填为"399"，可以不用录单价、金额，再单击"保存"按钮，如图3-147所示。

图3-147 “采购入库单”的填制

（2）采购入库单和采购发票进行采购结算的操作步骤

① 选择“采购”→“采购结算”→“手工结算”。

② 打开“条件输入”对话框，录入过滤条件：供应商——天飞科技公司，再单击“确认”按钮。

③ 打开“入库单和发票选择”对话框，双击选中需要结算的入库单及对应的专用发票和运费发票，如图3-148所示，再单击“确认”按钮。

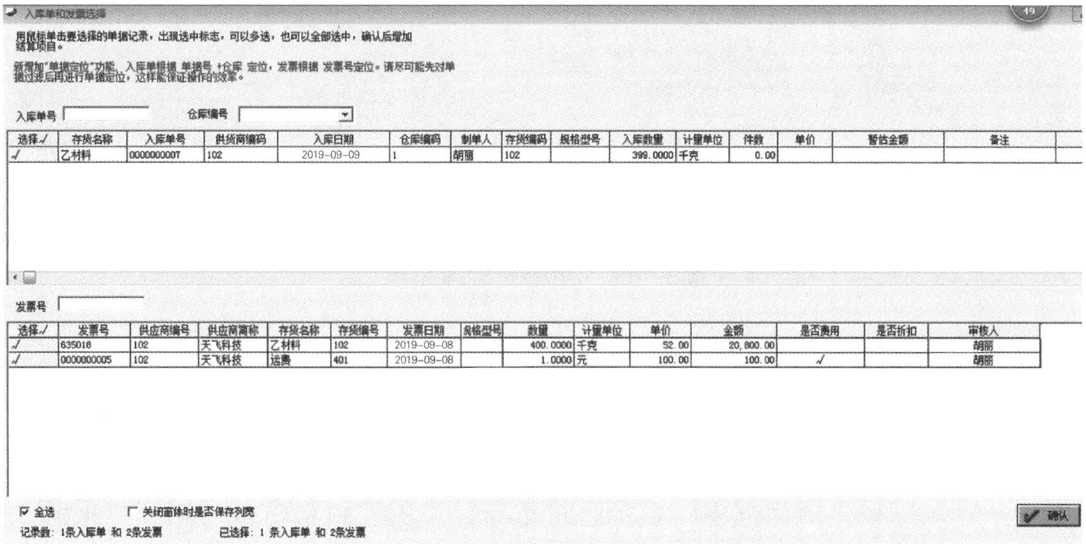

图3-148 选择需结算的入库单和发票

④ 在“合理损耗数量”中录入“1”，在“结算费用列表”选项中选择“按数量”分摊（注：只有一种材料时，选择“按金额”分摊结果是一样的），如图3-149所示。

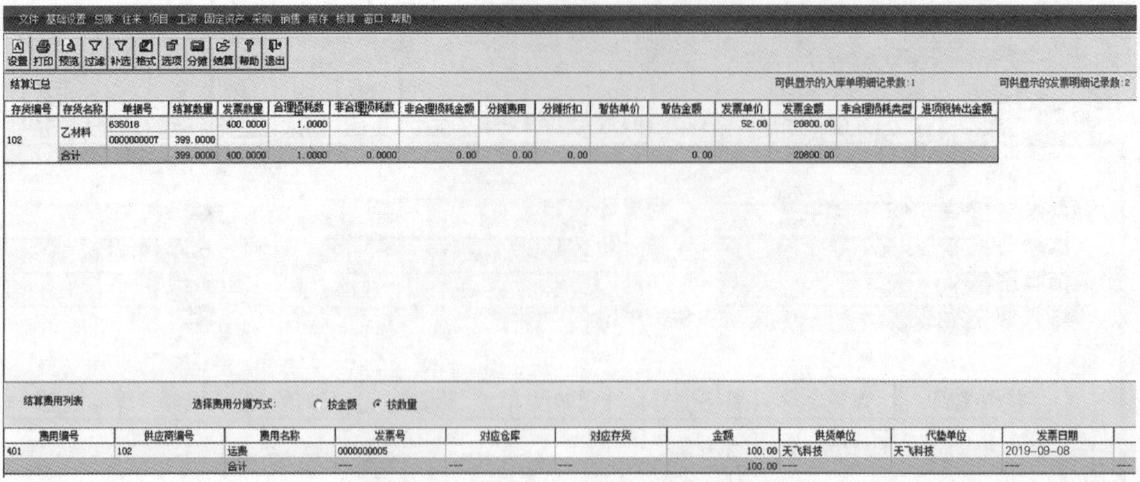

图3-149　录入“合理损耗数量”

⑤ 单击“分摊”按钮，则运费记入乙材料的成本当中，如图3-150所示，再单击“确定”按钮。

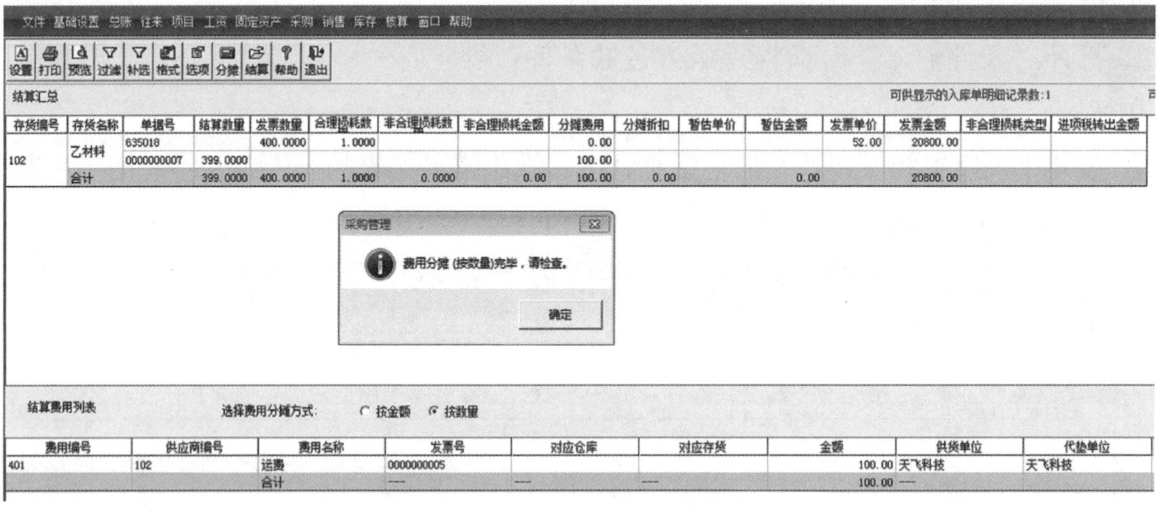

图3-150　运杂费分摊完毕

⑥ 单击“结算”按钮，采购结算完成，再单击“退出”按钮。

（3）采购入库单审核的操作步骤

① 选择“库存”→“采购入库单审核”。

② 在“采购入库单”对话框中，系统已将重新计算的乙材料单价回填到“采购入库单”中，单击“审核”按钮，如图3-151所示。

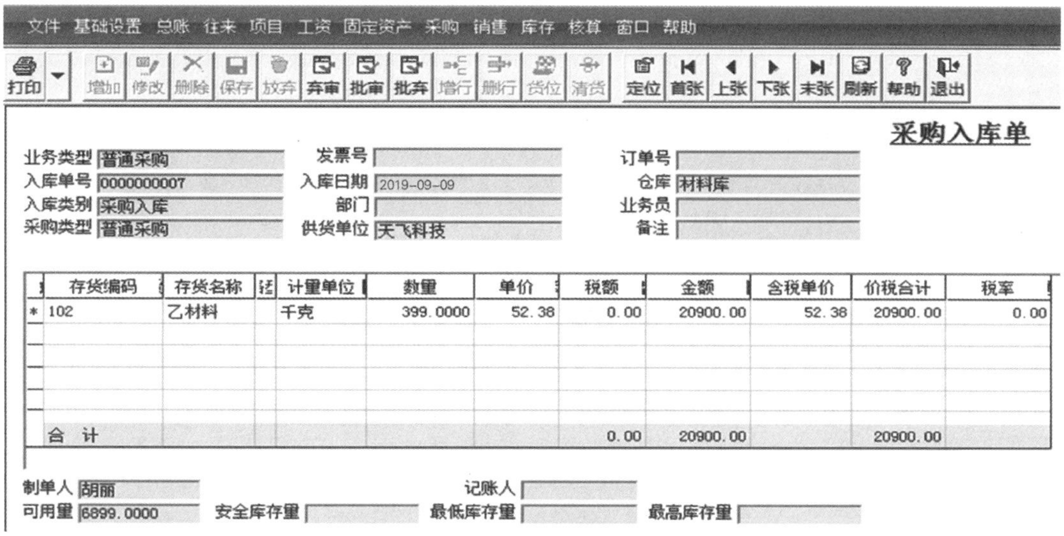

图3-151　审核“采购入库单”

（4）正常单据记账的操作步骤

① 选择“核算”→“核算”→“正常单据记账”，选择仓库和单据类型，再单击“确定”按钮。

② 在“正常单据记账”窗口中，单击“全选”按钮，如图3-152所示。

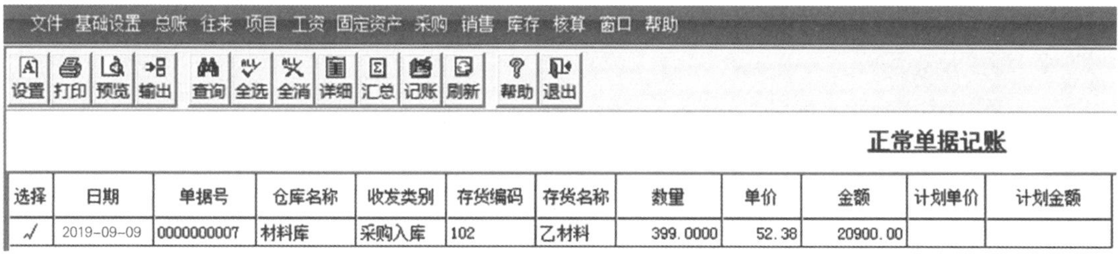

图3-152　选择正常单据记账

③ 单击“记账”按钮，并单击“退出”按钮。

（5）生成记账凭证的操作步骤

① 选择“核算”→“凭证”→“购销单据制单”，单击“选择”按钮，在“查询条件”对话框中选择“采购入库单（报销记账）”，再单击“确定”按钮。

② 在“未生成凭证单据一览表”窗口中单击“全选”按钮，注意复选框要去掉“√”，如图3-153所示，再单击“确定”按钮。

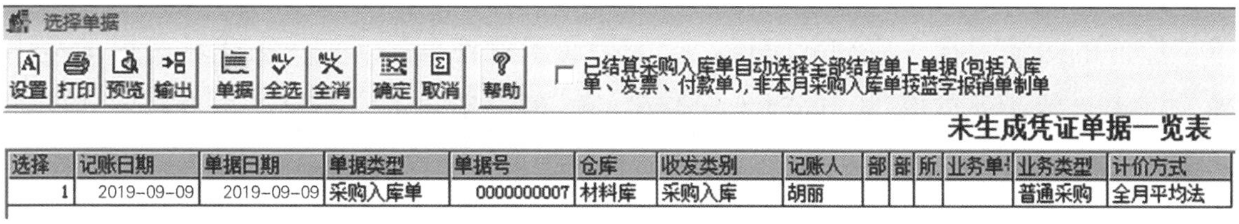

图3-153　未生成凭证单据一览表

③ 在生成凭证前，将第一行“科目编码”由默认的“140301甲材料”改为“140302乙材料”。

④ 单击“生成”按钮，修改记账凭证摘要，待生成的记账凭证如图3-154所示。

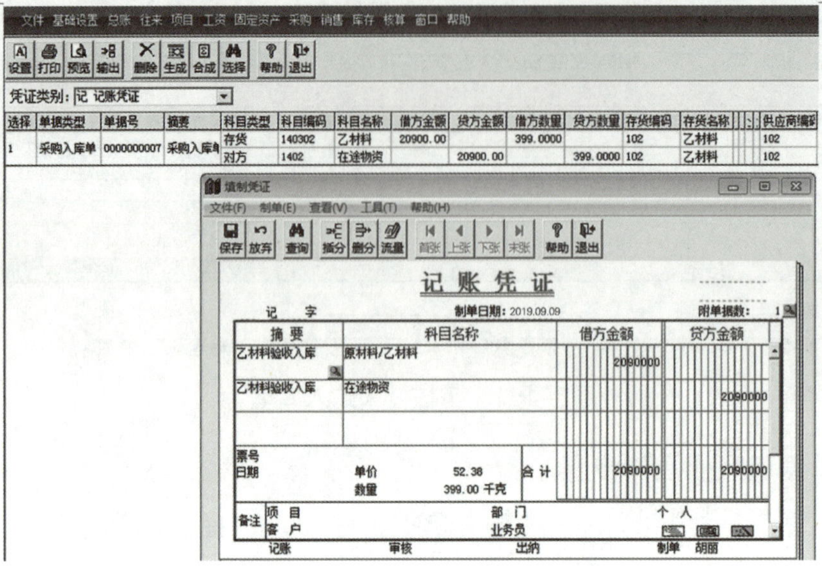

图3-154　待生成的记账凭证

⑤ 单击“保存”按钮后再按“退出”按钮。

拓展训练

逆向修改操作错误的业务

业务序号	创设问题情境（业务操作错误描述）	扫一扫见操作指引
业务20	录入“采购入库单”时，数量没有录成实收数量399，而是录成应收数量400，并据以生成记账凭证	

3.2.11　购入材料发生非合理损耗的业务

购入材料发生非合理损耗的，应根据不同情况分别进行账务处理。如果属于运输部门或供货单位造成的短缺毁损，应冲减应付款；如果属于意外事故（如火灾等）造成的应由企业承担的，记入“营业外支出”，同时做增值税的进项税额转出；如果属于自然灾害（如水灾等）造成的，也记入“营业外支出”，但不用做增值税的进项税额转出。

业务21　9月9日，向滨海市南阳有限公司采购的甲材料验收入库，毁损100千克，属非正常损失（见图3-155）

材 料 入 库 单

供货单位：市南阳公司　　　　2019年9月9日　　　　第 8 号

名 称	编 号	规 格	单 位	应收数量	实收数量	成本总额									
						千	百	十	万	千	百	十	元	角	分
甲材料			千克	400	300										
毁损100千克经查属于非正常损失，同意列入营业外支出。 孙小军 9月9日															

第三联　财务记账

主管：　　记账：　　验收：王芳　　制单：王芳

图3-155　材料入库单

业务21的会计分录：

（1）按实收数量入库，结转采购成本

借：原材料——甲材料　　35 200.00

　贷：在途物资　　35 200.00

（2）结转毁损材料的采购成本

借：营业外支出　　13 211.00

　贷：在途物资　　11 700.00

　　应交税费——应交增值税（进项税额转出）　　1 521.00

操作流程

采购管理
- ·填制采购入库单
- ·采购结算

库存管理
- ·采购入库单审核

核算管理
- ·正常单据记账
- ·生成记账凭证
  - ·购销单据制单
  - ·采购入库单（报销记账）

操作步骤

以会计员胡丽的身份（用户名2）登录T3系统，操作日期2019-09-09。

（1）填制采购入库单的操作步骤

①选择“采购”→“采购入库单”。

②单击“增加”→“采购入库单”，选择仓库：“材料库”、供货单位：“南阳公司”、入库类别：“采购入库”。

③依次输入存货编码等信息，注意“入库数量”填为“300”，可以不用录单价、金额，再单击“保存”按钮，如图3-156所示。

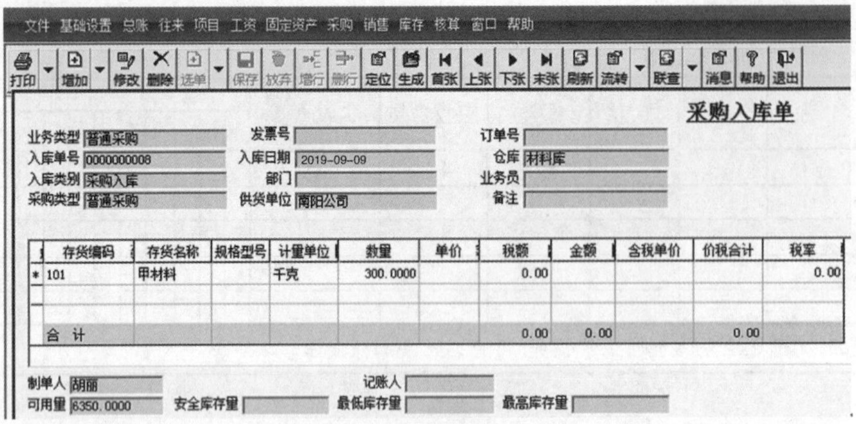

图3-156　采购入库单

（2）采购入库单和采购发票进行采购结算的操作步骤

① 选择“采购”→“采购结算”→“手工结算”。

② 打开“条件输入”对话框，录入过滤条件：供应商——南阳公司，单击“确认”按钮。

③ 打开“入库单和发票选择”对话框，双击选中需要结算的入库单及对应的专用发票和运费发票，如图3-157所示，再单击“确认”按钮。

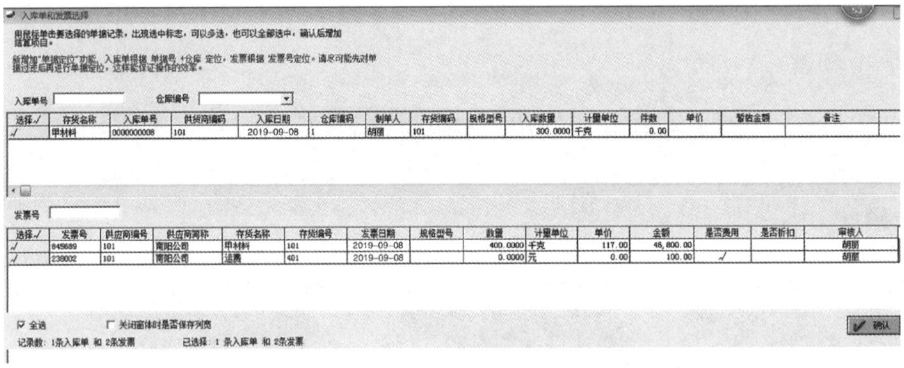

图3-157　选择需结算的入库单和发票

④ 在“非合理损耗数量”中录入“100”千克，“非合理损耗金额”中录入“11700”元，如图3-158所示。

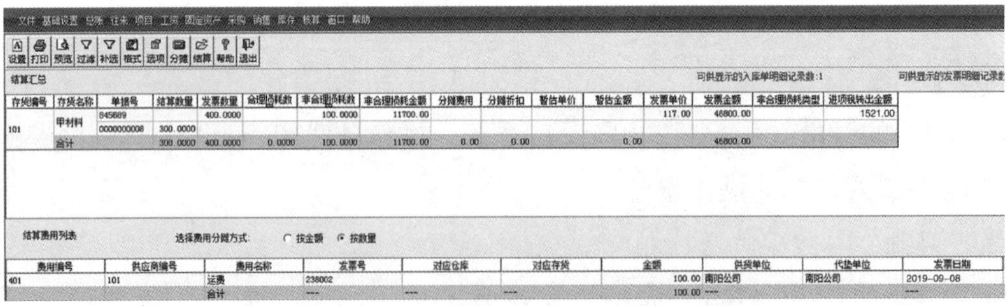

图3-158　录入“非合理损耗数量”等信息

⑤ 单击“分摊”按钮，则运费100元全部摊入实际入库的300千克甲材料的成本当中。

⑥ 单击“结算”按钮，采购结算完成，再单击“退出”按钮。

（3）采购入库单审核的操作步骤

① 选择“库存”→“采购入库单审核”。

② 在“采购入库单”对话框中，系统已将重新计算的甲材料单价回填到“采购入库单”中，单击“审核”按钮，如图3-159所示。再单击“退出”按钮。

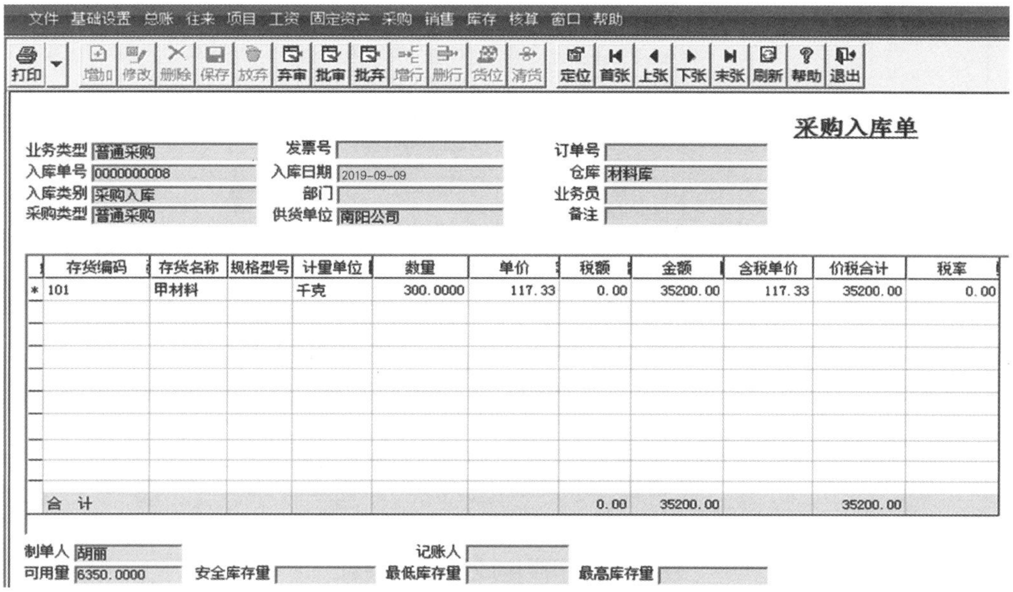

图3-159　审核采购入库单

（4）正常单据记账的操作步骤

① 选择“核算”→“核算”→“正常单据记账”，选择仓库和单据类型，再单击“确定”按钮。

② 在“正常单据记账”窗口中，单击“全选”按钮，如图3-160所示。

图3-160　正常单据记账

③ 单击“记账”按钮，再单击“退出”按钮。

（5）生成记账凭证的操作步骤

① 选择“核算”→“凭证”→“购销单据制单”，单击“选择”按钮，在“查询条件”对话框中选择“采购入库单（报销记账）”。

② 单击“确定”按钮，在“未生成凭证单据一览表”窗口中单击“全选”按钮，再单击“确定”按钮。

③ 单击“生成”按钮，修改凭证摘要，待生成的记账凭证如图3-161所示。

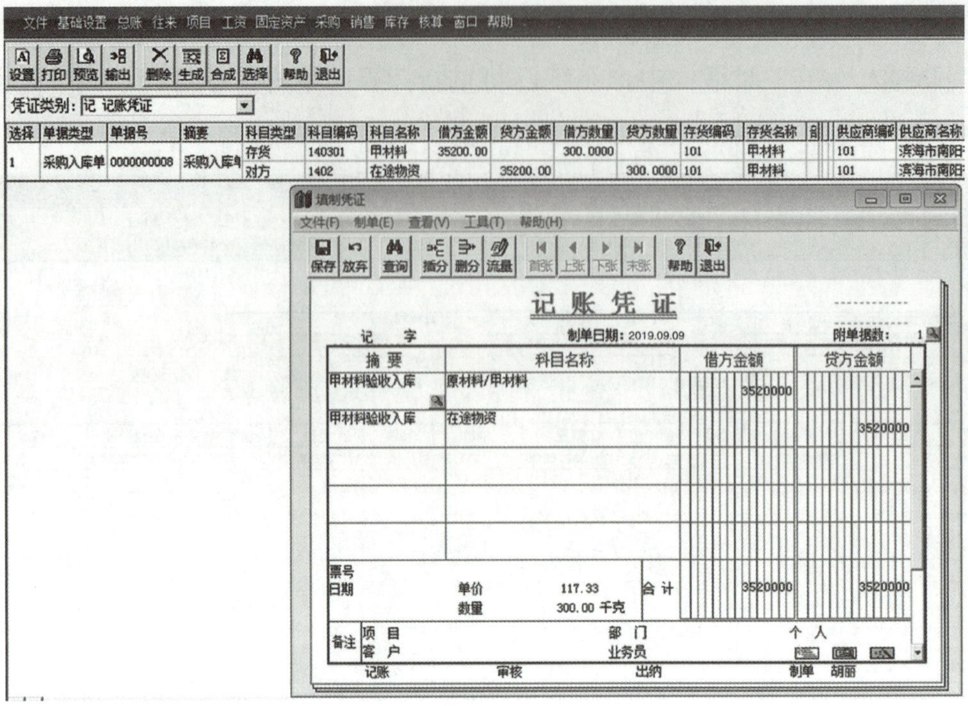

图3-161　待生成的记账凭证

④ 单击“保存”按钮，再单击“退出”按钮。

⑤ 在总账中完成第二笔“结转非正常损耗”分录的记账凭证的填制，如图3-162所示。

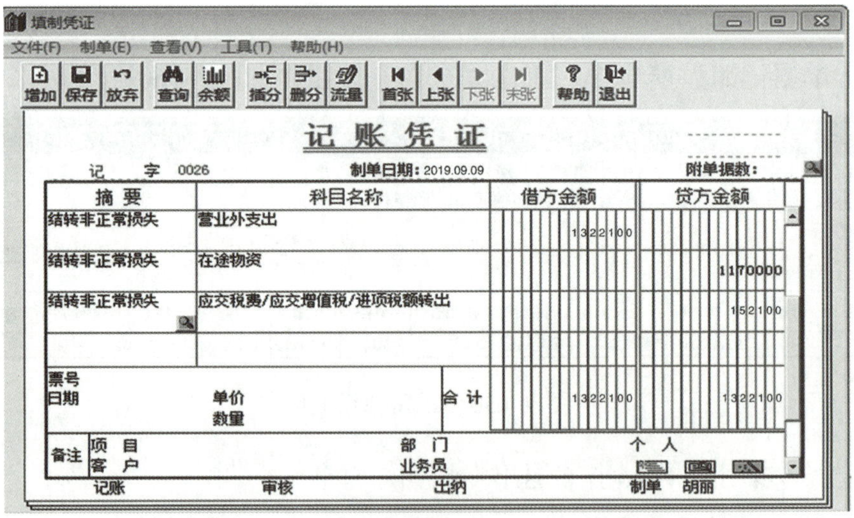

图3-162　在总账系统中录入的记账凭证

注意：

（1）上述采购材料业务通过“在途物资”核算，因此，第二张记账凭证“结转毁损材料的成本”只能在总账中完成。

（2）如果采购材料的业务不通过“在途物资”核算，则“毁损材料的成本”的记账凭证可以在购销存系统中完成，如图3-163所示。

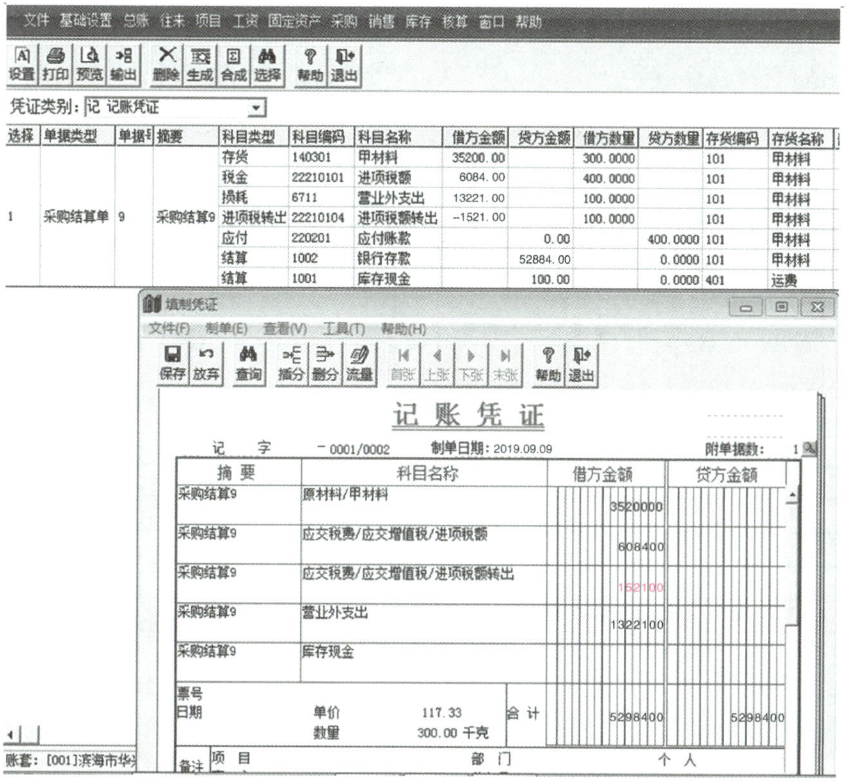

图3-163　不通过“在途物资”核算的“非合理损耗业务”生成的记账凭证

拓展训练

逆向修改操作错误的业务

业务序号	创设问题情境（业务操作错误描述）	扫一扫见操作指引
业务21	根据发票流转生成“采购入库单”，忘记将实收数量改为300，未执行“采购结算”，造成生成的记账凭证为暂估入库凭证	

3.2.12　采购材料，运费发票已分配材料运费的业务

“运费”及“装卸搬运费”项目在存货档案中属性定位为“劳务费用”，当采购发票、运费发票和材料入库单进行采购结算时，系统自动将属于“劳务费用”属性的“运费”及“装卸搬运费”项目按数量（或金额）进行分配。运费发票已分配运费的业务是指运费发票上已列明各种材料的运费各是多少，无须再按数量（或金额）进行分配。对

于这种情况，如果还是录入“运费发票”，则会造成系统分配运费的结果与运费发票上已分配的运费不一致。因此，必须将运费发票录成“普通发票”，才能解决这一矛盾。

业务22 9月9日，向深圳市升科有限公司采购甲乙材料，支付货款，材料尚未入库（见图3-164～图3-166）

深圳增值税专用发票

发 票 联

深圳 国家税务局监制

NO 3793065

开票日期：2019年09月09日

购货单位	名　　称：滨海市华兴有限公司 纳税人识别号：44038475109 地 址、电 话：滨海市海河区东风东路128号 开户行及账号：工商银行滨海市蓝山支行3275905475			密码区	（略）		
货物或应税劳务名称	规格型号	单 位	数 量	单 价	金 额	税率	税 额
甲材料		千克	150	122.00	18,300.00	13%	2,379.00
乙材料		千克	200	58.00	11,600.00	13%	1,508.00
小 计			350		29,900.00		3,887.00
合 计	⊗叁万叁仟柒佰捌拾柒圆整				（小写）¥33787.00		
销货单位	名　　称：深圳市升科有限公司 纳税人识别号：2245874687876 地 址、电 话：深圳市城南大道135号 开户行及账号：工行深圳市龙岗分行5583950383			备注	深圳市升科有限公司 发票专用章		

收款人：李珊珊　　复核：王辉　　开票人：张斌

第一联 发票联 购货方报销凭证

图3-164 增值税专用发票（材料）

深圳增值税普通发票

发 票 联

深圳 国家税务局监制

NO 32869711

开票日期： 2019年09月09日

购货单位	名　　称：滨海市华兴有限公司 纳税人识别号：44038475109 地 址、电 话：滨海市海河区东风东路128号 开户行及账号：工商银行滨海市蓝山支行3275905475			密码区	（略）		
货物或应税劳务名称	规格型号	单 位	数 量	单 价	金 额	税率	税 额
甲材料运费		元	1	291.26	291.26	3%	8.74
乙材料运费		元	1	97.09	97.09	3%	2.91
合 计	⊗肆佰圆整				（小写）¥400.00		
销货单位	名　　称：安达快通货运有限公司 纳税人识别号：30981931819 地 址、电 话：深圳市南山路49号 开户行及账号：建行深圳市南山分行2918749270			备注	安达快通货运有限公司 发票专用章		

收款人：陈彦妃　　复核人：周华　　开票人：李迪思　　承运人：（章）

第一联 发票联 购货方记账凭证

图3-165 增值税普通发票（运费）

工商银行　电汇凭证（借方凭证）

委托日期　2019年9月9日　　　　　　　第　　号

汇款人	全称	滨海市华兴有限公司	收款人	全称	深圳市升科有限公司
	账号	3275905475		账号	5583950383
	汇出地点	广东省滨海市/县		汇入地点	广东省深圳市/县
汇出行名称		工商银行滨海市蓝山支行	汇入行名称		工商银行深圳龙岗支行
金额	人民币（大写）	叁万肆仟壹佰捌拾柒元整			亿 千 百 十 万 千 百 十 元 角 分 ¥ 3 4 1 8 7 0 0
汇款用途：货款　如需加急，请在括号内注明（　）			支付密码		
中国工商银行滨海市蓝山支行 2019年9月9日 转讫 汇出行签章			附加信息及用途： 复核：　记账：		

图3-166　电汇凭证

业务22的会计分录：

借：在途物资　　30 300.00

　　应交税费——应交增值税（进项税额）　　3 887.00

　贷：银行存款　　34 187.00

操作流程

采购管理

·填制采购发票

核算管理

·生成记账凭证

·供应商往来制单

·现结制单

操作步骤

以会计员胡丽的身份（用户名2）登录T3系统，操作日期2019-09-09。

（1）填制发票的操作步骤（含采购专用发票和运费普通发票）

① 选择“采购”→“采购发票”，打开“采购专用发票”对话框。

② 单击“增加”按钮右侧的下三角按钮，选择“专用发票”，依次录入专用发票中的各项目内容，再单击“保存”按钮。

③ 单击“现付”按钮，依次录入“采购现付”对话框中的“结算方式”“结算金额”等信息。单击“确定”按钮，如图3-167所示，再单击“退出”按钮。

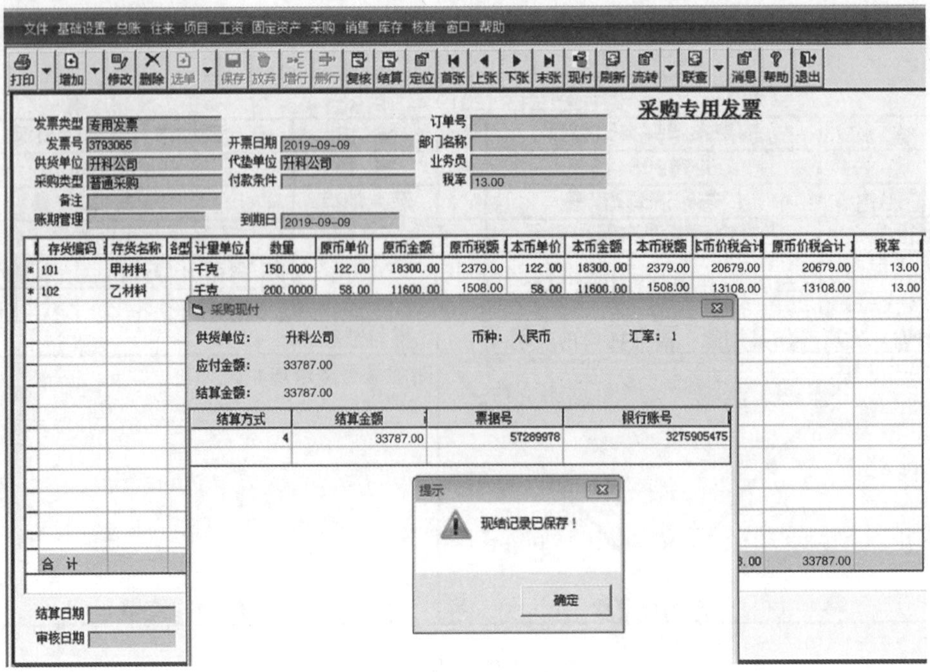

图3-167　采购专用发票——现付

④ 单击“复核”按钮。

⑤ 单击“增加”按钮右侧的下三角按钮，选择“普通发票”。运费发票中已列明甲材料的运费为300元、乙材料的运费为100元，因此400元运费无须再分配。注意“存货编号”取“101”和“102”，即“甲材料”和“乙材料”。在“原币金额”列分别录入300和100，再单击“保存”按钮。

⑥ 单击“现付”按钮，依次录入“采购现付”对话框中的“结算方式”“结算金额”等信息，如图3-168所示，再单击“确定”→“退出”按钮。

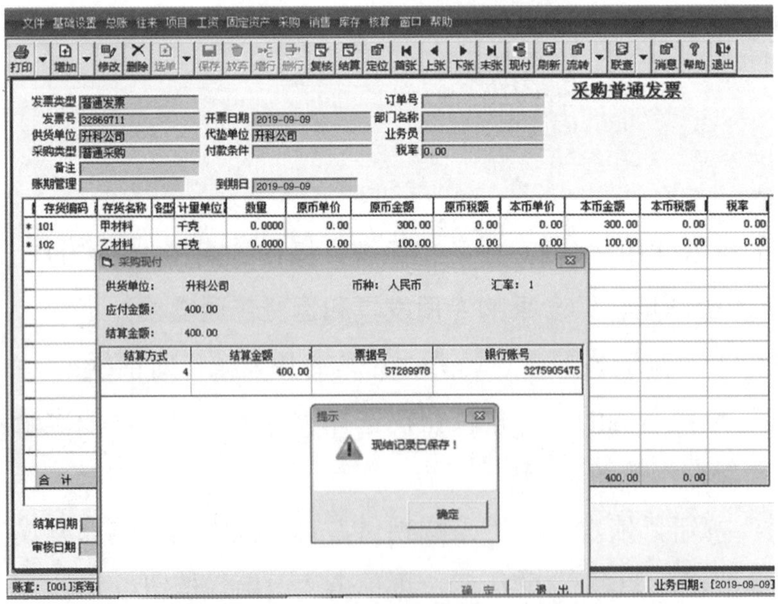

图3-168　采购普通发票——现付

⑦ 单击“复核”按钮，再单击“退出”按钮。

（2）生成记账凭证的操作步骤

① 打开“核算”→“凭证”→“供应商往来制单”对话框，选择“现结制单”，再单击“确认”。

② 单击“全选”→“合并”→“制单”按钮，修改凭证摘要和附单据数，待生成的记账凭证如图3-169所示。

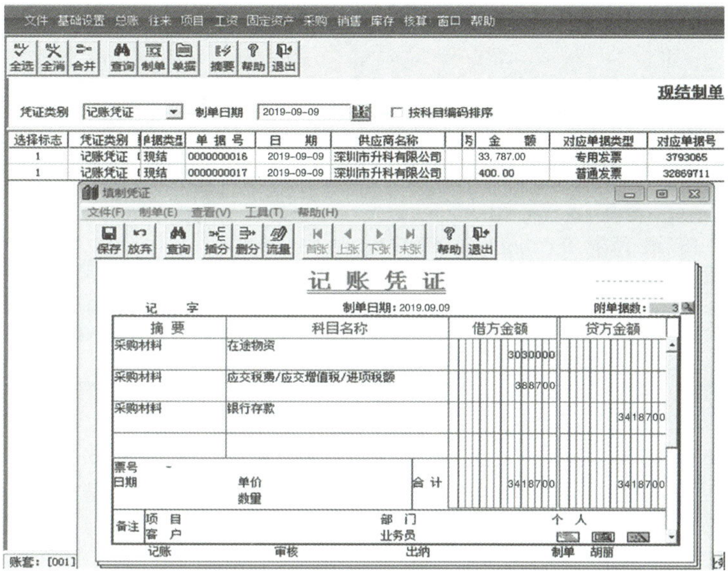

图3-169　待生成的记账凭证

③ 单击“保存”按钮，再单击“退出”按钮。

拓展训练

逆向修改操作错误的业务

业务序号	创设问题情境（业务操作错误描述）	扫一扫见操作指引
业务22	将运费增值税普通发票录入成专用发票，并据以生成错误的记账凭证	

3.2.13　采购材料发生溢余及采购退回的业务

对于采购材料发生的溢余，填制“入库单”时，应按实收数量填写。进行采购结算时，在“采购结算列表”中的“损耗数量”栏填“负数”。采购退回的业务一般是指验收时发现材料质量不符合要求而退货的业务，因为不合格的材料并未验收入库，故只需填制红字增值税专用发票，不需要填制红字退货单。

业务23 9月10日，向深圳市升科有限公司采购的甲乙材料验收时，发现甲材料溢余0.5千克，属定额内自然溢余；乙材料有40千克因质量有问题被退回，收到升科有限公司开具的红字增值税专用发票（见图3-170、图3-171）

广东增值税专用发票

发票联

№3793084

开票日期：2019年09月10日

购货单位	名　　称：滨海市华兴有限公司 纳税人识别号：44038475109 地址、电话：滨海市海河区东风东路128号 开户行及账号：工商银行滨海市蓝山支行3275905475					密码区	（略）	
货物或应税劳务名称	规格型号	单位	数量	单价		金额	税率	税额
乙材料		千克	-40	58.00		-2 320.00	13%	-301.60
小　计			-40			-2 320.00		-301.60
合　计	（负数）贰仟柒佰壹拾肆圆肆角整						（小写）¥-2 621.60	
销货单位	名　　称：深圳市升科有限公司 纳税人识别号：2245874687876 地址、电话：深圳市城南大道135号 开户行及账号：工行深圳市龙岗分行5583950383					备注		

收款人：李珊珊　　复核：王辉　　开票人：张斌

第一联：发票联　购货方记账凭证

图3-170 红字增值税专用发票

材料入库单

供货单位：升科公司　　2019年9月10日　　第9号

名称	编号	规格	单位	应收数量	实收数量	成本总额									
						千	百	十	万	千	百	十	元	角	分
甲材料			千克	150	150.5										
乙材料			千克	200	160										
备注：甲材料属定额内自然溢余，乙材料40千克质量不合格被退回。															

主管：　　记账：　　验收：王芳　　制单：王芳

第三联　财务记账

图3-171 材料入库单

业务23的会计分录：

（1）收到红字增值税发票

借：在途物资——乙材料　　　　2 320.00

　　应交税费——应交增值税（进项税额）　　　　301.60

　贷：应付账款——深圳市升科有限公司　　　　2 621.60

（2）甲乙材料按实收数量验收入库

借：原材料——甲材料　　　　18 600.00

　　原材料——乙材料　　　　9 380.00

　贷：在途物资　　　　27 980.00

操作流程

采购管理

- ·填制采购发票
- ·填制采购入库单
- ·采购结算

库存管理

- ·采购入库单审核

核算管理

- ·正常单据记账
- ·生成记账凭证1
  - ·供应商往来制单
    - ·发票制单
- ·生成记账凭证2
  - ·购销单据制单
    - ·采购入库单（报销记账）

操作步骤

以会计员胡丽的身份（用户名2）登录T3系统，操作日期2019-09-10。

（1）填制一张红字增值税专用发票的操作步骤

操作步骤同业务19，注意“增加”按钮右侧的下三角按钮，选择“专用发票（红字）”，“数量”录入负数“-40”，其他信息录入方法不变。单击“保存”按钮，再单击“复核”按钮，如图3-172所示。再单击“退出”按钮。

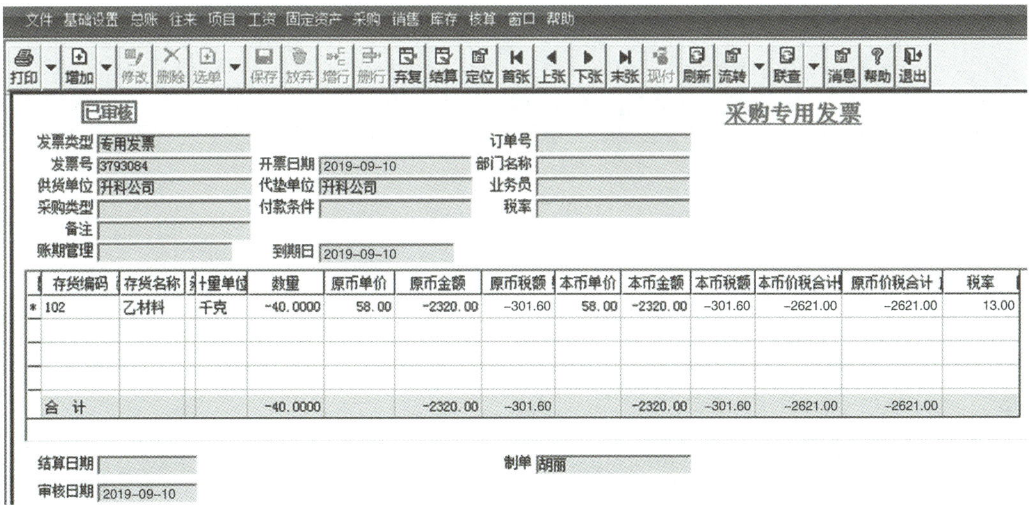
文件 基础设置 总账 往来 项目 工资 固定资产 采购 销售 库存 核算 窗口 帮助

打印 增加 修改 删除 选单 保存 放弃 增行 删行 弃复 结算 定位 首张 上张 下张 末张 现付 刷新 流转 联查 消息 帮助 退出

已审核　　采购专用发票

发票类型 专用发票　　订单号

发票号 3793084　开票日期 2019-09-10　部门名称

供货单位 升科公司　代垫单位 升科公司　业务员

采购类型　付款条件　税率

备注

账期管理　到期日 2019-09-10

存货编码	存货名称	计量单位	数量	原币单价	原币金额	原币税额	本币单价	本币金额	本币税额	本币价税合计	原币价税合计	税率
102	乙材料	千克	-40.0000	58.00	-2320.00	-301.60	58.00	-2320.00	-301.60	-2621.00	-2621.00	13.00
合　计			-40.0000		-2320.00	-301.60		-2320.00	-301.60	-2621.00	-2621.00	

结算日期　　制单 胡丽

审核日期 2019-09-10

图3-172　红字增值税专用发票

（2）填制采购入库单的操作步骤

操作步骤同业务20，注意填写实收数量：甲材料150.5千克，乙材料160千克，如图3-173所示。

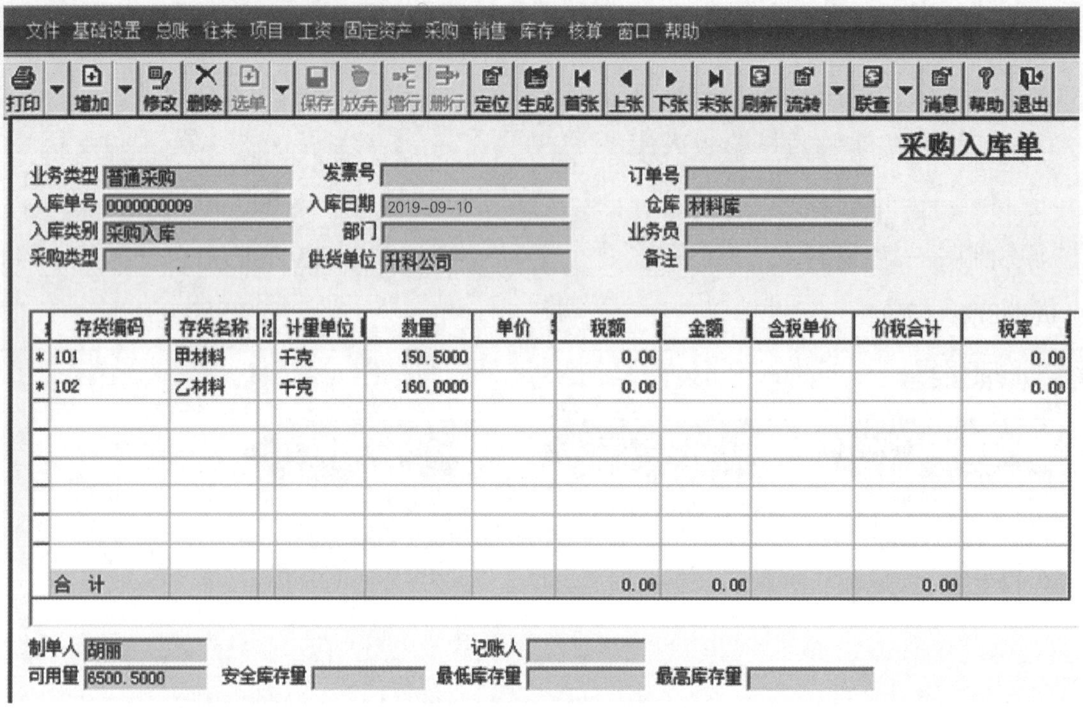

图3-173　材料入库单

（3）采购入库单和采购发票进行手工采购结算的操作步骤

① 选择“采购”→“采购结算”→“手工结算”。

② 打开“条件输入”对话框，录入过滤条件：供应商——升科公司，再单击“确认”按钮。

③ 打开“入库单和发票选择”对话框，双击选中需要结算的入库单及对应的专用发票和运费发票，如图3-174所示，再单击“确认”按钮。

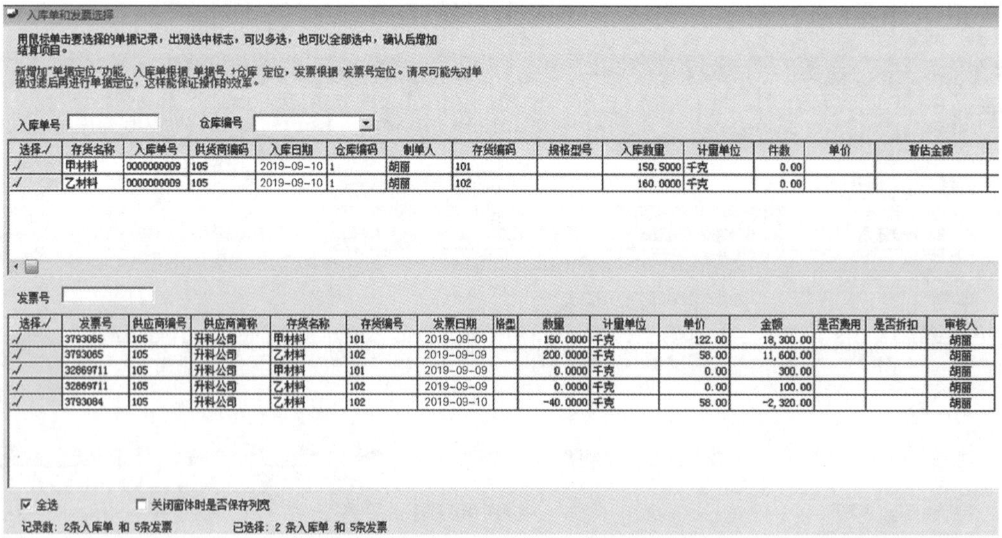

图3-174　选择需结算的入库单和发票

④ 在结算汇总列表中，甲材料“合理损耗数量”项目录入“-0.5”千克，如图3-175所示。

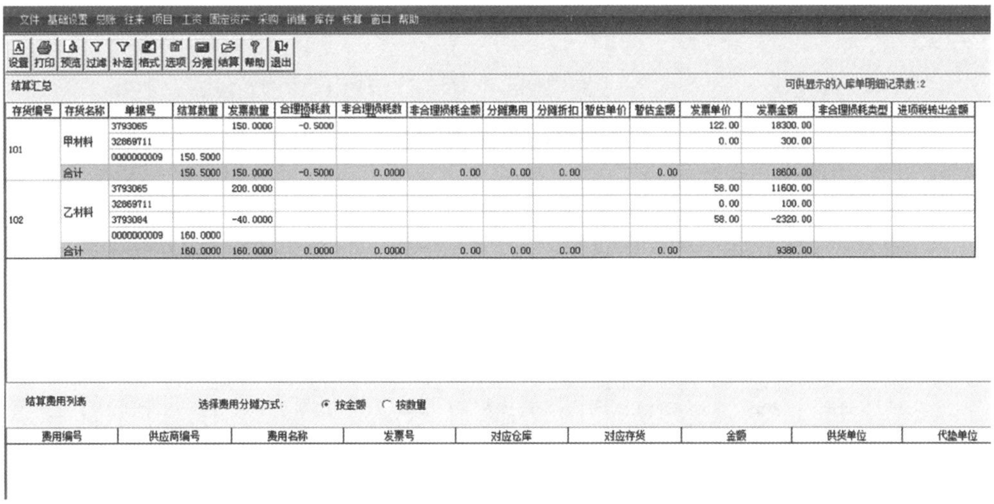

图3-175　录入“合理损耗数量”

⑤ 单击“结算”按钮，采购结算完成，再单击“退出”按钮。

（4）采购入库单审核的操作步骤

① 选择“库存”→“采购入库单审核”。

② 在“采购入库单”对话框中，系统已将重新计算的甲乙材料实际单价回填到“采购入库单”中，单击“审核”按钮，如图3-176所示。再单击“退出”按钮。

图3-176　审核采购入库单

（5）正常单据记账的操作步骤

① 选择“核算”→“核算”→“正常单据记账”，选择仓库和单据类型，再单击“确定”按钮。

② 在“正常单据记账”窗口中，单击“全选”按钮，再单击“记账”按钮，如图3-177所示。

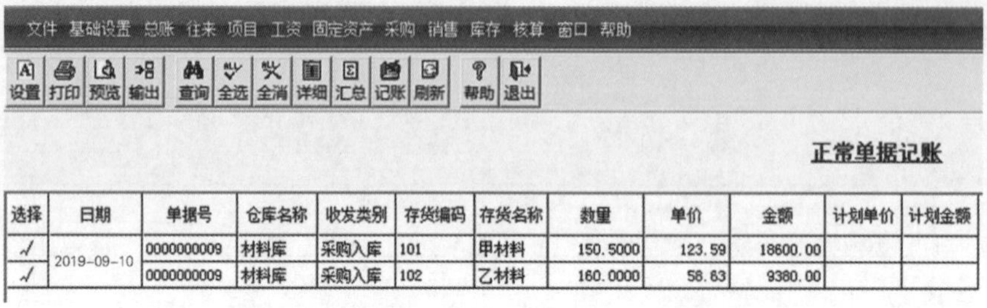

图3-177　正常单据记账

（6）生成记账凭证1的操作步骤

① 选择“核算”→“凭证”→“供应商往来制单”，选择“发票制单”。

② 单击“全选”→“制单”，修改凭证摘要，待生成的记账凭证如图3-178所示。

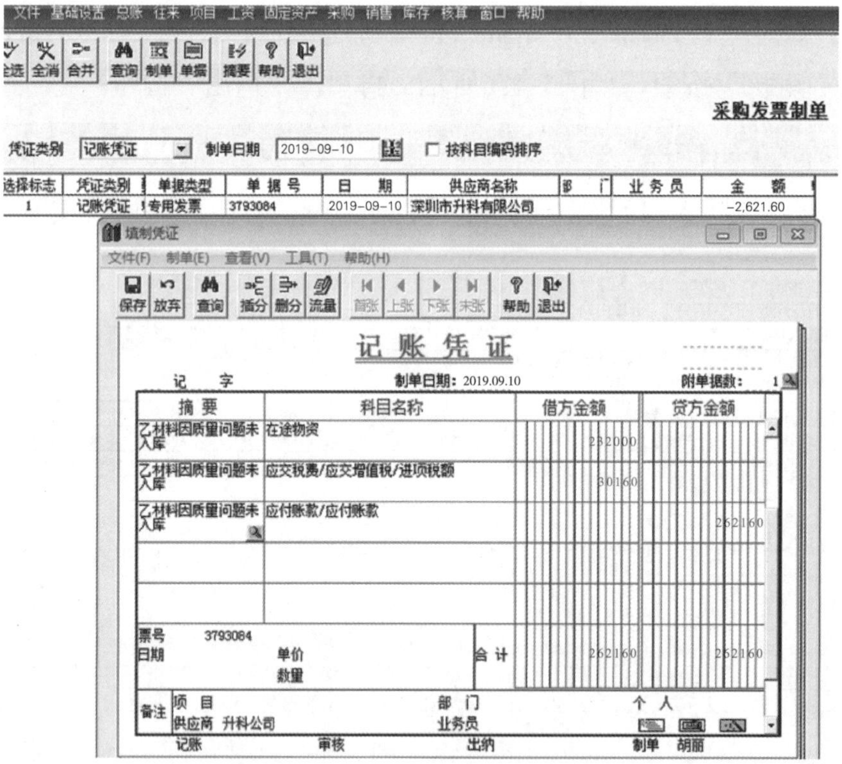

图3-178　待生成的记账凭证

（7）生成记账凭证2的操作步骤

① 选择“核算”→“凭证”→“购销单据制单”，单击“选择”按钮，在“查询条件”对话框中选择“采购入库单（报销记账）”。

② 单击“确定”按钮，在“未生成凭证单据一览表”窗口中单击“全选”按钮。

③ 在生成凭证前，将第三行的“科目编码”由默认的“140301甲材料”改为“140302乙材料”。

④ 单击“合成”按钮，修改凭证摘要，待生成的记账凭证如图3-179所示。

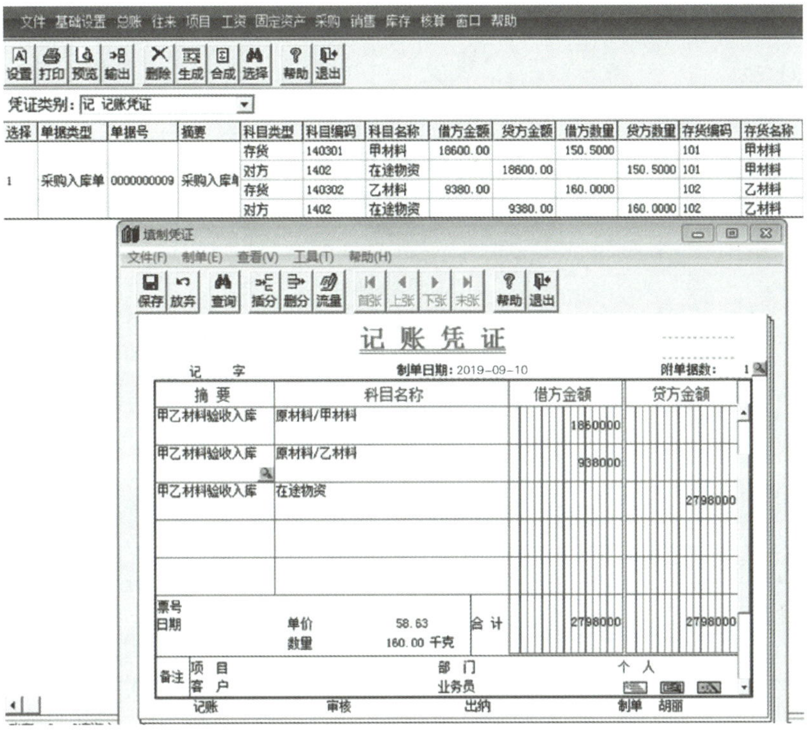

图3-179　待生成的记账凭证

⑤ 单击“保存”按钮，再单击“退出”按钮。

拓展训练

逆向修改操作错误的业务

业务序号	创设问题情境（业务操作错误描述）	扫一扫见操作指引
业务23	录入“采购入库单”时，甲材料数量没有录成实收数量150.5，而是录成应收数量150，并据以生成此笔业务的全部记账凭证	

行业动态

全面数字化的电子发票试点

2021年11月30日，广东省税务局、上海市税务局、内蒙古自治区税务局先后发布《关于开展全面数字化的电子发票试点工作的公告》，宣布自2021年12月1日起，在本省（直辖市、自治区）的部分纳税人中开展全面数字化的电子发票（简称“全电发票”）试点工作。

全电发票的法律效力、基本用途与现有纸质发票相同。其中，带有“增值税专用发票”字样的全电发票，其法律效力、基本用途与现有增值税专用发票相同；带有“普通发票”字样的全电发票，其法律效力、基本用途与现有普通发票相同。全电发票无联次。样式如下图：

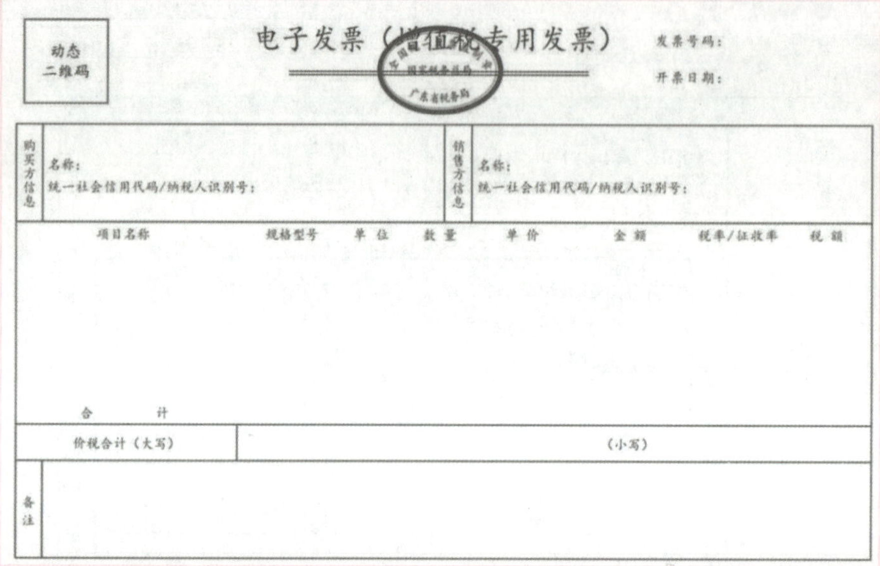
动态二维码

电子发票（增值税专用发票）

发票号码：

开票日期：

购买方信息	名称： 统一社会信用代码/纳税人识别号：	销售方信息	名称： 统一社会信用代码/纳税人识别号：

项目名称	规格型号	单位	数量	单价	金额	税率/征收率	税额
合计							

价税合计（大写）	（小写）
备注	

全电发票的票面信息包括基本内容和特定内容。

基本内容包括：动态二维码、发票号码、开票日期、购买方信息、销售方信息、项目名称、规格型号、单位、数量、单价、金额、税率/征收率、税额、合计、价税合计（大写、小写）、备注、开票人。

试点纳税人从事特定行业、经营特殊商品服务及特定应用场景业务的，需填写相应内容，票面展示信息也略有不同。特定行业、特殊商品服务及特定应用场景包括但不限于建筑服务、旅客运输服务、货物运输服务、不动产销售、不动产经营租赁、差额征税等。

对需要开具特定业务发票的试点纳税人，在开具全电发票时，票面左上角会展示该业务类型的字样。

全电发票的主要优势有哪些呢？

一、开票前置环节简化

取消发票票种核定、发票号段申领等前置环节，优化最高开票限额审批，通过“赋码制”自动分配发票号码，降低纳税人办税成本。

二、开具方式便利化

纳税人可以通过电脑网页端、客户端、移动端手机App开具电子发票，未来自然人可以通过税务机关代开，也可以自行开具电子发票。

三、数据归集高效化

纳税人登录"全电"平台后，可进行发票开具、交付、查验以及勾选等系列操作，享受"一站式"服务，不再像以前需登录多个平台才能完成相关操作。

四、数据应用全面化

通过"一户式""一人式"发票数据归集，加强各税费数据联动，为实现"一表集成"式申报奠定数据基础。

五、纳税服务集成化

征纳互动功能将嵌入"全电"平台，增加智能咨询、申诉等功能，实现"问办查评诉"一体化功能。

想一想，练一练

一、单项选择题

1．用银行存款支付前欠货款，采购系统进行付款结算后，在"供应商往来制单"中应选择（　　）。

A．发票制单　　B．核销制单

C．现结制单　　D．转账制单

2．购入材料一批，收到增值税专用发票，材料验收入库，货款尚未支付，在采购系统录入发票和入库单后，下一步应进行的操作是（　　）。

A．采购结算　　B．正常单据记账

C．购销单据制单　　D．发票制单

3．下列关于采购业务发生合理损耗的处理，说法正确的是（　　）。

A．采用自动结算，录入合理损耗数量，损耗计入存货成本

B．采用自动结算，录入合理损耗数量，损耗不计入存货成本

C．采用手工结算，录入合理损耗数量，损耗计入存货成本

D．采用手工结算，录入合理损耗数量，损耗不计入存货成本

4．采购业务中收回多余的预付款应采用（　　）。

A．采购管理—供应商往来—付款结算—选择供应商—"切换"成收款单

B．采购管理—供应商往来—付款结算—选择供应商—录入付款单，金额为负数

C．销售管理—客户往来—收款结算—选择客户—录入收款单

D．销售管理—客户往来—收款结算—选择客户—"切换"成付款单

5．采购入库单审核操作中，在"采购入库单"对话框中单击"审核"按钮，"审核"按

钮变为（　　）按钮，即表示此单据已审核过。

A．已审核　　B．审核　　C．弃审　　D．已弃审

二、多项选择题

1．采购管理系统的功能包括（　　）。

A．订单管理　　B．到货入库　　C．付款结算　　D．统计分析

2．关于采购结算，下列说法正确的有（　　）。

A．包括自动结算和手工结算　　B．手工结算时可进行费用分摊方式选择

C．结算后实际采购成本即确定　　D．结算后不能取消结算

3．采购发票包括（　　）。

A．专用发票　　B．普通发票　　C．运费发票　　D．红字发票

4．如果发现已保存的付款单有错误时，更正的步骤正确的是（　　）。

A．第一步选择“采购”→“供应商往来”→“取消操作”

B．第一步选择“采购”→“供应商往来”→“付款结算”

C．第二步选择“采购”→“供应商往来”→“取消操作”

D．第二步选择“采购”→“供应商往来”→“付款结算”

5．对于现付的采购业务，在采购系统录入完采购发票的有关信息后，下列步骤依先后操作顺序排列的应该是（　　）。

A．第一步单击“复核”按钮→单击“现付”按钮

B．第一步单击“现付”按钮→单击“复核”按钮

C．第二步单击“保存”按钮→单击“退出”按钮

D．第二步单击“流转”按钮→单击“退出”按钮

三、判断题

1．“采购结算”指的是当收到发票之后，就进行采购成本核算。（　　）

2．月末暂估入库单记账前不需要对所有没有结算的入库单填入暂估单价，就能记账和制单。（　　）

3．在采购系统进入当月处理前，不需要期初记账。（　　）

4．“采购结算”是指计算验收入库材料的采购成本，只有填制了采购发票和入库单的业务，才能进行采购结算。（　　）

5．当“采购结算”还包括运费发票时，如果还选择“自动结算”，则会造成采购结算后的材料入库成本没有分摊运费成本。（　　）

四、引深思考题

对于已经进行采购结算并已在核算系统中生成记账凭证的业务，如果发现采购发票单价录入有错误，应该如何进行更正操作？

项目四　销售管理系统及其经济业务的处理

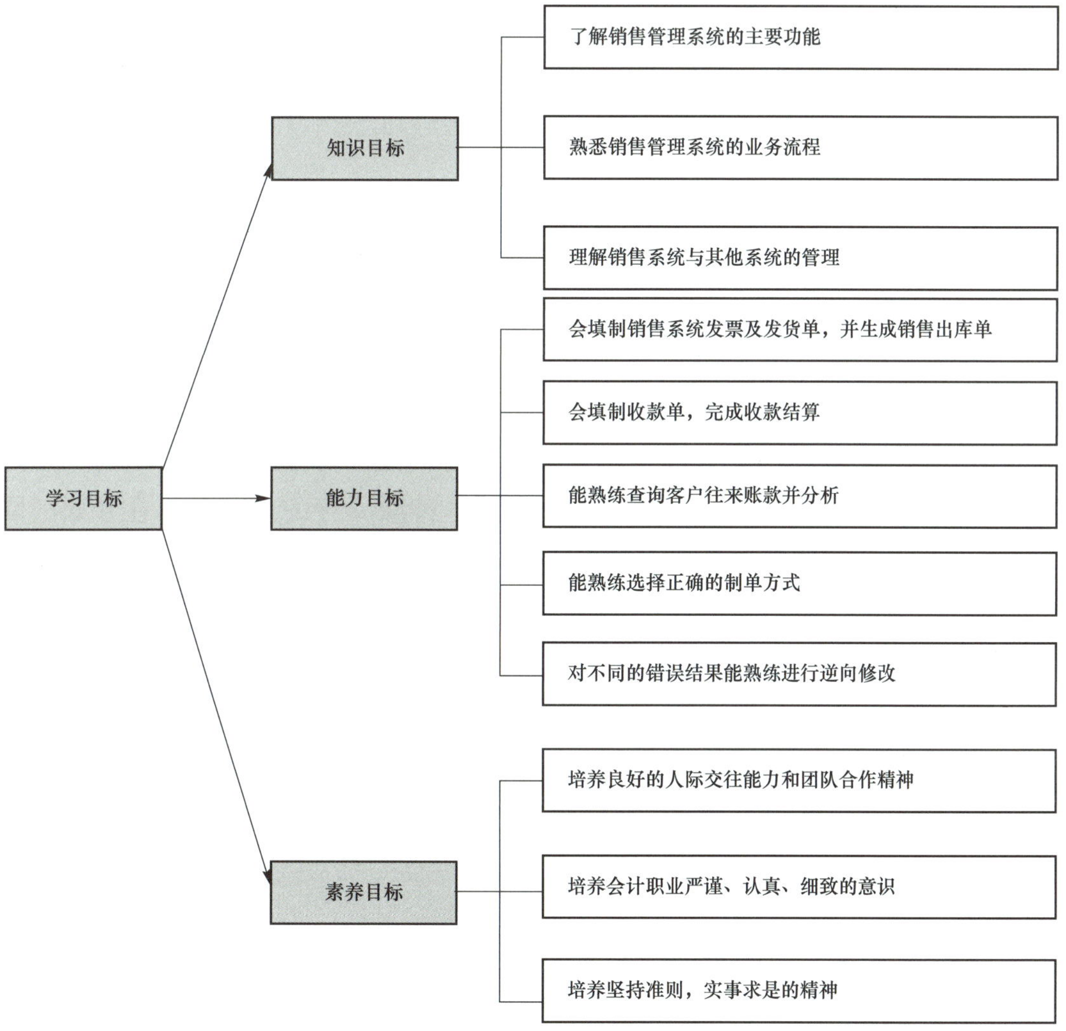
学习目标
知识目标
了解销售管理系统的主要功能
熟悉销售管理系统的业务流程
理解销售系统与其他系统的管理
能力目标
会填制销售系统发票及发货单，并生成销售出库单
会填制收款单，完成收款结算
能熟练查询客户往来账款并分析
能熟练选择正确的制单方式
对不同的错误结果能熟练进行逆向修改
素养目标
培养良好的人际交往能力和团队合作精神
培养会计职业严谨、认真、细致的意识
培养坚持准则，实事求是的精神

任务一 认知销售管理系统

4.1.1 销售管理系统的基本功能

销售管理系统的主要功能包括：

1. 系统初始

■基础设置：建立存货分类、地区分类、客户分类等分类体系。

建立客户档案、存货档案、仓库目录、收发类别、项目档案等编码档案。

■其他设置：可进行本企业开户银行、销售类型、付款条件、发运方式、结算方式、销售费用项目等设置。

■单据设计：可自由增减各种销售单据的项目，以及自由设定各项目在单据中的位置。

2. 日常业务

■销售订单管理：处理销售订单的受订、确认和关闭。

■销售业务管理：处理销售发货和销售退货业务，可根据订单发货，并处理销售折扣。可根据销售订单开发票。发货单生成销售出库单后，冲减库存的现存量。在开票的同时可以进行现结收款的处理。

3. 销售账簿及销售分析

提供各种销售明细账及统计表查询及分析。

4. 月末结账

当某月的销售业务全部处理完毕后，进行月末结账处理。月末结账后，不能再处理该月的销售业务。

思政园地

所谓“查账必查票，查案必查票，查税必查票”，可见发票在财务及税务中的重要性。而虚开增值税发票则无论金额大小都会受到法律的严惩，今天我们就通过一个案例来分析虚开增值税专业发票最常见的一种——没有实际货物交易而让他人为自己开具增值税专用发票。

2019年3月15日，浙江省台州市人民检察院诉陈海华虚开增值税专用发票，于2013年8月至2015年6月间，在没有实际货物交易的情况下，通过温岭市振达废旧有限公司（法人代表潘某）和温岭市金某再生资源有限公司（法人代表陈海华），支付贴点取得天津亿勤金属制品有限公司和天津津旅物贸实业有限公司的增值税专用发票共539份，发票金额合计487171492.14元，税额合计82819153.76元。上述539份发票已抵扣，造成国家税款损失共计82819153.76元。经法院审理查明事实清楚，证据确凿，陈海华被判处无期徒刑，剥夺政治权利终身，并没收个人全部财产。

通过案例可看出，这是一起典型的虚开增值税专用发票案，在没有实际货物交易情况下，让他人为自己开具增值税专用发票，且金额巨大，涉案企业法人代表犯虚开增值税专用发票罪，被判处无期徒刑，剥夺政治权利终身，并没收个人全部财产，足以引起大部分企业负责人及财务人员的警惕。

会计人员应该遵守国家法律法规，遵守职业道德，对明知来源有问题的票据应谨慎处理，会计人员对老板让伪造单据的行为应做到劝说提醒。

4.1.2　销售管理系统与其他系统的联系

销售是企业生产经营成果的实现过程，是企业经营活动的中心。销售管理系统与采购管理系统、库存管理系统和核算管理系统密切相关，一起组成完整的企业供应链管理系统。销售管理系统与基础设置共享基础数据，销售管理系统的发货单等单据审核后自动生成销售出库单传递给库存管理系统和核算系统；库存管理系统为销售管理系统提供可用于销售的存货现存量；核算系统为销售系统提供的各种单据生成记账凭证。销售管理系统与其他系统的联系如图4-1所示，销售管理系统业务操作流程如图4-2所示。

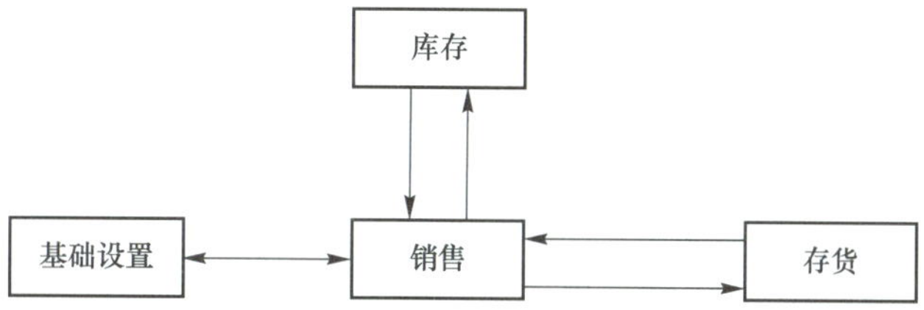

图4-1　销售管理系统与其他系统的联系

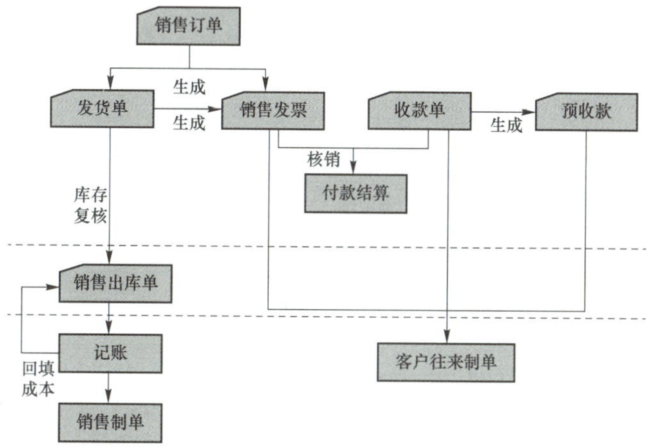

图4-2　销售管理系统业务操作流程

任务二 销售管理系统的日常经济业务处理

任务描述

销售系统需要完成的日常经济业务处理主要包括：

（1）销售商品业务（需填制发货单、销售发票等）

（2）销售退回业务（需填制红字发货单、红字销售发票等）

（3）预收或收回客户的货款（需填制收款单）

（4）代垫运费业务（需填制付款单）

4.2.1 销售产品，货款尚未收到的业务

销售产品，货款尚未收到的业务需填制“发货单”和“销售发票”，并在“客户往来制单”中选择“发票制单”，生成“应收账款业务”的记账凭证。

业务24 9月11日，向滨海市宏达实业公司销售产品，货款未收（见图4-3、图4-4）（付款条件：2/10，1/20，N/30）

广东增值税专用发票

记账联

№8102345

开票日期：2019年09月11日

购货单位	名　　称：滨海市宏达实业公司 纳税人识别号：1103859858356 地址、电话：滨海市中山2路6号 开户行及账号：建行滨海市中山分行3294094024				密码区	（略）	
货物或应税劳务名称	规格型号	单位	数量	单价	金额	税率	税额
A产品		台	90	480	43 200.00	13%	5 616.00
B产品		台	110	350	38 500.00	13%	5 005.00
合　计	⊗玖万贰仟叁佰贰拾壹圆整						（小写）¥92 321.00
销货单位	名　　称：滨海市华兴有限公司 纳税人识别号：44038475109 地址、电话：滨海市海河区东风东路128号 开户行及账号：工商银行滨海市蓝山支行3275905475				备注		

第二联：记账联　销货方记账凭证

收款人：　　复核：张燕玲　　开票人：曾杨

图4-3 增值税专用发票（记账联）

发货单

发货仓库：1　　　　　　　　　　　　　　　　　　　　第1号

购货单位：滨海市宏达实业公司　　　　2019年9月11日

名称	编号	规格	单位	应发数量	实发数量	单位成本	金额
A产品			台	90	90		
B产品			台	110	110		
备注：							

第三联　财务记账

主管：　　　　经手：　　　　保管：　　　　填单：张洁

图4-4　发货单

业务24的会计分录：

借：应收账款——滨海市宏达实业公司　　92 321.00

　贷：主营业务收入——A产品　　43 200.00

　　　主营业务收入——B产品　　38 500.00

　　　应交税费——应交增值税（销项税额）　　10 621.00

操作流程

销售管理
- ·填制发货单
- ·流转生成销售发票

库存管理
- ·生成销售出库单并审核

核算管理
- ·生成记账凭证
- ·客户往来制单
- ·发票制单

操作步骤

以会计员胡丽的身份（用户名2）登录T3系统，操作日期2019-09-11。

（1）填制销售发货单的操作步骤

① 选择“销售”→“发货单”，单击“增加”按钮右侧倒三角“发货单”，系统提示：“当前没有可提供参照的订单，是否继续？”，单击“是”按钮。

② 录入发货单的信息，如仓库、货物名称、数量等，注意选择“付款条件”，单击“保存”→“审核”按钮，如图4-5所示。

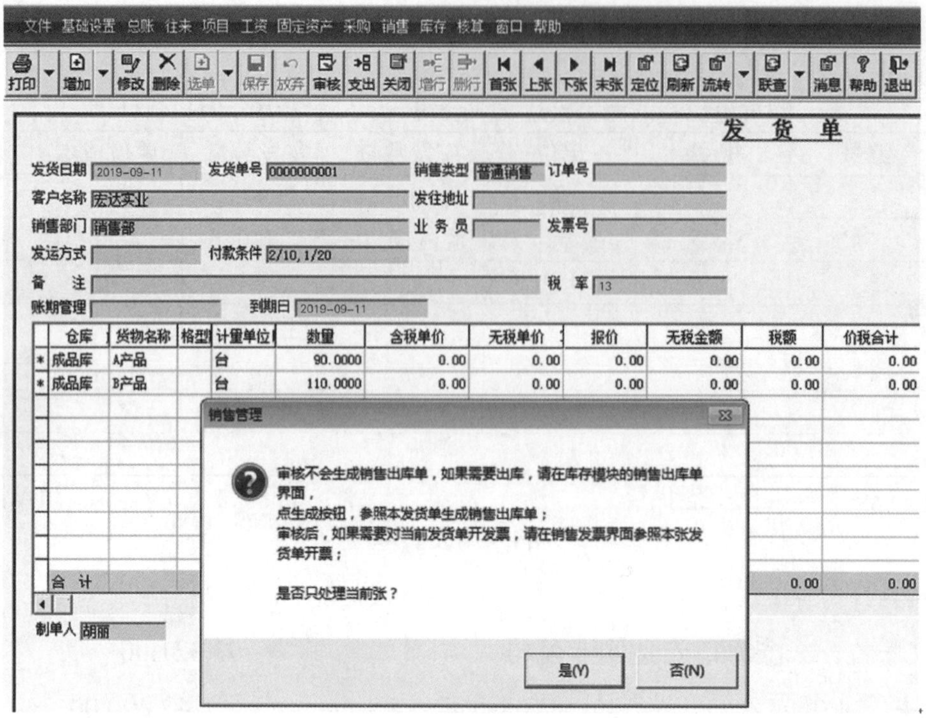

图4-5　发货单的填制

③ 单击“是”按钮。

（2）流转生成销售发票的操作步骤

① 在“发货单”中，单击“流转”旁的倒三角按钮，选择“生成专用发票”。

② 录入发票号码，在A、B产品“无税单价”中分别录入“480”“350”，单击“保存”按钮，再单击“复核”按钮，如图4-6所示。

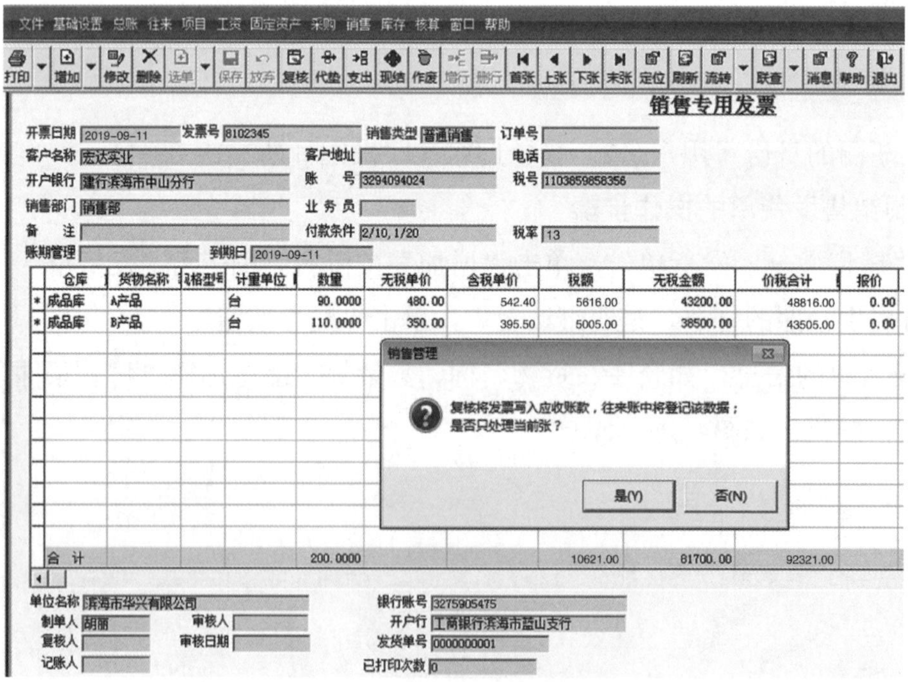

图4-6　生成销售专用发票

③ 在“销售管理”对话框中，单击“是”按钮，再单击“退出”按钮。

（3）生成销售出库单并审核的操作步骤

① 选择“库存”→“销售出库单生成/审核”，单击“生成”按钮。

② 在“请选择发货单或发票”对话框中，单击“刷新”按钮。

③ 单击“全选”按钮，如图4-7所示，再单击“确认”按钮。

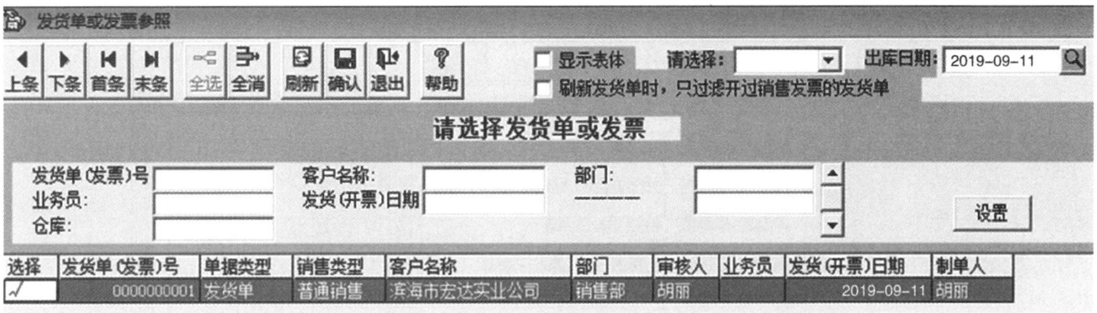

图4-7 选择发货单或发票

④ 生成销售出库单，单击“审核”按钮，如图4-8所示，再单击“退出”按钮。

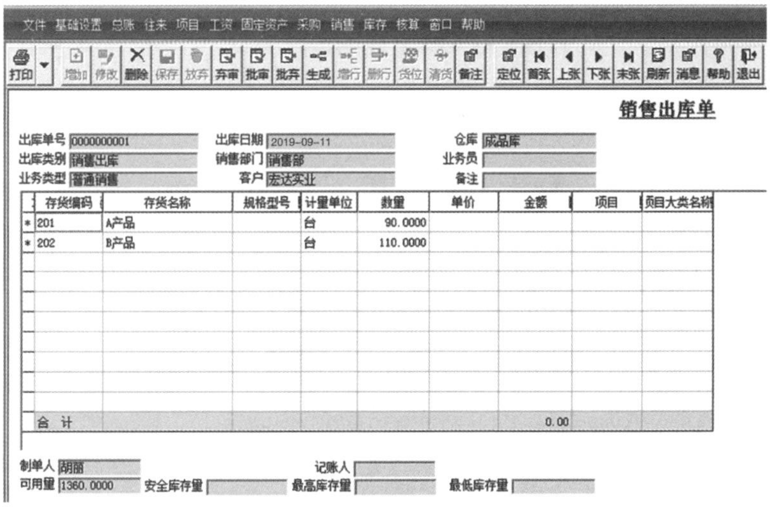

图4-8 审核销售出库单

（4）生成记账凭证的操作步骤

① 选择“核算”→“凭证”→“客户往来制单”，在“客户制单查询”中选择“发票制单”。

② 单击“全选”→“制单”。

③ 在“填制记账凭证”中，在第三行前单击“插分”按钮，插入一行“600102主营业务收入/B产品”的分录，注意按发票录入A、B产品的“数量”及“单价”，并修改凭证摘要及附单据数，如图4-9所示。

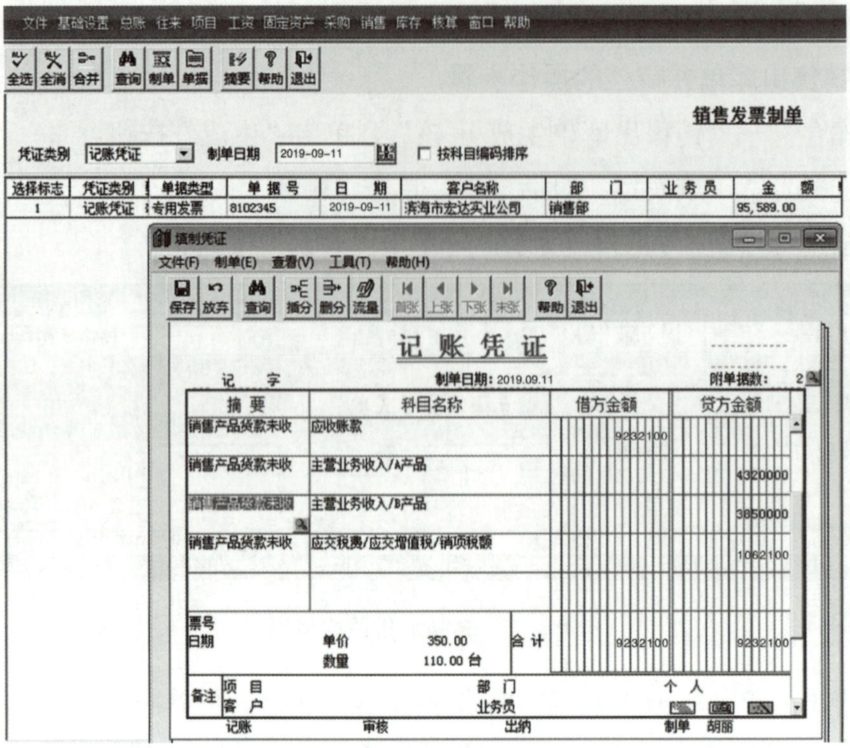

图4-9　待生成的记账凭证

④ 单击“保存”→“退出”。

拓展训练

逆向修改操作错误的业务

业务序号	创设问题情境（业务操作错误描述）	扫一扫见操作指引
业务24	流转生成专用发票后忘记单击“复核”按钮即退出，在生成记账凭证时发现无可供生成的记账凭证	

4.2.2　收到客户偿还货款的业务

收到客户偿还货款的业务只需填制“收款单”，在“客户往来制单”中选择“核销制单”，生成“冲销应收账款业务”的记账凭证。

业务25　9月11日，收到滨海市嘉深有限公司偿还的货款（见图4-10）

银行进账单（收账通知）

③

2019年9月11日

出票人	全称	滨海市嘉深有限公司	收款人	全称	滨海市华兴有限公司
	账号	2294050652		账号	3275905475
	开户银行	中行市沿江支行		开户银行	工行市蓝山支行
金额	人民币（大写）	陆万柒仟玖佰伍拾元整			千 百 十 万 千 百 十 元 角 分 ¥ 6 7 9 5 0 0 0
票据种类		支票	票据张数：1		票号：873456

中国工商银行 滨海市蓝山支行 2019年9月11日 转讫

此联是开户银行交给持票人的回单

图4-10　进账单

业务25的会计分录：

借：银行存款　　67 950.00

　贷：应收账款——滨海市嘉深有限公司　　67 950.00

操作流程

销售管理

·填制收款单

核算管理

·生成记账凭证

·客户往来制单

·核销制单

操作步骤

以会计员胡丽的身份（用户名2）登录T3系统，操作日期2019-09-11。

（1）填制收款单的操作步骤

① 选择“销售”→“客户往来”→“收款结算”。

② 选择“客户：滨海市嘉深有限公司”，再单击“增加”按钮。

③ 依次录入金额、结算方式等信息，再单击“保存”按钮。

④ 单击“核销”按钮，则尚需核销的应收账款的信息显示在下方。

⑤ 再单击“自动”按钮，系统自动核销67 950元的应收账款，并回填到“本次结算”这一列，如图4-11所示。

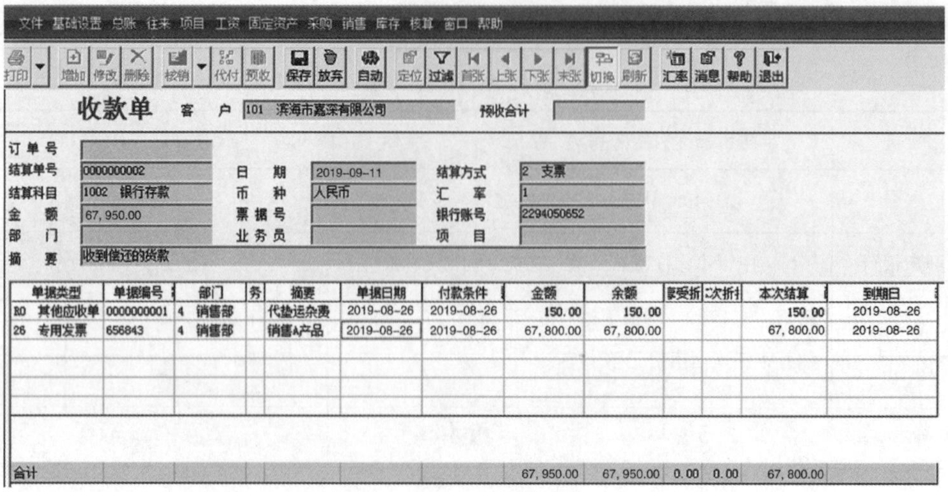

图4-11　核销收款单

⑥ 单击“保存”，再单击“退出”按钮。

（2）生成记账凭证的操作步骤

① 在“核算”→“凭证”→“客户往来制单”中，选择“核销制单”。

② 单击“全选”→“制单”，待生成的记账凭证如图4-12所示。

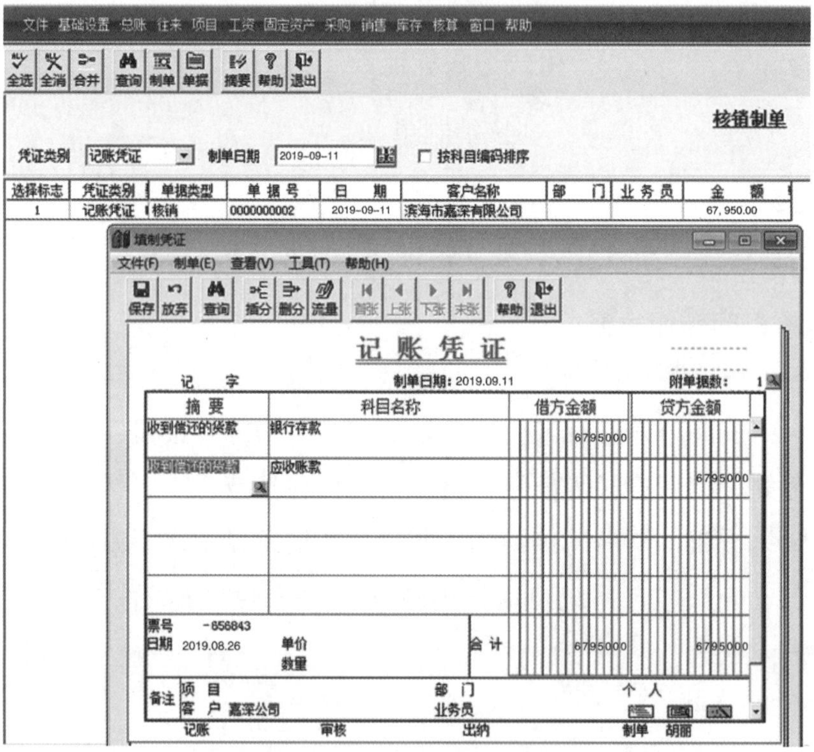

图4-12　待生成的记账凭证

③ 单击“保存”按钮，再单击“退出”按钮。

拓展训练

逆向修改操作错误的业务

业务序号	创设问题情境（业务操作错误描述）	扫一扫见操作指引
业务25	填制收款单的金额时误将67 950元录入为6 795元，并生成错误的记账凭证	

4.2.3　销售产品，货款全部收到的业务

销售产品，货款全部收到的业务需填制“发货单”和“销售发票”，同时，在填制“销售发票”时选择“现结”，并在“客户往来制单”中选择“现结制单”，生成“货币资金增加业务”的记账凭证。

业务26　9月12日，向汕头市明华有限公司销售产品，收到货款（见图4-13～图4-15）

广东增值税专用发票

记 账 联

№2232380

开票日期：2019年09月12日

购货单位	名　　称：汕头市明华有限公司 纳税人识别号：1103859858356 地 址 、电 话：滨海市中山2路6号 开户行及账号：工行汕头市滨海支行 1930493324				密码区	（略）	
货物或应税劳务名称	规格型号	单位	数量	单价	金额	税率	税额
A产品		台	40	480	19 200.00	13%	2 496.00
B产品		台	45	350	15 750.00	13%	2 047.50
合　计	⊗叁万玖仟肆佰玖拾叁圆伍角整						（小写）¥ 39 493.50
销货单位	名　　称：滨海市华兴有限公司 纳税人识别号：44038475109 地 址 、电 话：滨海市海河区东风东路128号 开户行及账号：工商银行滨海市蓝山支行3275905475				备注		

第二联：记账联　销货方记账凭证

收款人：　　　　复核：张燕玲　　　　开票人：曾杨

图4-13　增值税专用发票（记账联）

银行进账单（收账通知） ③

2019年9月12日

<table>
<tr><td rowspan="3">出票人</td><td>全称</td><td>汕头市明华有限公司</td><td rowspan="3">收款人</td><td>全称</td><td colspan="10">滨海市华兴有限公司</td></tr>
<tr><td>账号</td><td>1930493324</td><td>账号</td><td colspan="10">3275905475</td></tr>
<tr><td>开户银行</td><td>工行市滨海支行</td><td>开户银行</td><td colspan="10">工行市蓝山支行</td></tr>
<tr><td rowspan="2">金额</td><td rowspan="2">人民币（大写）</td><td colspan="3" rowspan="2">叁万玖仟肆佰玖拾叁元伍角整</td><td>千</td><td>百</td><td>十</td><td>万</td><td>千</td><td>百</td><td>十</td><td>元</td><td>角</td><td>分</td></tr>
<tr><td></td><td></td><td>¥</td><td>3</td><td>9</td><td>4</td><td>9</td><td>3</td><td>5</td><td>0</td></tr>
<tr><td colspan="2">票据种类</td><td>银行汇票</td><td colspan="2">票据张数：1</td><td colspan="10">票号：338709</td></tr>
</table>

中国工商银行 滨海市蓝山支行 2019年9月11日 转讫

此联是开户银行交给持票人的回单

图4-14　进账单

发货单

发货仓库：1　　第2号

购货单位：汕头市明华有限公司　　2019年9月12日

名称	编号	规 格	单位	应发数量	实发数量	单位成本	金额
A产品			台	40	40		
B产品			台	45	45		
备注：							

第三联　财务记账

主管：　经手：　保管：　填单：张洁

图4-15　发货单

业务26的会计分录：

借：银行存款　　39 493.50

　贷：主营业务收入——A产品　　19 200.00

　　主营业务收入——B产品　　15 750.00

　　应交税费——应交增值税（销项税额）　　4 543.50

操作流程

销售管理
- 填制发货单
- 流转生成销售发票

库存管理
- 生成销售出库单并审核

核算管理
- 生成记账凭证
  - 客户往来制单
  - 现结制单

操作步骤

以会计员胡丽的身份（用户名2）登录T3系统，操作日期2019-09-12。

（1）填制销售发货单的操作步骤

操作步骤同业务24，注意不要选择“付款条件”，如图4-16所示。

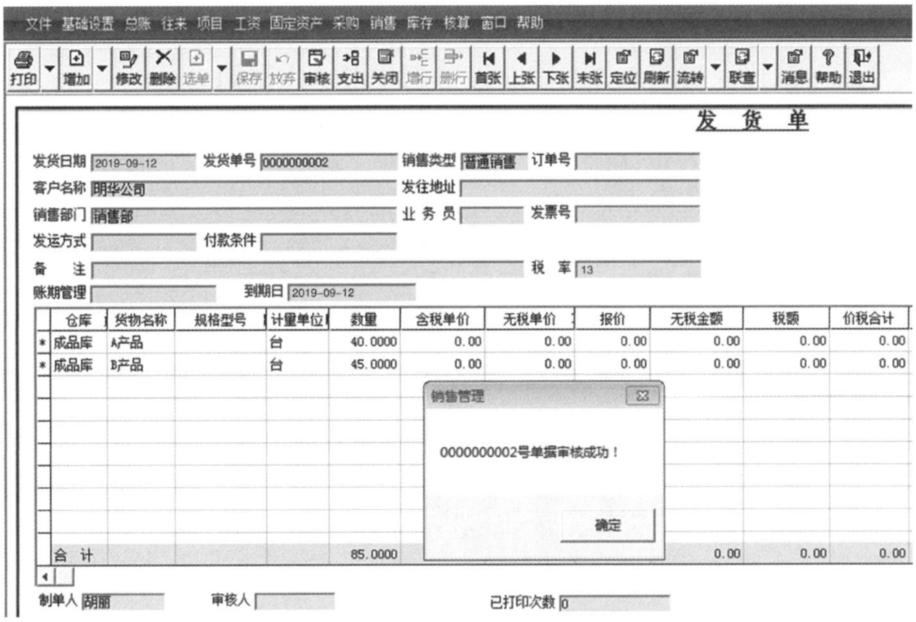

图4-16　填制发货单

（2）流转生成销售发票的操作步骤

操作步骤同业务24，依次录入发票中的有关信息，单击“现结”按钮，输入结算方式、结算金额等，如图4-17所示，单击“确定”按钮，再单击“退出”按钮；再单击“复核”按钮，单击“退出”按钮。

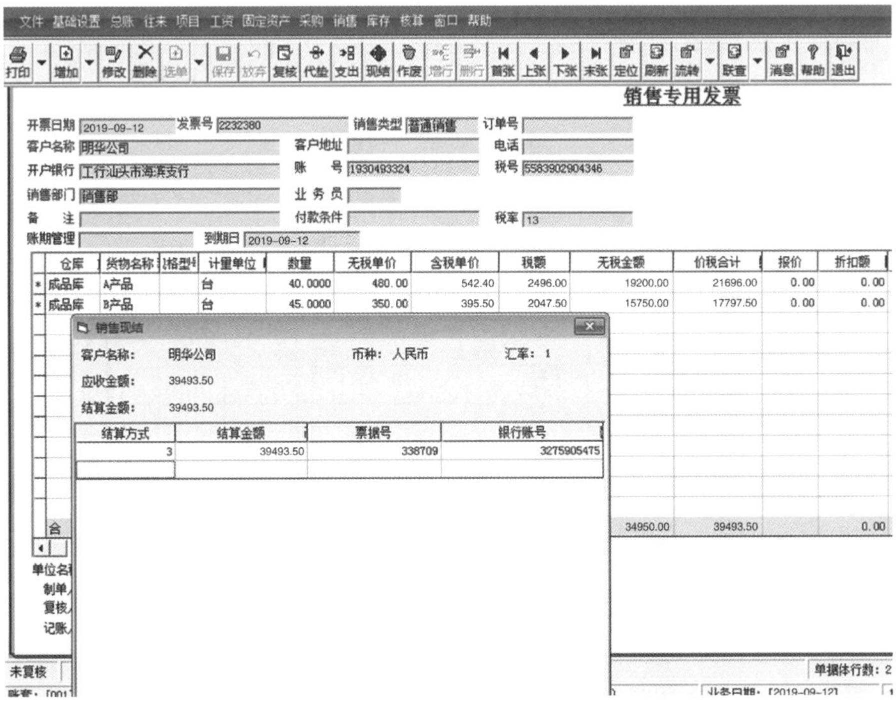

图4-17　销售现结

（3）生成销售出库单并审核的操作步骤

① 选择“库存”→“销售出库单生成/审核”，单击“生成”按钮。

② 在“请选择发货单或发票”对话框中，单击“刷新”按钮。

③ 单击“全选”按钮，如图4-18所示，再单击“确认”按钮。

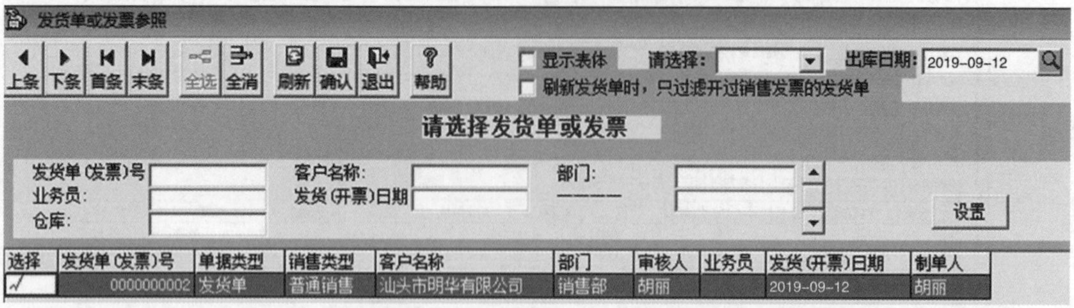

图4-18　选择发货单或发票

④ 生成销售出库单，单击“审核”按钮，再单击“退出”按钮。

（4）生成记账凭证的操作步骤

① 选择“核算”→“凭证”→“客户往来制单”，在“客户制单查询”中选择“现结制单”。

② 单击“全选”→“制单”。

③ 在“填制记账凭证”中，在第三行前单击“插分”按钮，插入一行“600102主营业务收入/B产品”的分录，注意按发票录入A、B产品的“数量”及“单价”，如图4-19所示。

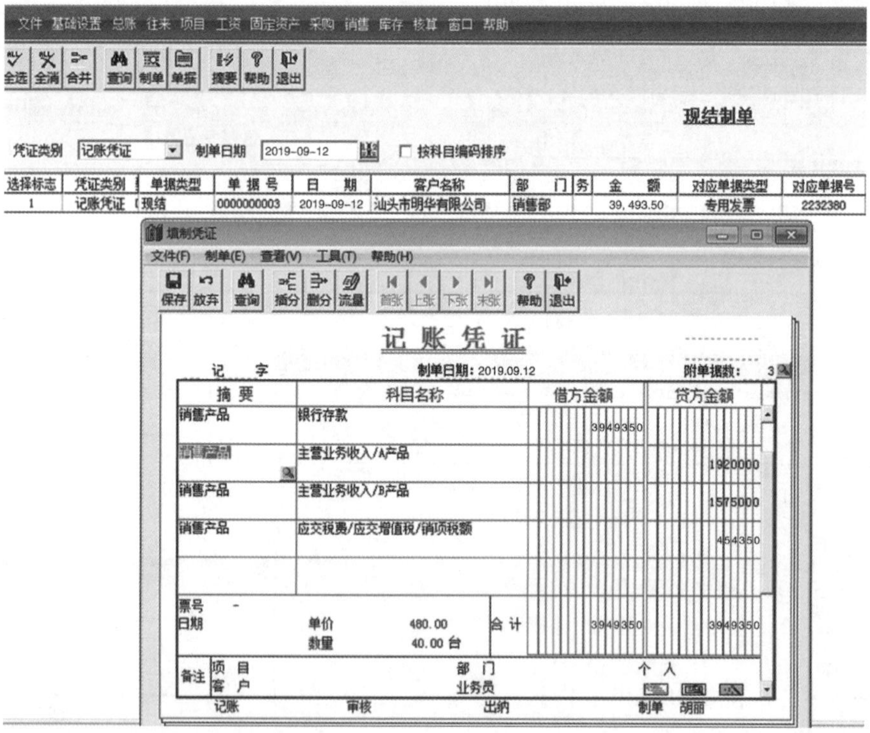

图4-19　待生成的记账凭证

④ 单击“保存”按钮，再单击“退出”按钮。

拓展训练

逆向修改操作错误的业务

业务序号	创设问题情境（业务操作错误描述）	扫一扫见操作指引
业务26	多填制了1张发货单，在“销售出库单生成”中单击“刷新”时才发现	

4.2.4 预收货款的业务

收到客户预付货款的业务只需填制“收款单”，在“客户往来制单”中选择“核销制单”，生成“预收账款业务”的记账凭证。

业务27 9月12日，预收滨海市壳岭有限公司货款（见图4-20）

银行进账单（收账通知） ③

2019年9月12日

<table>
<tr><td rowspan="3">出票人</td><td>全称</td><td>滨海市壳岭有限公司</td><td rowspan="3">收款人</td><td>全称</td><td colspan="10">滨海市华兴有限公司</td></tr>
<tr><td>账号</td><td>8475629012</td><td>账号</td><td colspan="10">3275905475</td></tr>
<tr><td>开户银行</td><td>工行市路风支行</td><td>开户银行</td><td colspan="10">工行市蓝山支行</td></tr>
<tr><td rowspan="2">金额</td><td rowspan="2">人民币（大写）</td><td colspan="3" rowspan="2">伍仟元整
中国工商银行 滨海市蓝山支行 2019年9月11日 转讫</td><td>千</td><td>百</td><td>十</td><td>万</td><td>千</td><td>百</td><td>十</td><td>元</td><td>角</td><td>分</td></tr>
<tr><td></td><td></td><td></td><td>¥</td><td>5</td><td>0</td><td>0</td><td>0</td><td>0</td><td>0</td></tr>
<tr><td colspan="2">票据种类</td><td>支票</td><td colspan="2">票据张数：1</td><td colspan="10">票号：748391</td></tr>
</table>

此联是开户银行交给持票人的回单

图4-20 进账单

业务27的会计分录：

借：银行存款 5 000.00

贷：预收账款——滨海市壳岭有限公司 5 000.00

操作流程

销售管理
·填制收款单（预收）

核算管理
·生成记账凭证
·客户往来制单
·核销制单

操作步骤

以会计员胡丽的身份（用户名2）登录T3系统，操作日期2019-09-12。

（1）填制收款单的操作步骤

①选择“销售”→“客户往来”→“收款结算”。

②单击“客户”放大镜，在“参照”对话框中单击“编辑”按钮，新增客户信息，如图4-21所示。

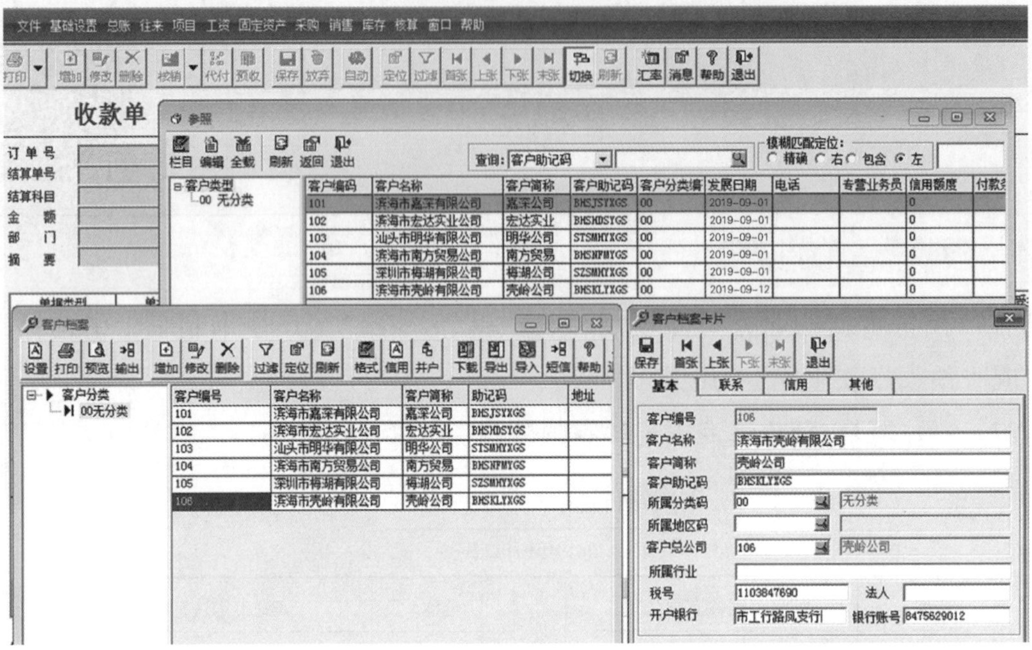

图4-21 新增客户信息

③单击“增加”按钮，选择“结算方式”，录入金额、摘要等信息。

④单击“保存”按钮，如图4-22所示。

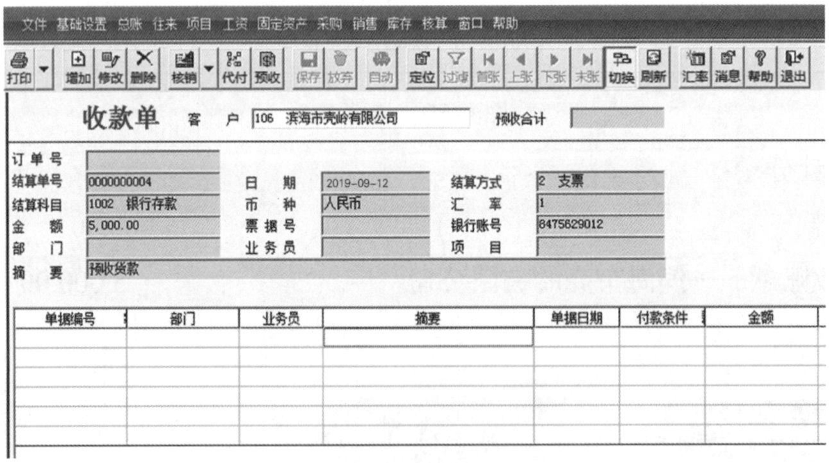

图4-22 预收货款的收款单

⑤单击“预收”按钮，则所填收款单，系统列为“预收款”。在“预收合计”文本框中显示金额为5 000，再单击“退出”按钮。

（2）生成记账凭证的操作步骤

①在“核算”→“凭证”→“客户往来制单”中，选择“核销制单”。

② 单击“全选”→“制单”，待生成的记账凭证如图4-23所示。

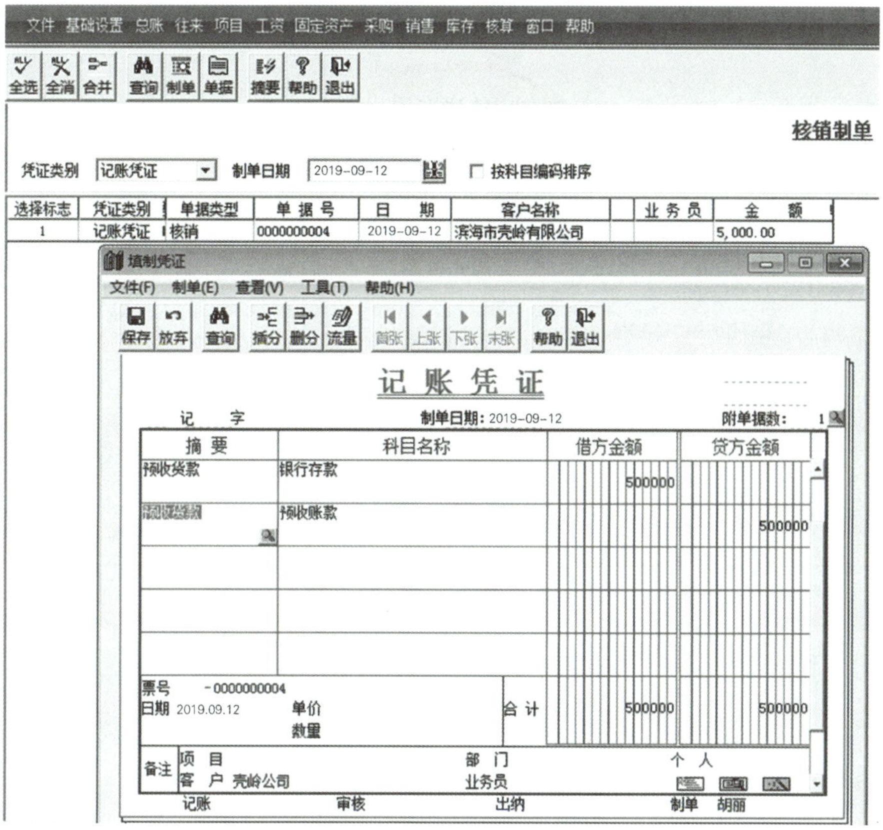

图4-23 待生成的记账凭证

③ 单击“保存”→“退出”按钮。

拓展训练

逆向修改操作错误的业务

业务序号	创设问题情境（业务操作错误描述）	扫一扫见操作指引
业务27	多填制了1张预收壳岭公司货款5 000元的收款单，在生成记账凭证前才发现	

4.2.5 预收冲应收的业务

预收冲应收的业务是对有预收款和应收款的客户进行对冲。可以手动输入需对冲的金额，也可以由系统自动分摊添入转账的金额。在“客户往来制单”中选择“转账制单”，生成“预收冲应收业务”的记账凭证。

业务28 9月13日，向深圳市梅湖有限公司销售产品（见图4-24～图4-26）

广东增值税专用发票

记 账 联

№2232381

开票日期：2019年09月13日

购货单位	名　　称：深圳市梅湖有限公司 纳税人识别号：2290498503405 地 址 、电 话：深圳市中山2路6号 开户行及账号：工行深圳市龙岗分行 4050593842					密码区	（略）	
货物或应税劳务名称	规格型号	单位	数量	单价	金额	税率	税额	
A产品		台	55	480	26 400.00	13%	3 432.00	
B产品		台	60	350	21 000.00	13%	2 730.00	
合　　计	⊗伍万叁仟伍佰陆拾贰圆整						（小写）¥53 562.00	
销货单位	名　　称：滨海市华兴有限公司 纳税人识别号：44038475109 地 址 、电 话：滨海市海河区东风东路128号 开户行及账号：工商银行滨海市蓝山支行3275905475					备注		

第二联：记账联　销货方记账凭证

收款人：　　　　复核：张燕玲　　　　开票人：曾杨

图4-24　增值税专用发票（记账联）

发货单

发货仓库：1　　　　第3号

购货单位：深圳市梅湖有限公司　　　　2019年9月13日

名称	编号	规 格	单位	应发数量	实发数量	单位成本	金额
A产品			台	55	55		
B产品			台	60	60		
备注：							

主管：　　　　经手：　　　　保管：　　　　填单：张洁

图4-25　发货单

现金支款单

报销部门：销售部门　　　　2019年9月13日　　　　单据及附件（略）

用途	金额（元）	说明	运费发票原件交给购货方
运费	100	领导审批	同意列入应收款 孙小军　2019.9.13
合计	¥100.00		
金额大写：壹佰零拾零元零角零分		备注：客户：深圳市梅湖公司	

会计主管：张燕玲　　　　出纳：杨珊珊　　　　经手人：李凡辉

图4-26　现金支款单

业务28的会计分录：

（1）确认销售收入

借：应收账款——深圳市梅湖有限公司　　53 662.00

　贷：主营业务收入——A产品　　26 400.00

　　主营业务收入——B产品　　21 000.00

　　应交税费——应交增值税（销项税额）　　6 162.00

　　库存现金　　100.00

（2）预收冲应收

借：预收账款——深圳市梅湖有限公司　　10 000.00

　贷：应收账款——深圳市梅湖有限公司　　10 000.00

操作流程

销售管理
- ·填制发货单
- ·流转生成销售发票
- ·录入代垫运费

库存管理
- ·生成销售出库单并审核

核算管理
- ·生成记账凭证1
  - ·客户往来制单
    - ·发票制单&应收单制单

销售管理
- ·预收冲应收

核算管理
- ·生成记账凭证2
  - ·客户往来制单
    - ·转账制单

操作步骤

以会计员胡丽的身份（用户名2）登录T3系统，操作日期2019-09-13。

（1）填制销售发货单的操作步骤

操作步骤同业务24，注意不要选择“付款条件”，如图4-27所示，再单击“是”按钮。

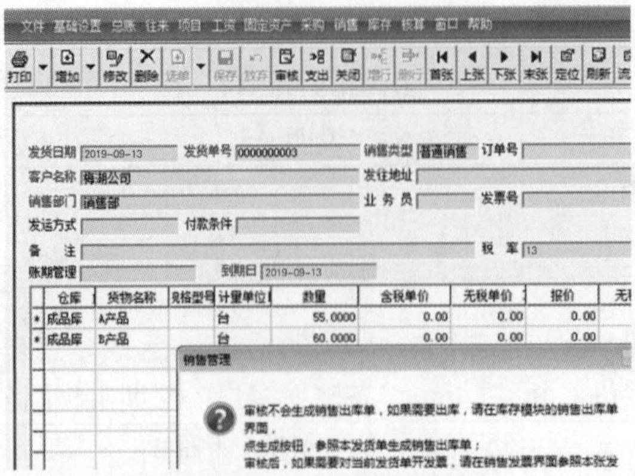

图4-27　填制发货单

（2）流转生成销售发票的操作步骤

操作步骤同业务24，依次录入发票中的有关信息，单击“复核”按钮，如图4-28所示，再单击“是”按钮。

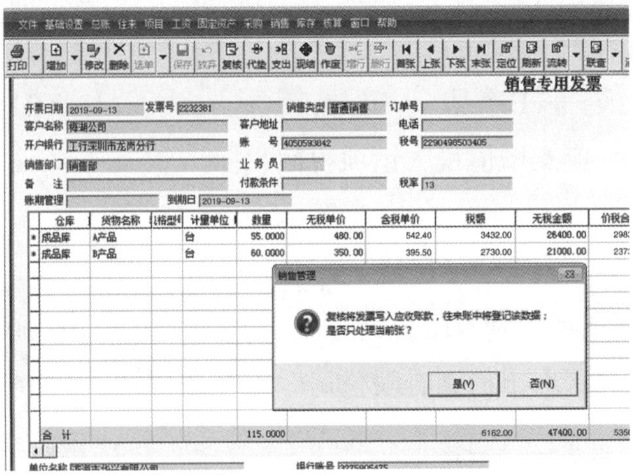

图4-28　流转生成销售专用发票

（3）录入代垫运费的操作步骤

① 在“销售专用发票”对话框中单击“代垫”按钮。

② 在“代垫费用”对话框中单击“增加”按钮，录入有关信息，单击“保存”按钮，再单击“审核”按钮，如图4-29所示。再单击“退出”按钮。

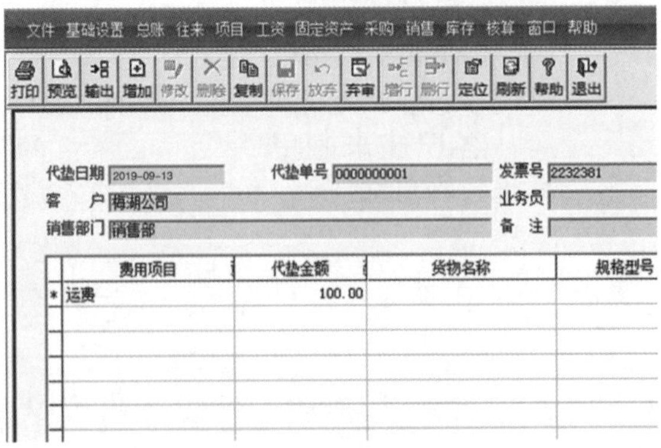

图4-29　代垫运费单

（4）生成销售出库单并审核的操作步骤

① 选择“库存”→“销售出库单生成/审核”，单击“生成”按钮。

② 在“请选择发货单或发票”对话框中，单击“刷新”按钮。

③ 单击“全选”按钮，如图4-30所示，再单击“确认”按钮。

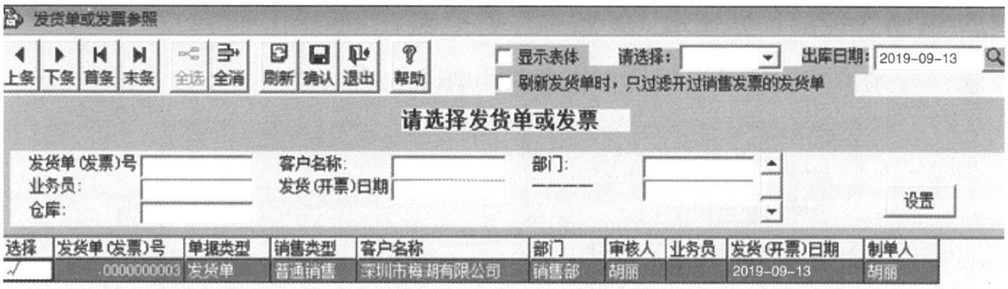

图4-30　选择发货单

④ 生成销售出库单，单击“审核”，并单击“退出”按钮。

（5）生成记账凭证1的操作步骤

① 选择“核算”→“凭证”→“客户往来制单”，在“客户制单查询”中选择“发票制单”“应收单制单”。

② 单击“全选”→“合并”→“制单”按钮。

③ 在“填制记账凭证”中，在第三行前单击“插分”按钮，插入一行“600102主营业务收入/B产品”的分录，注意按发票录入A、B产品的“数量”及“单价”，如图4-31所示。

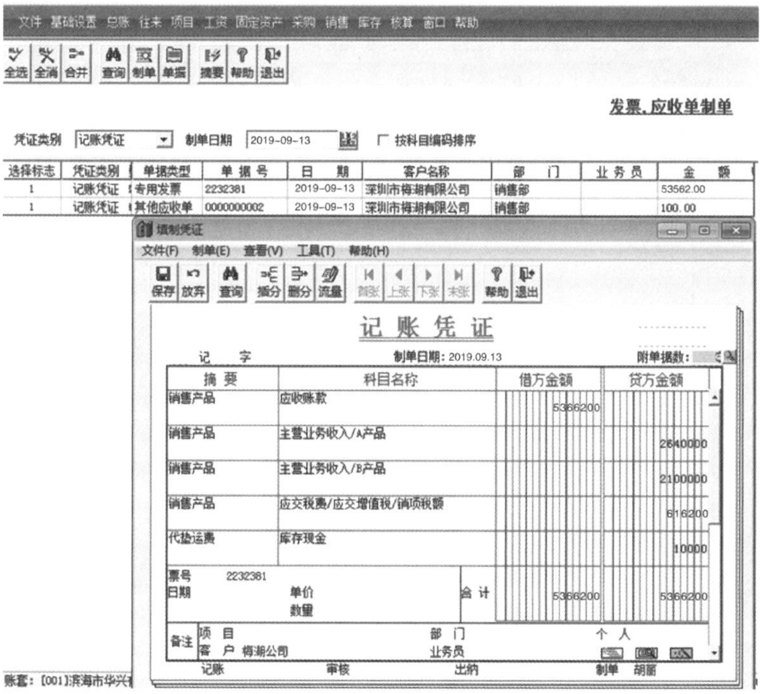

图4-31　待生成的记账凭证1

④单击“保存”按钮，再单击“退出”按钮。

（6）预收冲应收的操作步骤

①选择“销售”→“客户往来”。

②打开“预收冲应收”对话框，选择“客户：梅湖公司”。

③单击“过滤”按钮，则显示“预收款”有余额10 000元；再单击“应收款”按钮，则显示“应收款”有余额53 562元，分别如图4-32和图4-33所示。

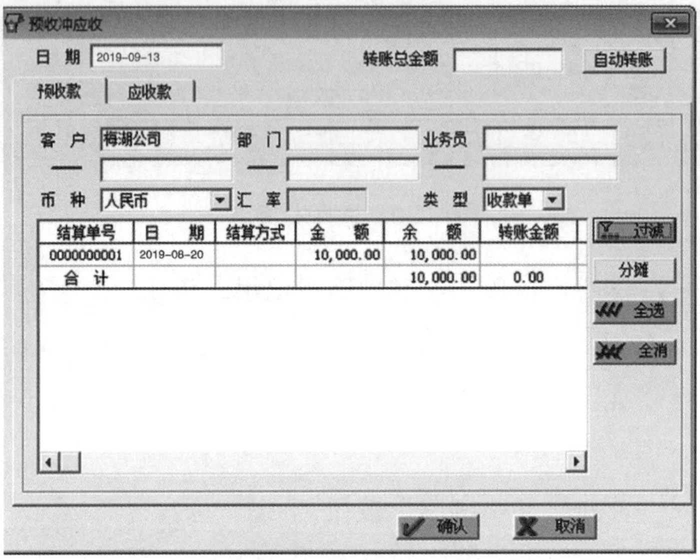

图4-32 预收账款余额

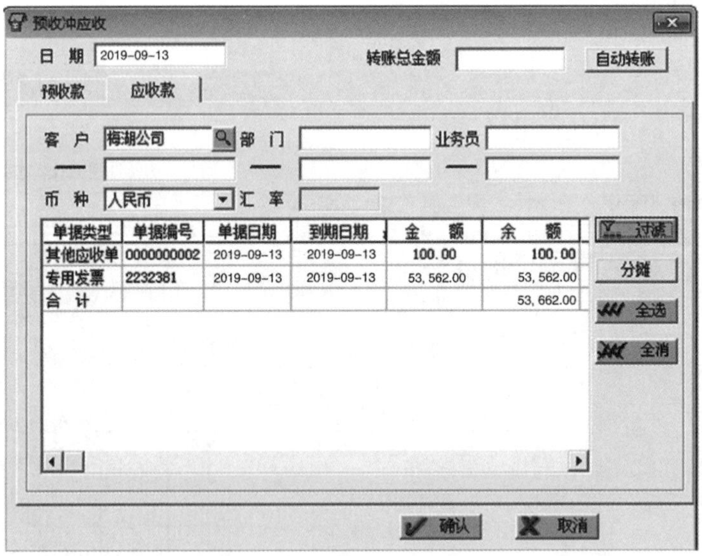

图4-33 应收账款余额

④在“转账金额”文本框中录入10 000，再单击“自动转账”按钮，如图4-34所示。

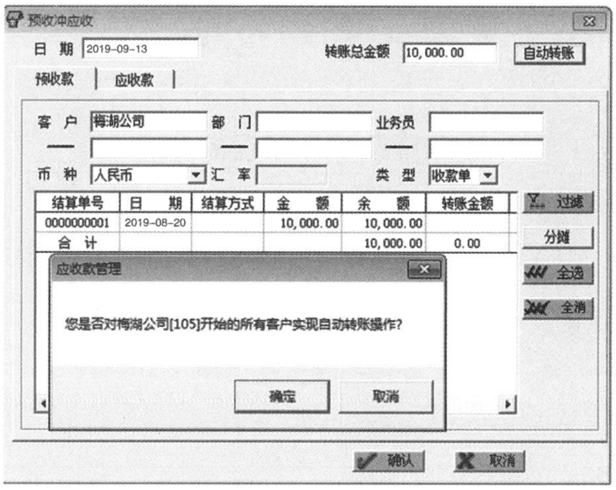

图4-34　自动转账

⑤ 单击“确定”按钮，则显示转账成功金额10 000元，如图4-35所示。

图4-35　转账成功

⑥ 在“预收冲应收”对话框，单击“取消”按钮退出。

（7）生成记账凭证2的操作步骤

① 选择“核算”→“凭证”→“客户往来制单”，在“客户制单查询”中选择“转账制单”。

② 单击“全选”→“制单”，待生成的记账凭证如图4-36所示。单击“保存”按钮后再单击“退出”按钮。

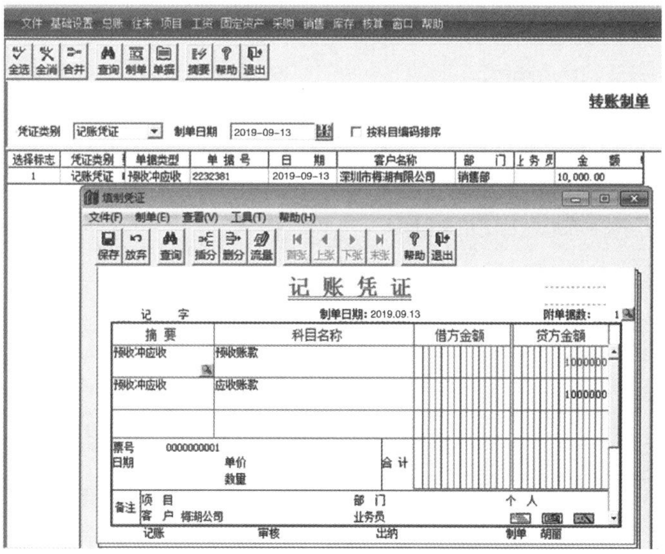

图4-36　待生成的记账凭证

拓展训练

逆向修改操作错误的业务

业务序号	创设问题情境（业务操作错误描述）	扫一扫见操作指引
业务28	录入发货单A产品的数量时，误将55录成50，并据此生成了此笔业务的两张记账凭证	

4.2.6　现金折扣的销售业务

现金折扣是指债权人为了鼓励债务人在规定时间内尽快付款而向债务人提供的债务扣除，它是企业为了尽快回笼资金而发生的理财费用，因此现金折扣应记入“财务费用”。在基础设置中设置了收付结算的付款条件，即“2/10，1/20，*n*/30”，填制销售发票时选择了这一付款条件，则收到货款后填制收款单时，系统会自动计算出“可享受折扣”，在“客户往来制单”中选择“核销制单”，生成“收回应收款业务”的记账凭证。

业务29　9月14日，收到滨海市宏达实业公司偿还的货款，享受2%的现金折扣（见图4-37）

银行进账单（收账通知）　③

2019年9月14日

出票人	全称	滨海市宏达实业有限公司	收款人	全称	滨海市华兴有限公司
	账号	3294094024		账号	3275905475
	开户银行	建行市中山分行		开户银行	工行市蓝山支行
金额	人民币（大写）	玖万零肆佰柒拾肆元伍角捌分		千百十万千百十元角分	¥9047458
票据种类		支票	票据张数：1		票号：254672

中国工商银行 滨海市蓝山支行 2019年9月14日 转讫

此联是开户银行交给持票人的回单

图4-37　进账单

业务29的会计分录：

借：银行存款　　90 474.58

　　财务费用　　1 846.42

　贷：应收账款——滨海市宏达实业公司　　92 321.00

操作流程

销售管理

·填制收款单

核算管理

·生成记账凭证
·客户往来制单
·核销制单

操作步骤

以会计员胡丽的身份（用户名2）登录T3系统，操作日期2019-09-14。

（1）填制收款单的操作步骤

① 选择“销售”→“客户往来”→“收款结算”。

② 选择“客户：滨海市宏达实业公司”，再单击“增加”按钮。

③ 依次录入实收金额、结算方式等信息，再单击“保存”按钮。

④ 单击“核销”按钮，则尚需核销的应收账款的信息显示在下方，系统自动按2%计算出可享受的现金折扣，如图4-38所示。

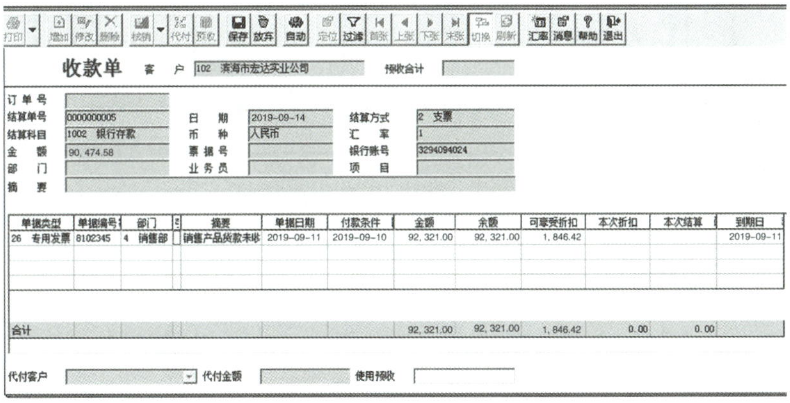

图4-38　享受现金折扣的收款单的填制

⑤ 单击“自动”按钮，系统自动在“本次结算”列填入90 474.58元，再单击“保存”按钮，如图4-39所示。单击“退出”按钮。

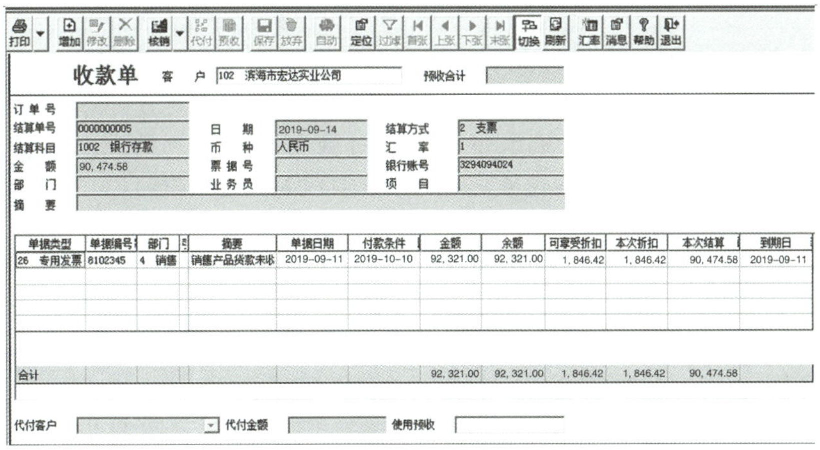

图4-39　自动核销应收账款

（2）生成记账凭证的操作步骤

①在“核算”→“凭证”→“客户往来制单”中，选择“核销制单”。

②单击“全选”→“制单”，待生成的记账凭证如图4-40所示。

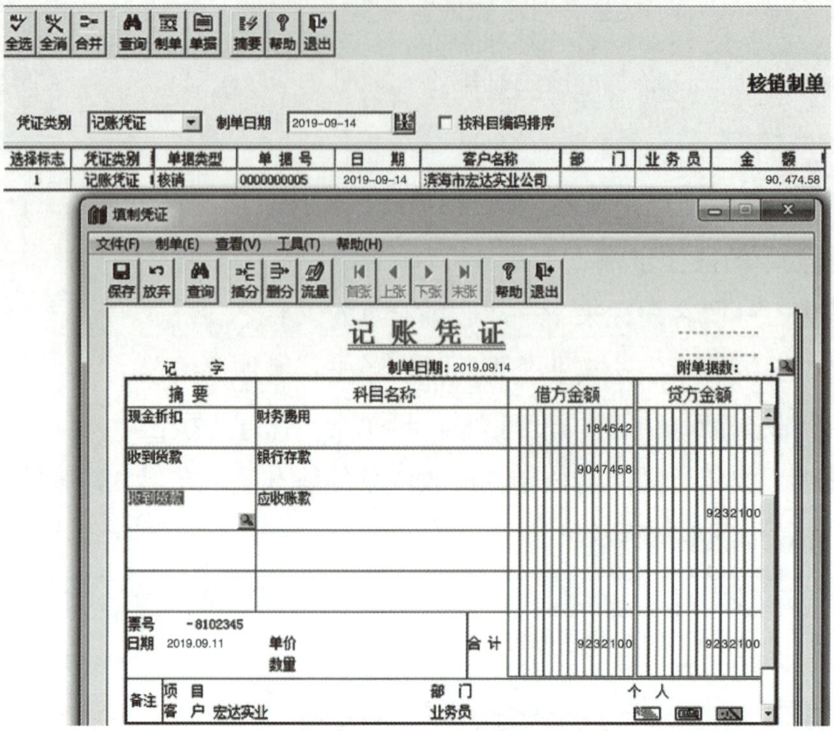

图4-40 待生成的记账凭证

③单击“保存”→“退出”按钮。

拓展训练

逆向修改操作错误的业务

业务序号	创设问题情境（业务操作错误描述）	扫一扫见操作指引
业务29	录入完收款单的文本框有关信息后，发现“可享受折扣”没有显示。原因可能是：①业务24的销售专用发票中的“付款条件”文本框未选出付款条件；②“销售”→“销售业务范围设置”中，“应收核销”选项中的“显示现金折扣”未打钩。	

业务30 9月15日，向滨海市南方贸易公司销售产品（见图4-41～图4-43）（付款条件：2/10，1/20，N/30）

广东增值税专用发票

记 账 联

No2232382

开票日期：2019年09月15日

购货单位	名　　称：滨海市南方贸易公司 纳税人识别号：1193058945009 地 址 、电 话：滨海市城北路26号 开户行及账号：工行市城北支行2030939233					密码区	（略）	
货物或应税劳务名称	规格型号	单位	数量	单价	金额	税率	税额	
A产品		台	100	480	48 000.00	13%	6 240.00	
B产品		台	125	350	43 750.00	13%	5 687.50	
合　计	⊗壹拾万零柒仟叁佰肆拾柒圆伍角整						（小写）¥103 677.50	
销货单位	名　　称：滨海市华兴有限公司 纳税人识别号：44038475109 地 址 、电 话：滨海市海河区东风东路128号 开户行及账号：工商银行滨海市蓝山支行3275905475					备注		

收款人：　　复核：张燕玲　　开票人：曾杨

第二联：记账联　销货方记账凭证

图4-41　增值税专用发票（记账联）

发货单

发货仓库：1　　第4号

购货单位：滨海市南方贸易公司　　2019年9月15日

名称	编号	规 格	单位	应发数量	实发数量	单位成本	金额
A产品			台	100	100		
B产品			台	125	125		
备注：							

主管：　　经手：　　保管：　　填单：张洁

第三联　财务记账

图4-42　发货单

银行进账单（收账通知）　③

2019年9月15日

出票人	全称	滨海市南方贸易公司	收款人	全称	滨海市华兴有限公司
	账号	3294094024		账号	3275905475
	开户银行	工行市城北支行		开户银行	工行市蓝山支行
金额	人民币（大写）	壹拾万零壹仟陆佰零叁元玖角伍分			千 百 十 万 千 百 十 元 角 分 ¥ 1 0 1 6 0 3 9 5
票据种类	支票	票据张数：1		票号：637492	

中国工商银行 滨海市蓝山支行 2019年9月15日 转讫

此联是开户银行交给持票人的回单

图4-43　进账单

业务30的会计分录：

（1）确认销售收入

借：应收账款——滨海市南方贸易公司　　103 677.50

　贷：主营业务收入——A产品　　48 000.00

主营业务收入——B产品　　　　　　　　　　43 750.00

应交税费——应交增值税（销项税额）　　　　11 927.50

（2）收到货款（享受2%的现金折扣）

借：银行存款　　　　　　　　　　　　101 603.95

财务费用　　　　　　　　　　　　　　2 073.55

贷：应收账款——滨海市南方贸易公司　　　　103 677.50

操作流程

销售管理
·填制发货单
·流转生成销售发票

库存管理
·生成销售出库单并审核

核算管理
·生成记账凭证1
·客户往来制单
·发票制单

销售管理
·填制收款单

核算管理
·生成记账凭证2
·客户往来制单
·核销制单

操作步骤

以会计员胡丽的身份（用户名2），登录T3系统，操作日期2019-09-15。

（1）填制销售发货单的操作步骤

① 选择“销售”→“发货单”，单击“增加”按钮。

② 录入发货单的信息，如仓库、货物名称、数量等，注意选择“付款条件”，单击“保存”→“审核”按钮，如图4-44所示。

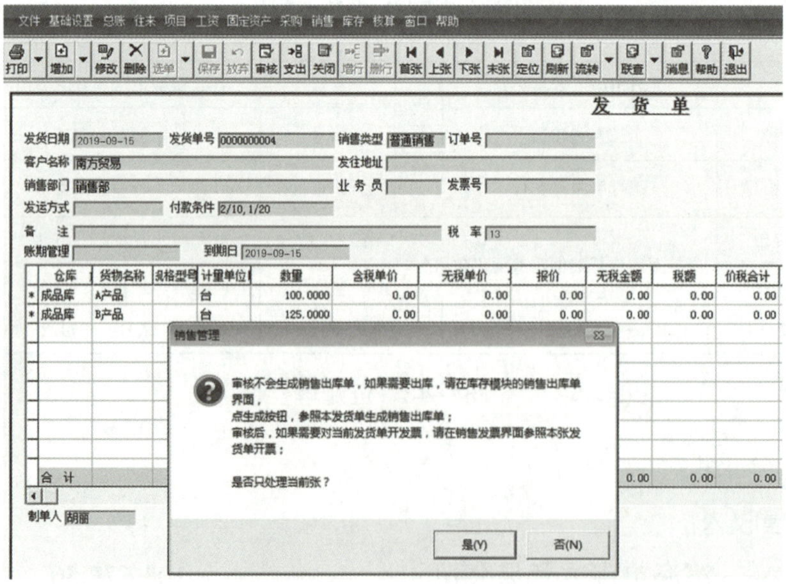

图4-44　发货单的审核

③ 单击“是”按钮。

（2）流转生成销售发票的操作步骤

① 在“发货单”中，单击“流转”旁的倒三角按钮，选择“生成专用发票”。

② 录入发票号码，在A、B产品“无税单价”中分别录入“480”“350”，单击“保存”按钮，单击“复核”按钮，如图4-45所示。

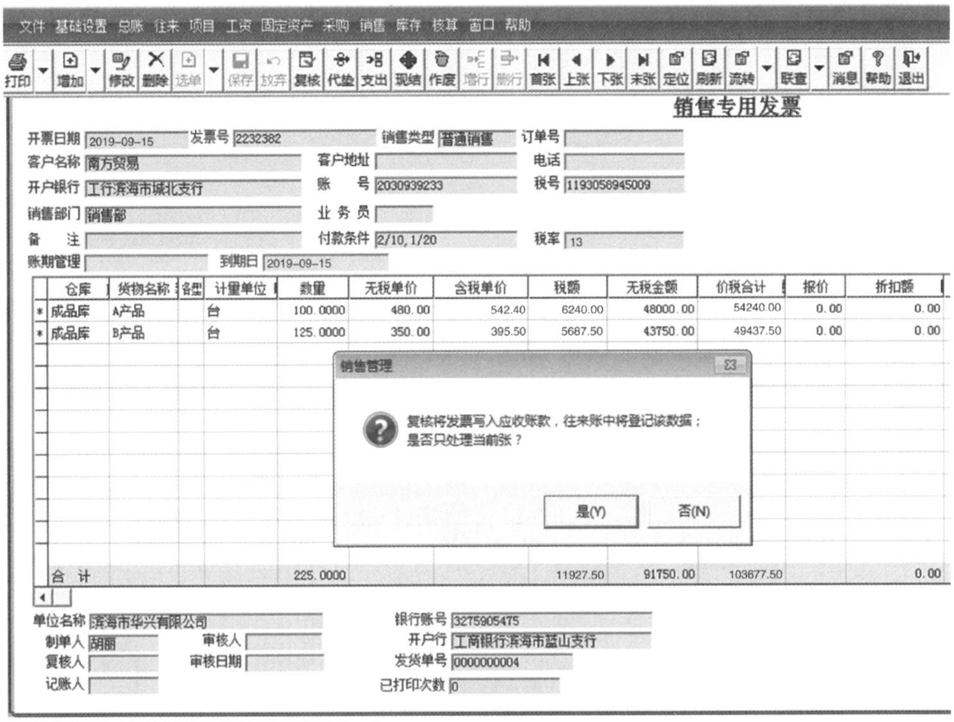

图4-45　生成销售专用发票

③ 在“销售管理”对话框中，单击“是”按钮，再单击“退出”按钮。

（3）生成销售出库单并审核的操作步骤

① 选择“库存”→“销售出库单生成/审核”，单击“生成”按钮。

② 在“请选择发货单或发票”对话框中，单击“刷新”按钮。

③ 单击“全选”按钮，如图4-46所示，再单击“确认”按钮。

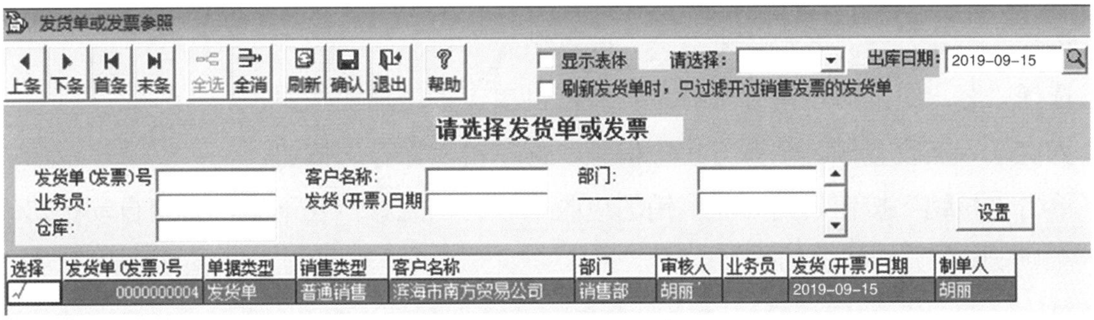

图4-46　选择发货单

④ 生成销售出库单，单击“审核”按钮，再单击“退出”按钮。

（4）生成记账凭证1的操作步骤

①选择“核算”→“凭证”→“客户往来制单”，在“客户制单查询”中选择“发票制单”。

②单击“全选”→“制单”。

③在“填制记账凭证”中，在第三行前单击“插分”按钮，插入一行“600102主营业务收入/B产品”的分录，注意按发票录入A、B产品的“数量”及“单价”，如图4-47所示。

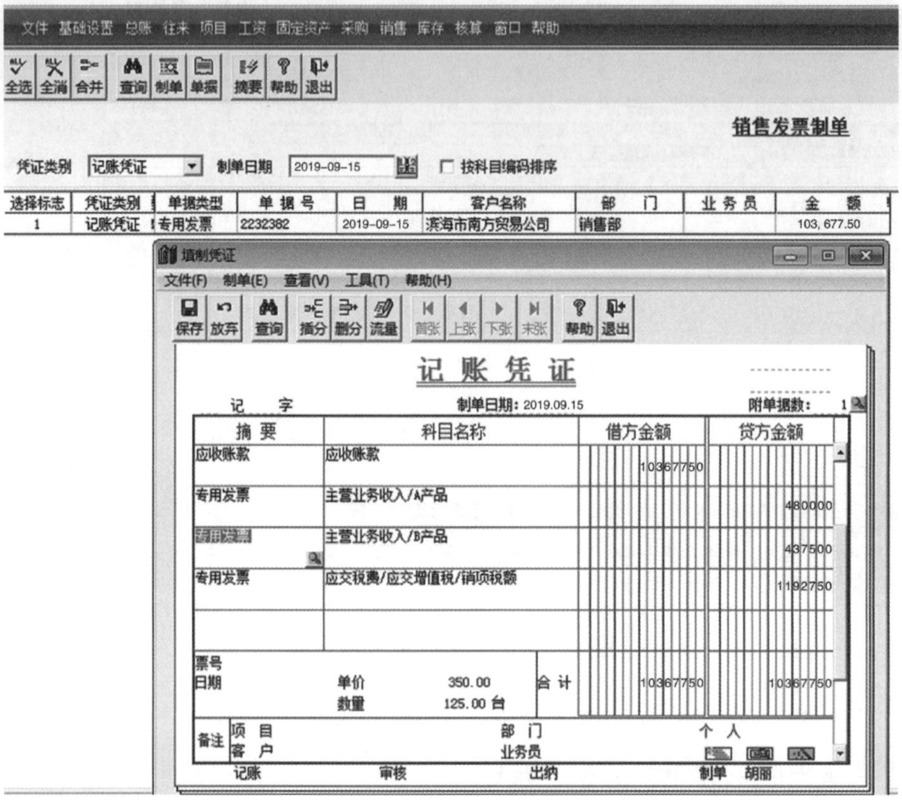

图4-47 生成记账凭证1

④单击“保存”→“退出”按钮。

（5）填制收款单的操作步骤

①选择“销售”→“客户往来”→“收款结算”。

②选择“客户：滨海市南方贸易公司”，再单击“增加”按钮。

③依次录入实收金额、结算方式等信息，再单击“保存”按钮。

④单击“核销”按钮，则尚需核销的应收账款的信息显示在下方，系统自动按2%计算出可享受的现金折扣为2 073.55元。

⑤单击“自动”按钮，系统自动在“本次结算”列填入101 603.95元，如图4-48所示。

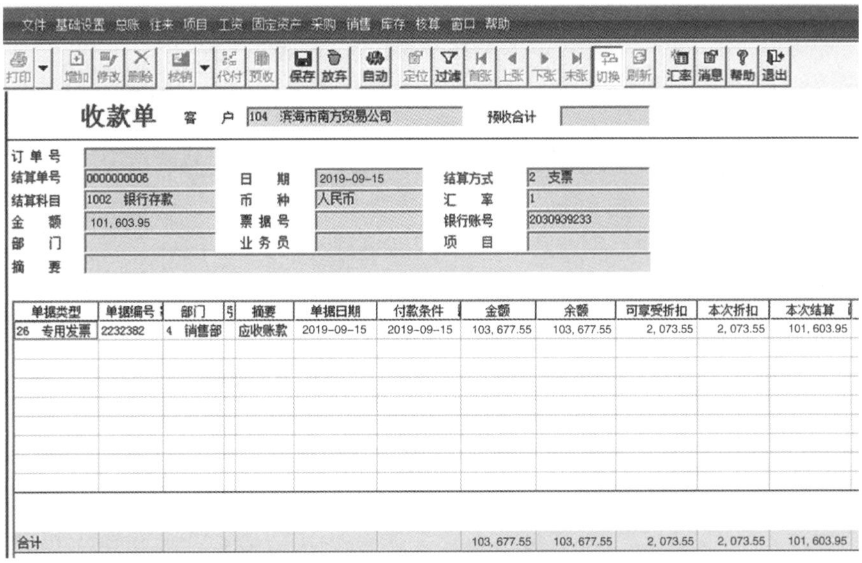

图4–48　按现金折扣自动核销应收款

⑥单击“保存”→“退出”按钮。

（6）生成记账凭证2的操作步骤

①在“核算”→“凭证”→“客户往来制单”中，选择“核销制单”。

②单击“全选”→“制单”，待生成的记账凭证如图4–49所示。

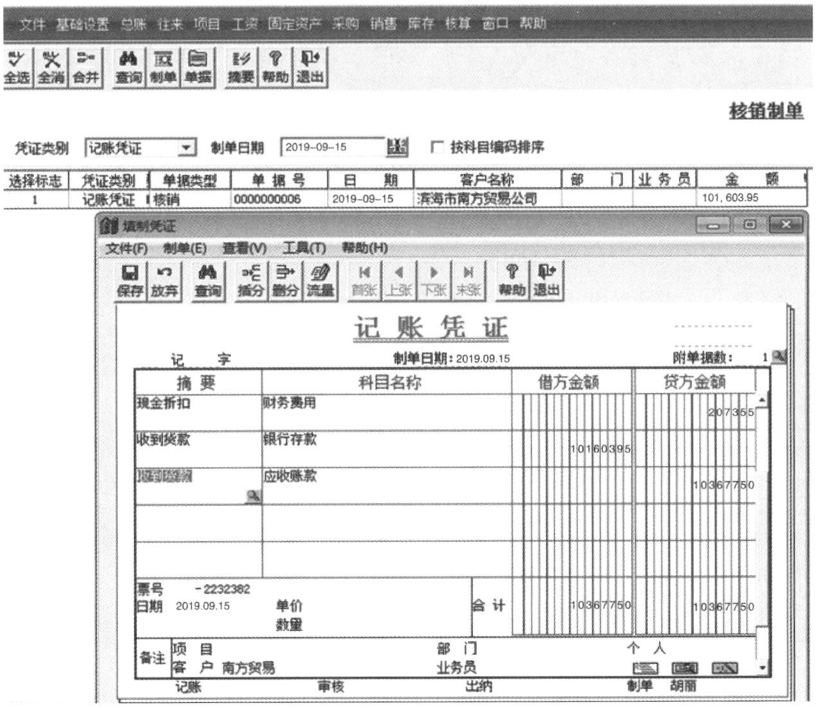

图4–49　待生成的记账凭证2

③单击“保存”→“退出”按钮。

拓展训练

逆向修改操作错误的业务

业务序号	创设问题情境（业务操作错误描述）	扫一扫见操作指引
业务30	生成此笔业务的两张记账凭证后，发现专用发票中A产品的单价录入有误，误将480录入为450	

4.2.7 商业折扣的销售业务

商业折扣是为了扩大销售而给予批量购买者的优惠，应按折扣后的售价作为销售收入。录入销售发票时，在“报价”栏录入统一售价，在“扣率%”栏录入折扣率，系统自动计算出折扣后销售单价。

业务31　9月17日，向滨海市壳岭有限公司销售产品，收到部分货款，余款尚欠（见图4-50～图4-52）（因批量采购，售价享受10%的商业折扣）

广东增值税专用发票

（印章：全国统一发票监制 广东 国家税务总局监制）

记 账 联

№2232383

开票日期：2019年09月17日

购货单位	名　　称：滨海市壳岭有限公司 纳税人识别号：1103847690 地 址 、电 话：滨海市路风68号 开户行及账号：工行市路风支行 8475629012				密码区	（略）	
货物或应税劳务名称	规格型号	单位	数量	单价	金额	税率	税额
A产品		台	400	432	172 800.00	13%	22 464.00
B产品		台	560	315	176 400.00	13%	22 932.00
合　计	⊗ 叁拾玖万肆仟伍佰玖拾陆圆整						（小写）¥ 394 596.00
销货单位	名　　称：滨海市华兴有限公司 纳税人识别号：44038475109 地 址 、电 话：滨海市海河区东风东路128号 开户行及账号：工商银行滨海市蓝山支行3275905475				备注		

第二联：记账联　销货方记账凭证

收款人：　　复核：张燕玲　　开票人：曾杨

图4-50　增值税专用发票（记账联）

发货单

发货仓库：1　　　　　　　　　　　　　　　　　　　　　　　　第5号

购货单位：滨海市壳岭有限公司　　　　2019年9月17日

名称	编号	规 格	单位	应发数量	实发数量	单位成本	金额
A产品			台	400	400		
B产品			台	560	560		
备注：							

第三联　财务记账

主管：　　　　经手：　　　　保管：　　　　填单：张洁

图4-51　发货单

银行进账单（收账通知）　　③

2019年9月17日

出票人	全称	滨海市壳岭有限公司	收款人	全称	滨海市华兴有限公司
	账号	8475629012		账号	3275905475
	开户银行	工行市滨海支行		开户银行	工行市蓝山支行
金额	人民币（大写）	贰拾万元整			千 百 十 万 千 百 十 元 角 分 ¥ 2 0 0 0 0 0 0 0
票据种类		支票	票据张数：1		票号：274659

中国工商银行 滨海市蓝山支行 2019年9月17日 转讫

此联是开户银行交给持票人的回单

图4-52　进账单

业务31的会计分录：

（1）确认销售收入

借：应收账款——滨海市壳岭有限公司　　394 569.00

　　贷：主营业务收入——A产品　　172 800.00

　　　　主营业务收入——B产品　　176 400.00

　　　　应交税费——应交增值税（销项税额）　　45 396.00

（2）收到部分货款，使用预收账款，余款尚欠。

借：银行存款　　200 000.00

　　预收账款——滨海市壳岭有限公司　　5 000.00

　　贷：应收账款——滨海市壳岭有限公司　　205 000.00

操作流程

销售管理
·填写发货单
·流转生成专用发票

库存管理
·销售出库单生成

核算管理
·生成记账凭证1
·客户往来制单
·发票制单

销售管理
·客户往来
·收款结算

核算管理
·生成记账凭证2
·客户往来制单
·核销制单

操作步骤

以会计员胡丽的身份（用户名2）登录T3系统，操作日期：2019-09-17。

（1）填制销售发货单的操作步骤

① 选择“销售”→“发货单”，单击“增加”按钮。

② 录入发货单的有关信息，录完数量后，注意在“报价”中录入A产品的原统一售价“480”、B产品的原统一售价“350”，再在“扣率%”列录入“90”，则系统自动按商业折扣计算出A、B产品的无税单价，并回填到发货单中。

③ 单击“保存”→“复核”，如图4-53所示。

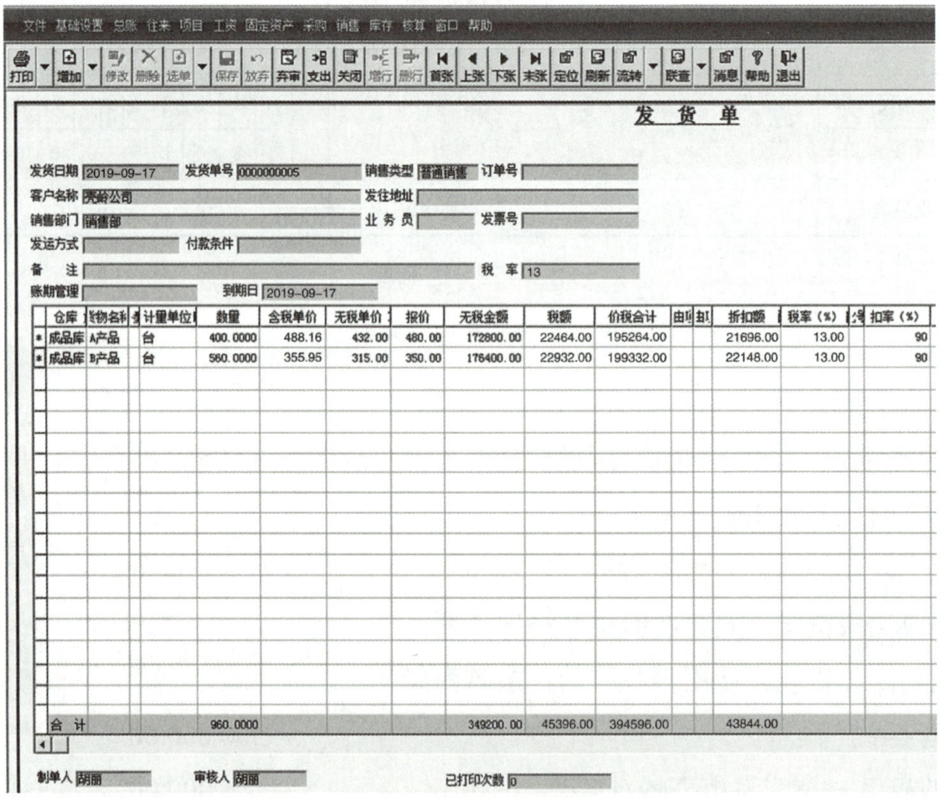

仓库	货物名称	计量单位	数量	含税单价	无税单价	报价	无税金额	税额	价税合计	由	扣	折扣额	税率（%）	扣率（%）
成品库	A产品	台	400.0000	488.16	432.00	480.00	172800.00	22464.00	195264.00			21696.00	13.00	90
成品库	B产品	台	560.0000	355.95	315.00	350.00	176400.00	22932.00	199332.00			22148.00	13.00	90
合计			960.0000				349200.00	45396.00	394596.00			43844.00		

制单人 胡丽 审核人 胡丽 已打印次数 0

图4-53 发货单的填制

（2）流转生成销售发票的操作步骤

① 在“发货单”中，单击“流转”旁的倒三角按钮，选择“生成专用发票”。

② 录入发票号码，单击“保存”按钮，再单击“复核”按钮，如图4-54所示。单击“确

定”按钮，再单击“退出”按钮。

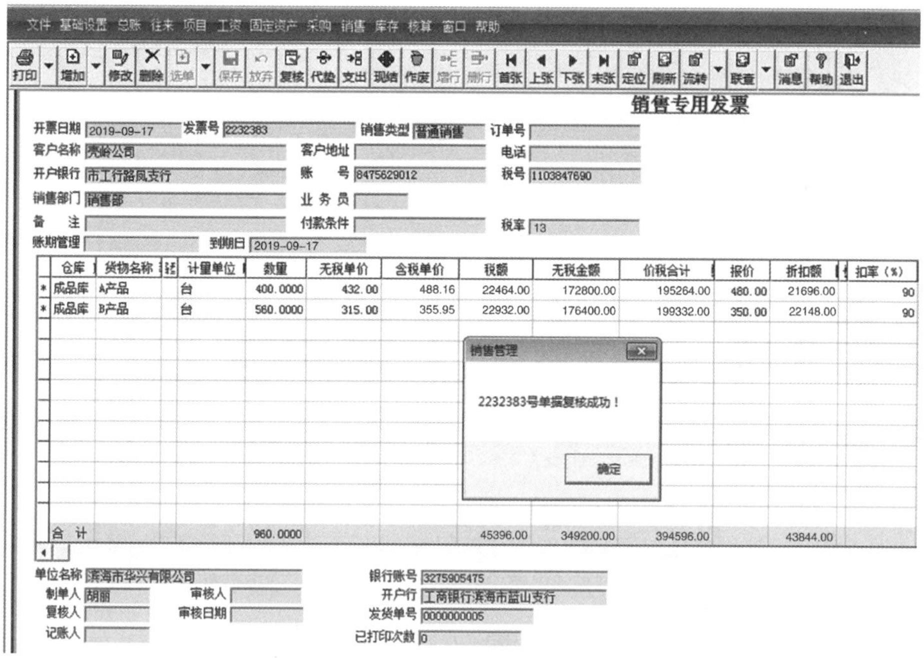

图4-54　生成销售专用发票

（3）生成销售出库单并审核的操作步骤

① 选择“库存”→“销售出库单生成/审核”，单击“生成”按钮。

② 在“请选择发货单或发票”对话框中，单击“刷新”按钮。

③ 单击“全选”按钮，如图4-55所示，再单击“确认”按钮。

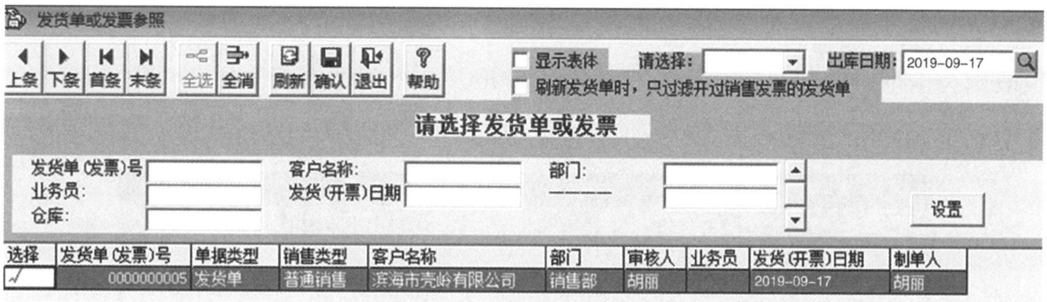

图4-55　选择发货单

④ 生成销售出库单，单击“审核”按钮，再单击“退出”按钮。

（4）生成记账凭证1的操作步骤

① 选择“核算”→“凭证”→“客户往来制单”，在“客户制单查询”中选择“发票制单”。

② 单击“全选”→“制单”。

③ 在“填制记账凭证”中，在第三行前单击“插分”按钮，插入一行“600102主营业务收入/B产品”的分录，注意按发票录入A、B产品的“数量”及“单价”，如图4-56所示。

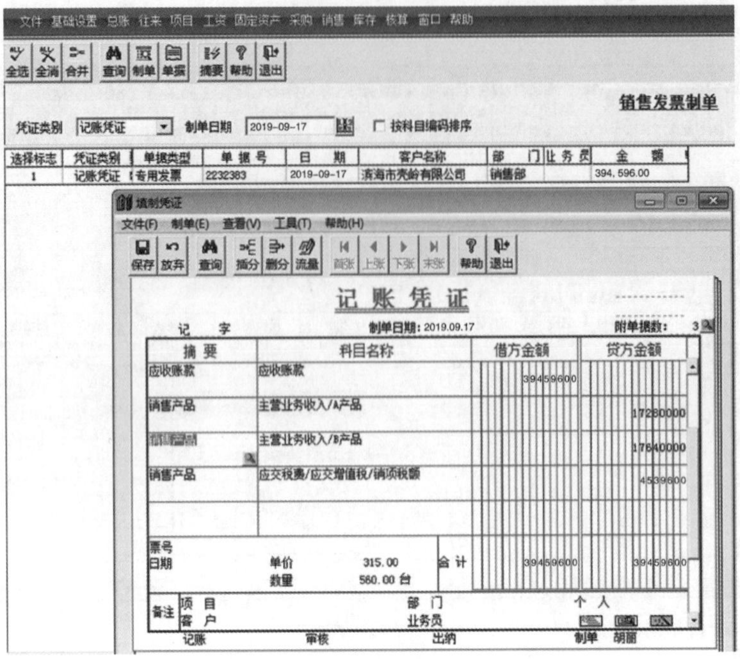

图4–56　待生成的记账凭证1

④ 单击“保存”→“退出”按钮。

（5）填制收款单的操作步骤

① 选择“销售”→“客户往来”→“收款结算”。

② 选择“客户：滨海市壳岭有限公司”，再单击“增加”按钮。

③ 依次录入实收金额、结算方式等信息，再单击“保存”按钮。

④ 单击“核销”按钮，则尚需核销的应收账款的信息显示在下方。

⑤ 在最下方“使用预收”文本框中录入“5 000”元。

⑥ 再单击“自动”按钮，系统自动在“本次结算”列填入205 000元，如图4–57所示。

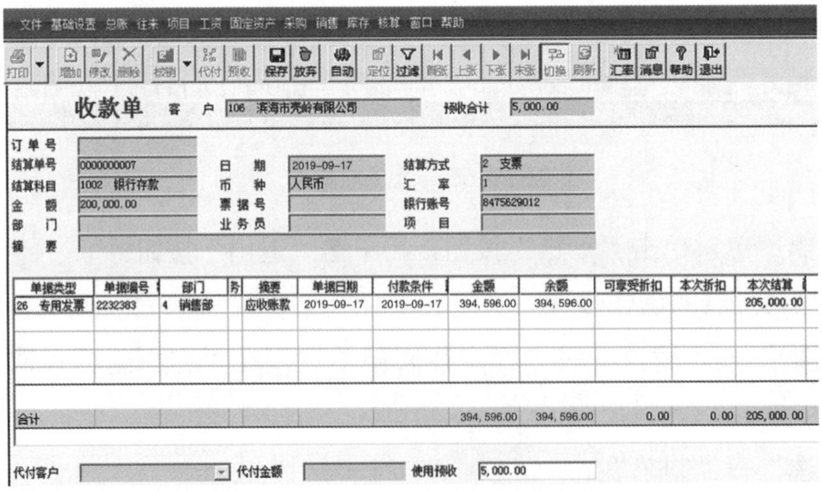

图4–57　“使用预收”填制的收款单

⑦ 单击“保存”→“退出”按钮。

（6）生成记账凭证2的操作步骤

①在“核算”→“凭证”→“客户往来制单”中，选择“核销制单”。

②单击“全选”→“制单”，待生成的记账凭证如图4-58所示。

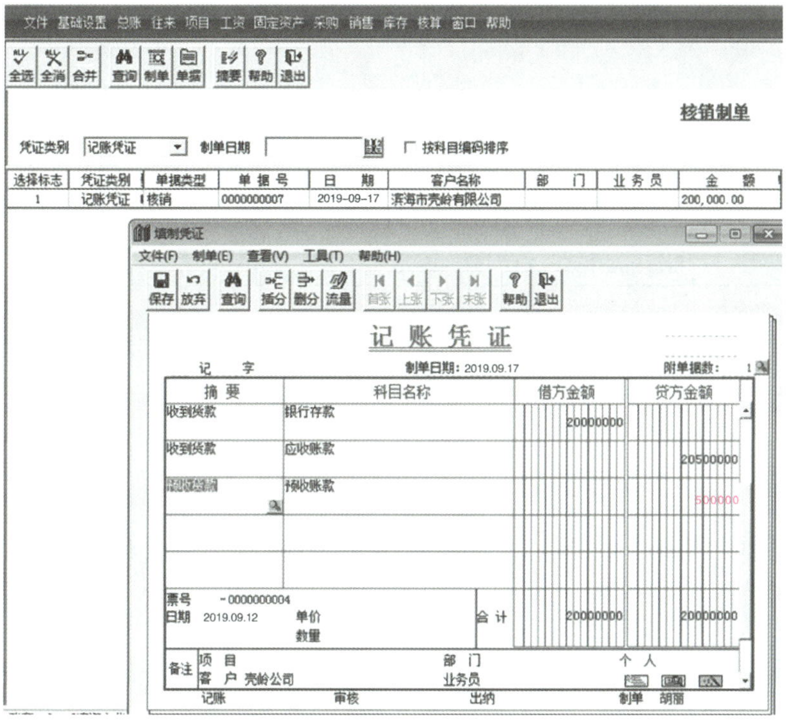

图4-58　待生成的记账凭证2

拓展训练

逆向修改操作错误的业务

业务序号	创设问题情境（业务操作错误描述）	扫一扫见操作指引
业务31	填制收款单时，忘记在“使用预收”文本框中输入金额5 000元，并据以生成错误的记账凭证	

4.2.8　销售产品运输费的处理

销售产品运输费的处理，要区分是由销售方承担运输费还是由采购方承担运输费。如果运输费由采购方承担，则销售方销售产品支付的运输费就属于代垫费用，要在录入销售发票时单击“代垫”按钮，录入代垫的运输费，则系统自动将代垫的运输费记入“应收账款”；如果运输费是由销售方承担，则销售方销售产品支付的运输费就属于企业的销售费用，不用在销售系统录入，在总账系统中直接填制记账凭证即可。

业务32 9月17日，现金支付向滨海市壳岭有限公司销售产品的运费。（见图4-59）

广东增值税专用发票

发 票 联

全国统一发票监制章 广东 国家税务总局监制

№ 32869711

开票日期：2019年09月17日

购货单位	名 称：滨海市华兴有限公司 纳税人识别号：44038475109 地 址 、电 话：滨海市海河区东风东路128号 开户行及账号：工商银行滨海市蓝山支行 3275905475				密码区	（略）	
货物或应税劳务名称	规格型号	单位	数量	单价	金额	税率	税额
AB产品运费		元	1	300.00	300.00	9%	27.00
合 计	⊗叁佰贰拾柒圆整					（小写）¥327.00	
销货单位	名 称：迅通物流有限公司 纳税人识别号：23027301839 地 址 、电 话：深圳市银湖路390号 开户行及账号：建行滨海市银湖分行4789954732				备注	杨长远物流有限公司 发票专用章	

现金付讫

收款人：张丽　　复核：曾静敏　　开票人：梁清　　承运人：（章）

第一联：发票联 购货方记账凭证

图4-59 增值税专用发票（运费）

业务32的会计分录：

借：销售费用　　300.00

　　应交税费——应交增值税（进项税额）　　27.00

　贷：库存现金　　327.00

说明：

此业务的运费是由销售方承担的，因此运费属于销售方的销售费用。此笔业务不涉及购销存核算系统，因此要在总账中完成记账凭证的填制，操作步骤略。

4.2.9 销售退回的业务

销售退回是指企业售出的产品因为质量等原因而发生的退货，企业发生销售退回时，应填制红字退货单，并开具红字增值税专用发票。如果是本月销售的，则月末一次结转本月销售成本时，系统自动按实际销售数量计算已销产品的销售成本。

业务33　9月17日，本月销售给汕头市明华有限公司的甲产品因质量有问题被退回10台，开具红字增值税专用发票（见图4-60和图4-61）

广东增值税专用发票

记 账 联

№2232384

开票日期：2019年09月17日

购货单位	名　　称：汕头市明华有限公司 纳税人识别号：1103859858356 地 址 、电 话：滨海市中山2路6号 开户行及账号：工行汕头市滨海支行1930493324				密码区	（略）	
货物或应税劳务名称	规格型号	单位	数量	单价	金额	税率	税额
A产品		台	-10	480	-4 800.00	13%	-624.00
合　计	⊗（负数）伍仟肆佰贰拾肆圆整						（小写）¥ -5 424.00
销货单位	名　　称：滨海市华兴有限公司 纳税人识别号：44038475109 地 址 、电 话：滨海市海河区东风东路128号 开户行及账号：工商银行滨海市蓝山支行 3275905475				备注		

第二联：记账联　销货方记账凭证

收款人：　　　　复核：张燕玲　　　　开票人：曾杨

图4-60　增值税红字专用发票（记账联）

产品退库单

发货仓库：1　　　　第1号

购货单位：汕头市明华有限公司　　　　2019年9月17日

名称	编号	规格	单位	应发数量	实发数量	单位成本	金额
A产品			台	10	10		
备注：质量问题退库							

第三联　财务记账

主管：　　　　经手：　　　　保管：　　　　填单：张洁

图4-61　发货单

业务33的会计分录：

借：应收账款——汕头市明华有限公司　　5 424.00

　　贷：主营业务收入——A产品　　4 800.00

　　　　应交税费——应交增值税（销项税额）　　624.00

操作流程

销售管理

·发货单

·填写退货单

·流转生成专用发票

库存管理

·销售出库单生成/并审核

核算管理

·生成记账凭证

·客户往来制单

·发票制单

操作步骤

以会计员胡丽的身份（用户名2）登录T3系统，操作日期2019-09-17。

（1）填制红字退货单的操作步骤

① 在“销售”→“发货单”中，单击“增加”→“退货单”。

② 录入红字“退货单”的信息，注意录入数量“-10”，单击“保存”→“审核”按钮，如图4-62所示。

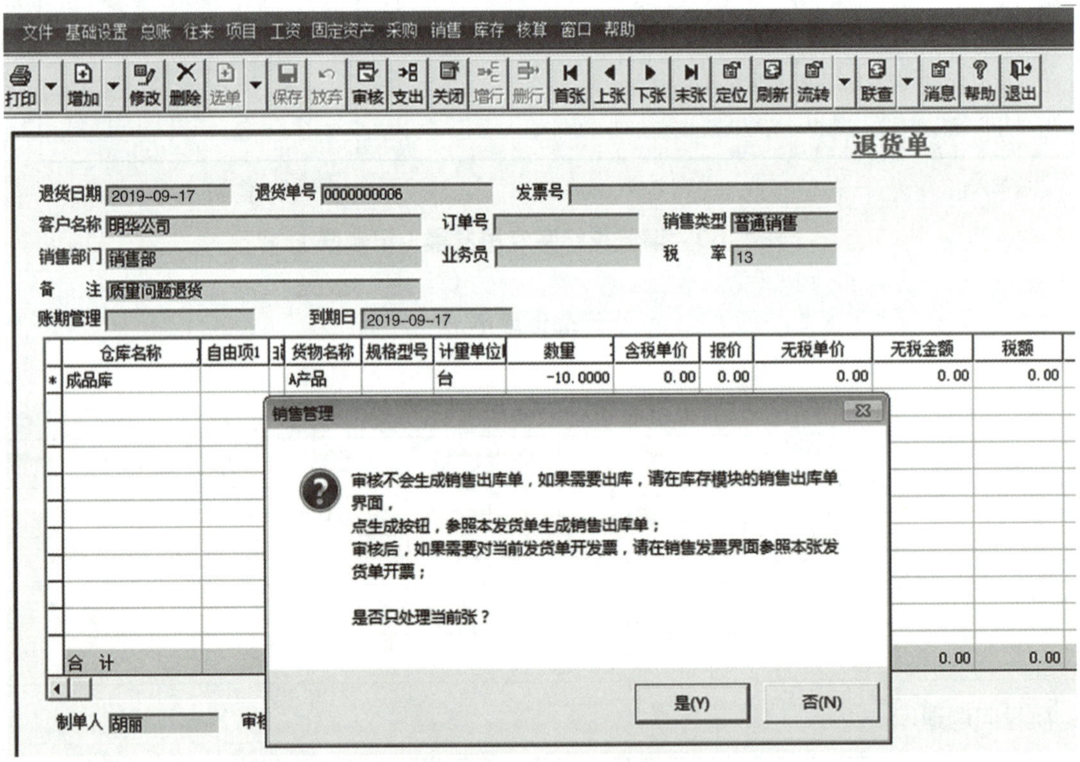

图4-62 退货单的填制

（2）流转生成红字销售发票的操作步骤

① 在“发货单”中，单击“流转”旁的倒三角按钮，选择“生成专用发票”。

② 录入发票号码，在A产品“无税单价”中录入“480”，单击“保存”按钮，再单击“复核”按钮，如图4-63所示。

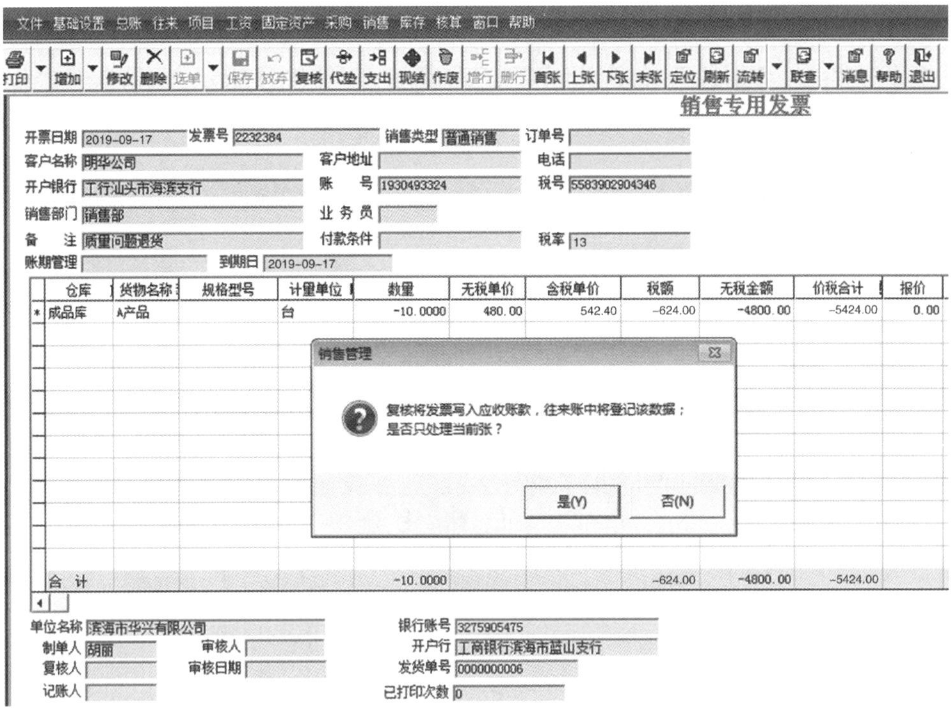

图4–63　流转生成红字销售专用发票

③ 单击“是”按钮，再单击“退出”按钮。

（3）生成销售出库单并审核的操作步骤

① 选择“库存”→“销售出库单生成/审核”，单击“生成”按钮。

② 在“请选择发货单或发票”对话框中，单击“刷新”按钮。

③ 单击“全选”按钮，再单击“确认”按钮。

④ 生成销售出库单，单击“审核”按钮，如图4-64所示，再单击“退出”按钮。

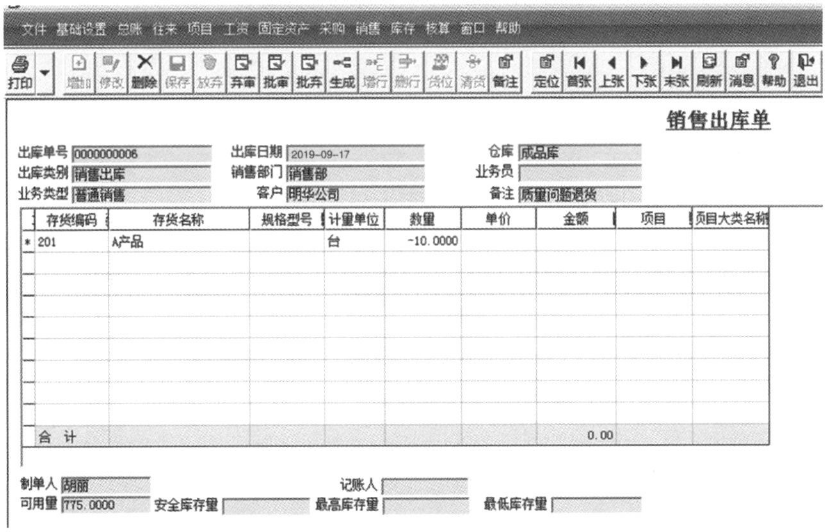

图4–64　生成并审核销售出库单

（4）生成记账凭证的操作步骤

① 选择“核算”→“凭证”→“客户往来制单”，在“客户制单查询”中选择“发票

制单”。

② 单击“全选”→“制单”，待生成的记账凭证如图4-65所示。再单击“保存”→“退出”按钮。

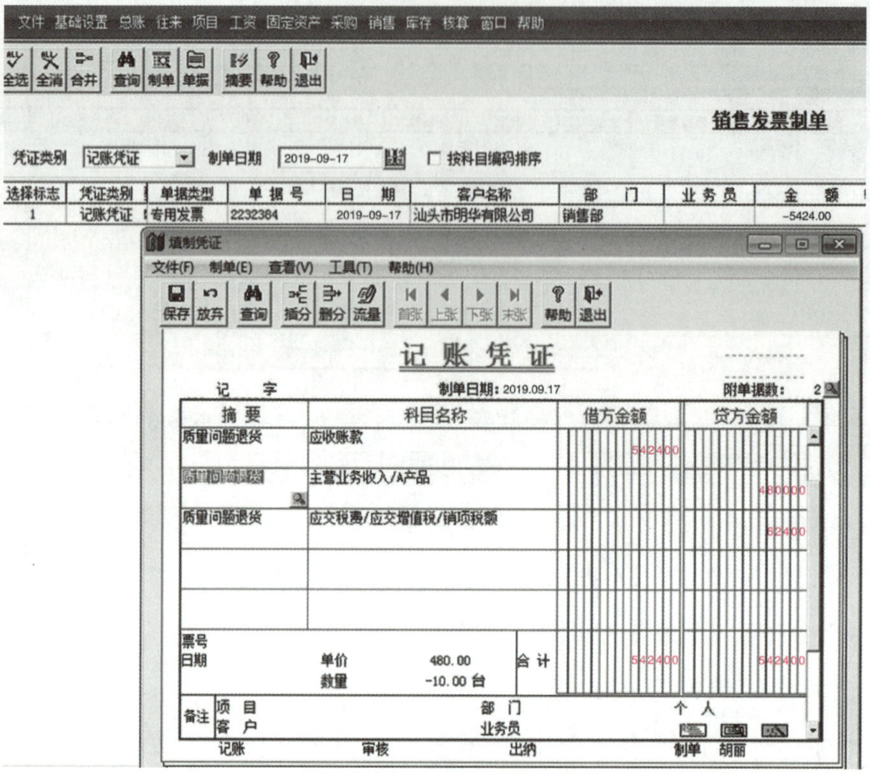

图4-65　待生成的记账凭证

拓展训练

逆向修改操作错误的业务

业务序号	创设问题情境（业务操作错误描述）	扫一扫见操作指引
业务33	录入红字退货单时，误将数量−10录成−1，并据以生成错误的记账凭证	

4.2.10　应收冲应付的业务

应收冲应付的业务是指企业收到客户偿还的货款直接转让给供应商，用于偿还企业所欠的货款。

业务34　9月20日，收到深圳市梅湖有限公司银行汇票一张，背书转让给供应商滨海市南阳有限公司，用于偿还应付账款（见图4-66和图4-67）

付款期限
壹 个 月

中国工商银行

银行汇票

汇票号码 0824

出票日期（大写）	贰零壹玖年零玖月壹拾玖日	代理付款行：工行滨海蓝山支行行号674836	
收款人：滨海市华兴有限公司			
出票金额	人民币（大写）	叁万元整	
实际结算金额	人民币（大写）		千 百 十 万 千 百 十 元 角 分 ¥ 3 0 0 0 0 0 0

申请人：深圳市梅湖有限公司　　账号：4050593842

出票行：市工行龙岗分行行号638284

备　注：

复核　　经办

中国工商银行
滨海市蓝山支行
2019年9月19日
转
讫

科目（借）

对方科目（贷）

销账日期　年　月　日

复核　　记账

图4-66　银行汇票正面

被背书人　滨海市南阳有限公司	被背书人
滨海市华兴有限公司 财务专用章　孙小军印 背书人签章　2019年9月20日	背书人签章　年　月　日

（贴粘单处）

持票人向银行提示付款签章：　　身份证件名称：　　发证机关：

号　码

图4-67　银行汇票背书

业务34的会计分录：

借：应付账款——滨海市南阳有限公司　　30 000.00

　贷：应收账款——深圳市梅湖有限公司　　30 000.00

操作流程

销售管理

·客户往来

·应收冲应付

核算管理

·生成记账凭证

·客户往来制单

·转账制单

操作步骤

以会计员胡丽的身份（用户名2）登录T3系统，操作日期2019-01-20。

（1）应收冲应付的操作步骤

① 选择“销售”→“客户往来”→“应收冲应付”。

② 打开“应收冲应付”对话框，单击“应收”按钮，选择“客户：梅湖公司”，单击“过滤”按钮，则应收“梅湖公司”的货款信息显示在表格中，如图4-68所示；再单击“应付”按钮，选择“供应商：南阳公司”，单击“过滤”按钮，则应付“南阳公司”的货款信息显示在表格中，如图4-69所示。

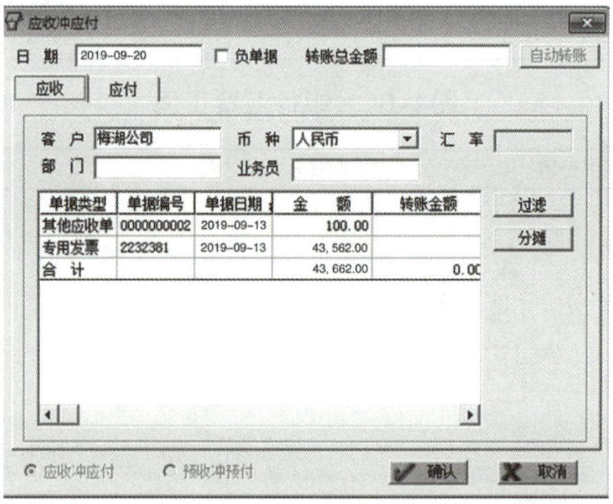

图4-68 应收“梅湖公司”货款

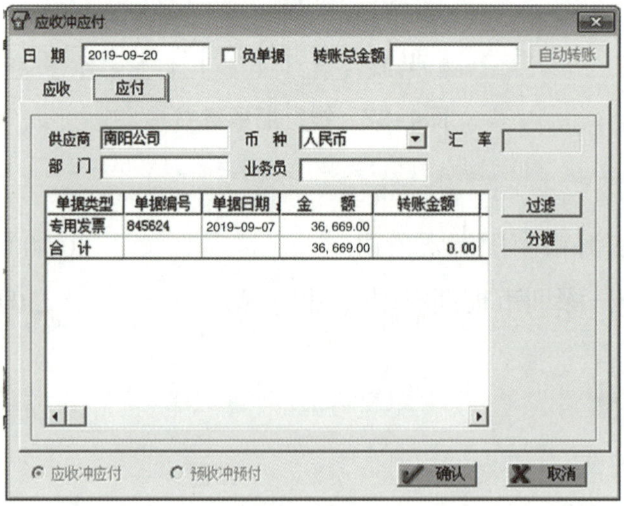

图4-69 应付“南阳公司”货款

③ 在“转账金额”文本框中输入转账金额30 000，如图4-70所示。

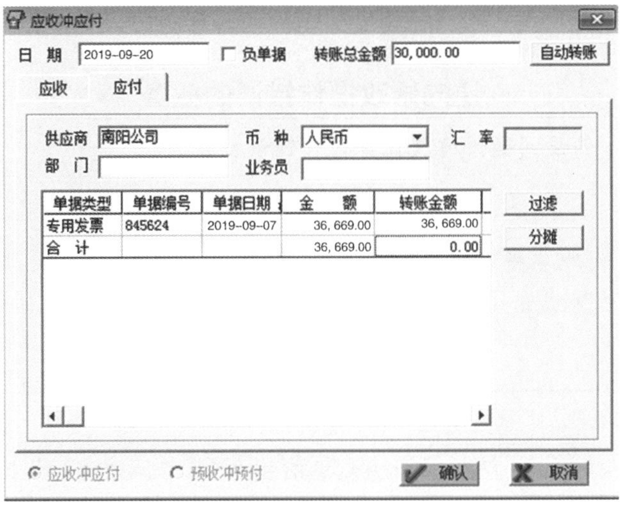

图4-70　应收冲应付

④ 单击“自动转账”按钮，系统提示“操作成功”，再单击“取消”按钮退出。

（2）生成记账凭证的操作步骤

① 单击“核算”→“凭证”→“客户往来制单”，选择“转账制单”。

② 在“转账制单”窗口中，单击“全选”→“制单”，待生成的记账凭证如图4-71所示。再单击“保存”→“退出”按钮。

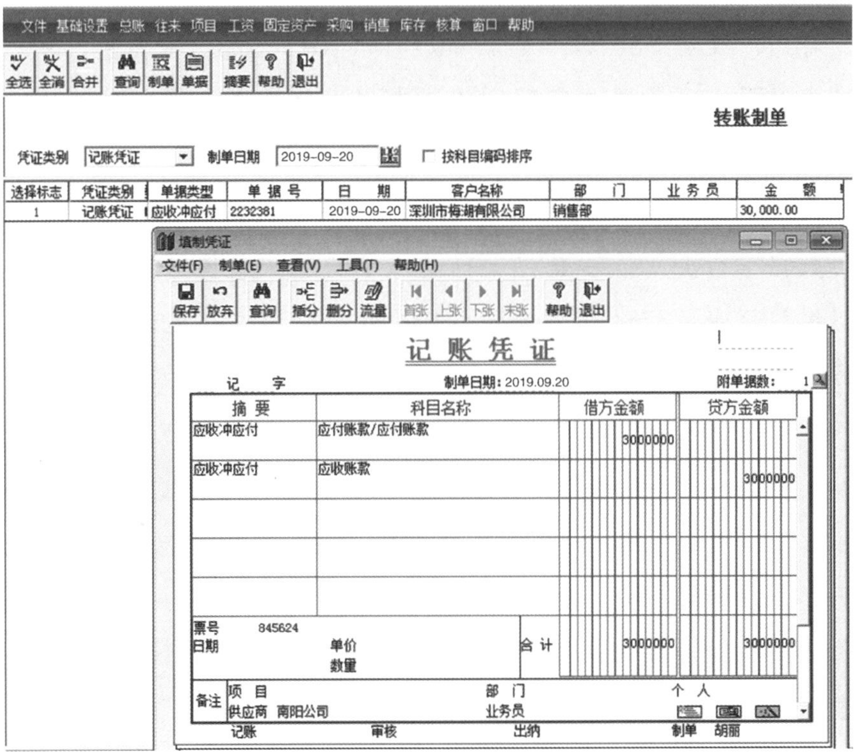

图4-71　待生成的记账凭证

拓展训练

逆向修改操作错误的业务

业务序号	创设问题情境（业务操作错误描述）	扫一扫见操作指引
业务34	录入应收冲应付转账金额时，误将30 000元录成3 000元，并据以生成错误的记账凭证	

行业动态

探“秘”税收大数据 每一张增值税发票都有自己的来龙去脉

对个人来说，出门打车、饭店吃饭、旅行住宿等都可能会开具发票；对企业来说，有生产就有销售，有销售就要开具增值税发票。在一张增值税发票中，可以看到上面有日期、单价、金额、税额、销售企业名称等各类信息，这些信息都会作为数据要素存储和传输起来。那么这张发票的信息，最终会去到哪里呢？答案就在国家税务总局的税收大数据“云”平台。

5月的一天，广州香鳄王实业有限公司售出了567双皮鞋，收到仓库的出库清单后，公司财务人员立刻登录账号进入“增值税发票税控开票软件”系统，输入购货方“大连鸿恩之杰商贸有限公司”、数量“567双”、价税合计“101546元”等信息，随后记载着购货方信息、商品信息、数量、总价等内容的增值税专用发票生成完毕。接着，财务人员打印发票、盖上发票专用章，将这张增值税专用发票寄给购货方。

在企业开具发票、录入上述交易信息时，每一个数据项都会及时传输到国税总局的大数据平台。大数据平台会对这些数据进行进一步处理，就像炒菜一样，洗菜、择菜、切菜，不同的食材搭配拼盘。经过这些步骤，就把发票数据与其他的税收数据还有从外部门获取的数据全面整合、关联、加工，最终形成全国统一的税收数据资源池。

这些数据不仅覆盖企业、个人、政府等全部经济活动主体，而且覆盖投资、消费、进出口等全部经济活动行为，还覆盖了行业、地区、经济类型、经营规模等各种维度，甚至通过发票，能看到纳税人从设立到注销的全部生命周期。税收大数据能综合反映宏观经济运行走势，特别是在疫情冲击下，税收大数据能够高频地反映各类市场主体生产经营情况。

这些宝贵的数据在助力做好税收征管和优化税费服务的同时，还可以辅助相关部门对宏观经济运行作出分析，更好地开展管理和服务。

想一想，练一练

一、单项选择题

1. 销售系统中，销售发货单界面中“生成”按钮的作用是（　　）。

A. 生成销售出库单　　B. 生成销售发货单

C. 生成销售发票　　D. 生成记账凭证

2. 销售产品发生的运输费，若由采购方承担，销售方销售产品支付的运输费就属于代垫费用，系统会将代垫的运输费计入（　　）科目。

A. 应收账款　　B. 其他应收款　C. 销售费用　　D. 营业外支出

3. 代垫运费是在（　　）界面中单击“代垫”按钮进入“代垫费用单”窗口录入完成的。

A. 发货单　　B. 销售专用发票　　C. 记账凭证 D. 销售出库单

4. 企业销售商品同时收到货款的业务，在核算管理系统中生成记账凭证时，应在“客户往来制单——客户制单查询”界面中选择（　　）。

A. 现结制单　　B. 发票制单　　C. 核销制单　　D. 转账制单

5. 现金折扣是企业为了尽快回笼资金而发生的理财费用，应计入（　　）科目。

A. 销售费用　　B. 财务费用　　C. 营业外支出　　D. 管理费用

6. （　　）是根据销售发货数量填制的单据。

A. 采购入库单　　B. 销售发货单 C. 内部调拨单　　D. 运费单

二、多项选择题

1. 销售商品货款未收业务的操作步骤写法正确的是（　　）。

A. 在“销售”系统根据发货单生成销售发票

B. 单击“现结”按钮

C. 在“核算”系统生成销售出库单并审核

D. 在“核算”系统选择“客户往来制单”生成记账凭证

2. 企业销售商品，代垫运费的业务在“核算”系统中生成记账凭证时，应在“客户往来制单——客户制单查询”界面中同时选择（　　）。

A. 转账制单　　B. 发票制单　　C. 应收单制单　　D. 现结制单

3. 销售系统的日常经济业务处理包括（　　）。

A. 销售商品业务　　B. 销售退回业务

C. 代垫运费业务　　D. 预收货款业务

4. 下列（　　）业务，在“核算”系统中生成记账凭证时，应选择“转账制单”。

A. 收回应收货款　　B. 应收冲应付

C. 销售商品，货款未收　　D. 预收冲应收

5. 销售管理系统的基本功能包括（　　）。

A. 销售订单　　B. 销售账簿及销售分析

C. 月末结账　　D. 销售出库

三、判断题

1. 收到客户预收货款的业务，同销售产品业务一样，都需要填制“发货单”和“销售发票”，在“客户往来制单”中选择“发票制单”生成相关的记账凭证。（　　）

2. 销售产品中发生的运输费，如果由销售方承担，则该笔运输费不用在销售系统中录入，在总账系统中直接填制记账凭证即可。（　　）

3. 企业采用商业折扣方式销售商品的，应在“发货单”界面中“付款条件”栏选择相关折扣信息。（　　）

4. 在销售系统中，可以根据销售订单流转生成发货单和销售发票。（　　）

5. 当某月的销售业务全部处理完毕后，需要进行月末结账处理。月末结账后，不能再处理当月的销售业务。（　　）

四、引深思考题

现金折扣和商业折扣在理论上和销售系统的操作上有何区别？

项目五　库存、核算管理系统及其经济业务的处理

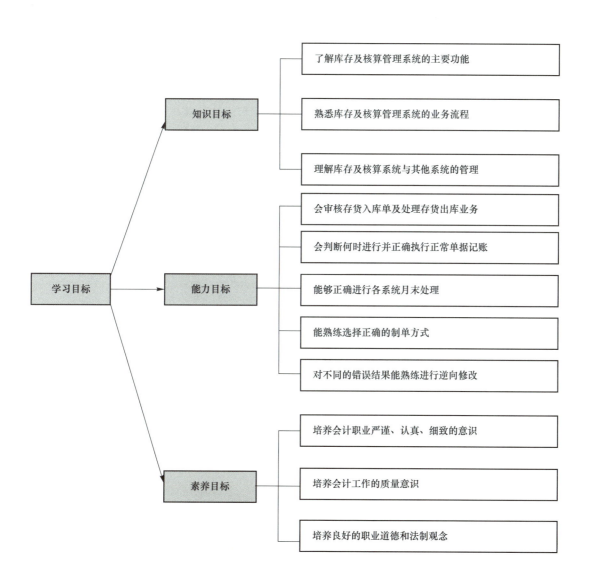

- 学习目标
  - 知识目标
    - 了解库存及核算管理系统的主要功能
    - 熟悉库存及核算管理系统的业务流程
    - 理解库存及核算系统与其他系统的管理
  - 能力目标
    - 会审核存货入库单及处理存货出库业务
    - 会判断何时进行并正确执行正常单据记账
    - 能够正确进行各系统月末处理
    - 能熟练选择正确的制单方式
    - 对不同的错误结果能熟练进行逆向修改
  - 素养目标
    - 培养会计职业严谨、认真、细致的意识
    - 培养会计工作的质量意识
    - 培养良好的职业道德和法制观念

任务一 认知库存管理系统

5.1.1 库存管理系统的基本功能

库存管理系统的基本功能主要有：

1. 系统初始

- 系统参数：由用户根据自己的需要建立库存业务应用环境。
- 分类体系：建立存货、地区、客户、供应商的分类体系。
- 编码档案：建立仓库、存货、收发类别等基本档案。
- 其他设置：建立成本对象、产品结构等档案。
- 单据设计：自由设计各种单据的格式及内容。
- 期初数据：录入使用库存系统之前各存货的结存数据。

2. 日常业务

- 采购入库：管理采购入库、退货业务。
- 销售出库：管理销售出库、退库业务，可根据发票或发货单生成销售出库单。
- 其他入库：管理采购入库以外的，如盘盈入库、调拨入库等其他入库业务。
- 其他出库：管理销售出库以外的，如盘亏出库、调拨出库等其他出库业务。
- 产成品入库：管理工业企业的产成品入库、退回业务。
- 材料出库：管理工业企业的领料、退料业务等。
- 调拨：管理仓库间的实物移动和分销意义上的仓库分配、调拨业务。
- 盘点：可按仓库、批次进行盘点，并根据盘点表生成盘盈入库单、盘亏出库单调整库存账。

3. 月末处理

- 对账：进行库存系统内部对账及库存系统与存货核算系统对账。
- 月末结账：当某月的库存业务全部处理完毕后，进行月末结账处理。

4. 库存控制

- 批次跟踪：对存货收发存业务进行批次跟踪。可统计某一批次所有存货的收发存情况或某一存货所有批次的收发存情况。
- 供应商跟踪：对各供货单位所供应的存货的收发存情况进行跟踪，以反映各供应商的存货的采购、销售、结存情况。

■ 保质期管理：对存货的失效日期进行监控：对过期、到期的存货进行报警，并对即将过期的存货进行预警。

5. 账表输出

■ 账表管理：用户可以根据自身的实际需要自由定义账表的输出格式和输出内容，用户可以自行定义账表名称并保存。

■ 账簿查询：可随时查询有关明细账。

思政园地

仓管员守则“十条”

1、工作应做到文明礼貌，坚持原则。

2、要委婉拒绝不按照规定领取物料，保护公司财产。

3、遵守公司规章制度，严禁做与工作无关的事情，不迟到早退，有事先请假，接、打电话必须使用文明语言，做到有礼有节，不卑不亢；具有职业道德，保守公司商业秘密。

4、劳保用品必须穿戴齐备，同时有监督外来人员执行本条款的义务。

5、以“单货同步”为原则进行收货，并认真核查清单是否真实、有效。

6、接收货物时，必须对外包装认真检查，如有破损或不符合标准的货物，要通知技术部和采购部。

7、接收货物时，应监督和协助装卸人员将货物堆码整齐，禁止无故离开现场。

8、对收发货物完成后必须准确、及时地反馈单证，记录台账，严禁非法操作，否则所造成的巨大损失由仓管员承担。

9、对所辖库区设施、设备必须进行日常维护、保养，以确保对货物有利的存储条件。

10、对各种报表、数据准确性和及时性负责，确保真实、完整，库存实物每日循环盘，每周一小盘，每月一大盘。

5.1.2　库存管理系统与其他系统的联系

库存管理系统与基础设置共享基础数据，库存管理需要的基础数据可以在基础设置中统一设置。例如，采购系统中录入的采购入库单可以在库存管理中审核确认，以证明入库单上货物已经入库；销售系统中录入的发货单可以生成销售出库单，可以在库存系统中进行审核确认，以证明出库单上的货物已经出库；库存管理系统为核算系统提供各种出入库单据，在核算系统中记账并生成凭证。库存管理系统与其他系统的主要关系如图5-1所示，库存管理系统业务操作流程如图5-2所示。

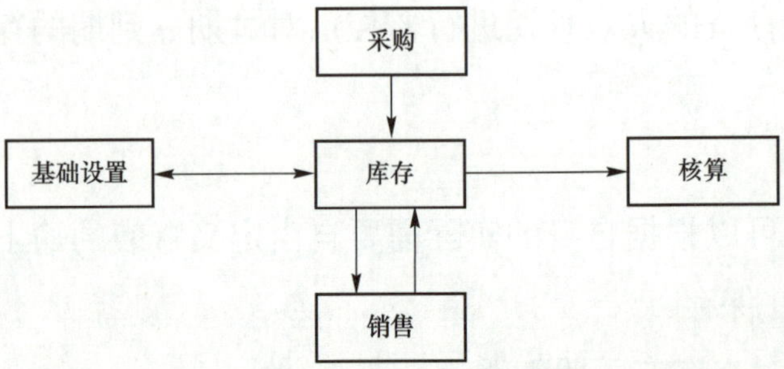

图5-1　库存管理系统与其他系统的主要关系

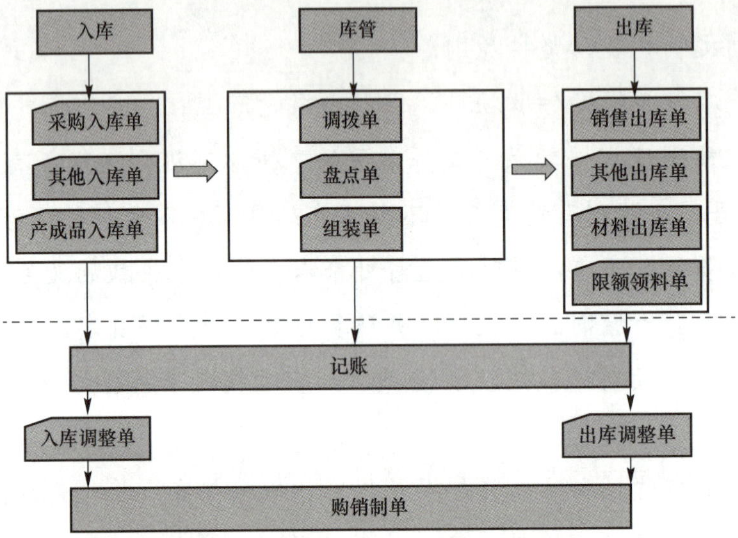

图5-2　库存管理系统业务操作流程

任务二　认知核算管理系统

5.2.1　核算管理系统的基本功能

本系统是供销链系统的一部分，主要用于核算企业存货的入库成本、出库成本和结余成本，反映和监督存货的收发、领退和保管情况；及时、准确地把各类存货成本归集到各成本项目和成本对象上，为企业的成本核算提供基础数据。

核算管理系统的基本功能主要有：单据处理、暂估入库成本处理、产成品成本分配、单据记账、生成记账凭证等。

5.2.2　核算管理系统与其他系统的联系

基础设置为核算系统提供各种相关基础数据，采购系统中录入的采购入库单经审核传递到核算系统中记账，以确认存货的入库成本，并生成记账凭证；核算系统对采购暂估入库单进行暂估报销处理；销售系统中录入的发货单，在库存系统中生成出库单并审核，在核算系统中记账，并生成出库记账凭证；库存系统中录入的出入库单据，传递到核算系统中进行记账，生成记账凭证。核算系统与其他系统的主要关系如图5-3所示。

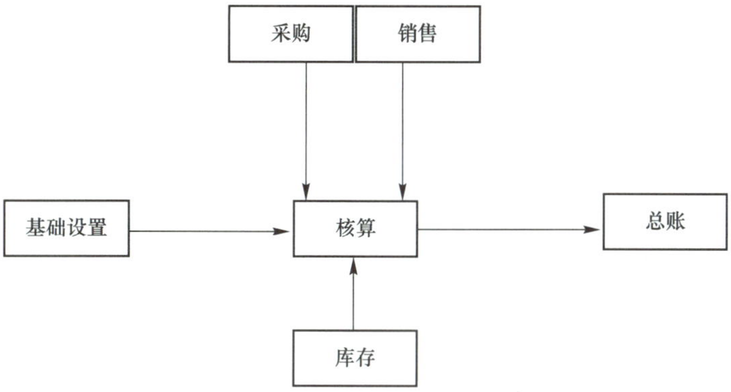

图5-3　核算系统与其他系统的主要关系

任务三　库存及核算管理系统日常经济业务处理

任务描述

库存及核算系统需要完成的日常经济业务处理主要包括：

（1）入库业务处理（包括采购入库、产品入库、其他入库等）

（2）出库业务处理（包括销售出库、材料出库、其他出库等）

（3）单据记账（将所输入的各种出入库单据记入存货明细账）

（4）暂估处理（采购暂估入库业务处理）

（5）生成记账凭证

5.3.1　周转材料仓库发出材料的业务

当某类存货的计价方式不同于其他存货时，可用虚设该种类存货仓库的方式解决成本结转的问题，即进行“仓库档案设置”，在“核算”→“科目设置”→“存货对方科目设置”中即可按仓库设置对应的核算科目，而不会出现“设置冲突”的问题。

业务35　9月21日，生产车间领用周转材料（见图5-4）

领料单

用途：生产车间用　　　　2019年9月21日　　　　NO.1

材料名称及规格	计量单位	请领数量	实发数量	备注
劳保用品	件	60	60	
工具	件	20	20	

记账联

经手人：李杨海　　　　保管员：黄珊

图5-4　领料单

业务35的会计分录：

借：制造费用　　890.00

　贷：周转材料——低值易耗品（劳保用品）　　750.00

　　　周转材料——低值易耗品（工具）　　140.00

操作流程

库存管理

·填制材料出库单

核算管理

·正常单据记账

·生成记账凭证

　·购销单据制单

　　·材料出库单

操作步骤

以会计员胡丽的身份（用户名2）登录T3系统，操作日期2019-09-21。

（1）填制材料出库单的操作步骤

① 选择“库存”→“材料出库单”。

② 打开“材料出库单”对话框，注意录入“仓库”和“出库类别”，其他信息参照领料单录入。

③ 单击“保存”→“审核”，如图5-5所示。

图5–5　材料出库单的录入

（2）正常单据记账的操作步骤

① 选择“核算”→“正常单据记账”。

② 打开“正常单据记账”对话框，如图5-6所示，单击“确定”按钮。

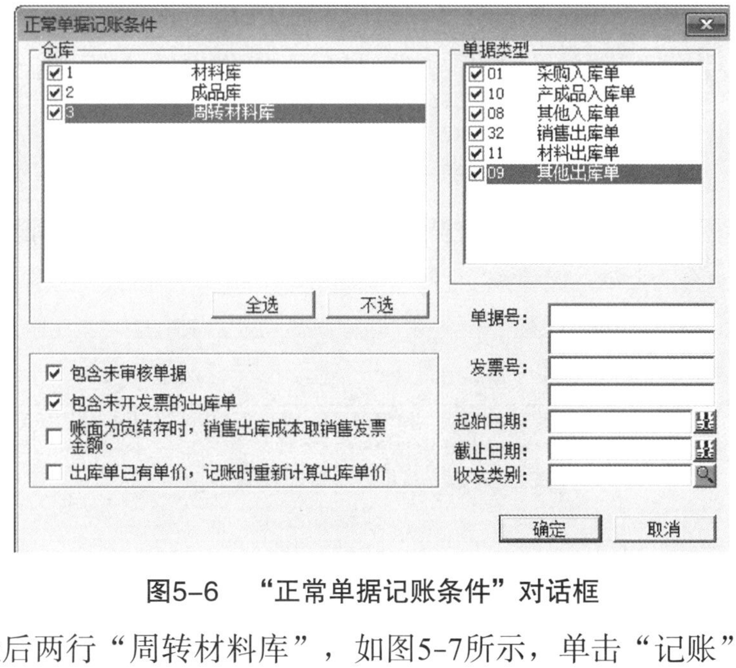

图5–6　“正常单据记账条件”对话框

③ 单击选中最后两行“周转材料库”，如图5–7所示，单击“记账”按钮，再单击“退出”按钮。

选择	日期	单据号	仓库名称	收发类别	存货编码	存货名称	数量	单价	金额
	2019-09-11	0000000001	成品库	销售出库	201	A产品	90.0000		
		0000000001	成品库	销售出库	202	B产品	110.0000		
	2019-09-12	0000000002	成品库	销售出库	201	A产品	40.0000		
		0000000002	成品库	销售出库	202	B产品	45.0000		
	2019-09-13	0000000003	成品库	销售出库	201	A产品	55.0000		
		0000000003	成品库	销售出库	202	B产品	60.0000		
	2019-09-15	0000000004	成品库	销售出库	201	A产品	100.0000		
		0000000004	成品库	销售出库	202	B产品	125.0000		
	2019-09-17	0000000005	成品库	销售出库	201	A产品	400.0000		
		0000000005	成品库	销售出库	202	B产品	560.0000		
		0000000006	成品库	销售出库	201	A产品	-10.0000		
√	2019-09-21	0000000001	周转材料库	车间一般用料	301	劳保用品	60.0000		
√		0000000001	周转材料库	车间一般用料	302	工具	20.0000		

图5-7　选择需要“正常单据记账”的记录

（3）生成记账凭证的操作步骤

① 选择“核算”→“购销单据制单”。

② 单击“选择”按钮，在“查询条件”中，选中“材料出库单”复选框，再单击“确定”按钮。

③ 在“选择单据”中，单击“全选”→“确定”按钮。

④ 在生成凭证前，将第一行默认的“14110202包装箱”改为“14110101劳保用品”，第三行的“14110202包装箱”改为“14110102工具”，借贷方的金额“1 500”改为“750”，“280”改为“140”（“五五”摊销）。

⑤ 单击“生成”按钮，修改凭证摘要改为“领用周转材料”，如图5-8所示。

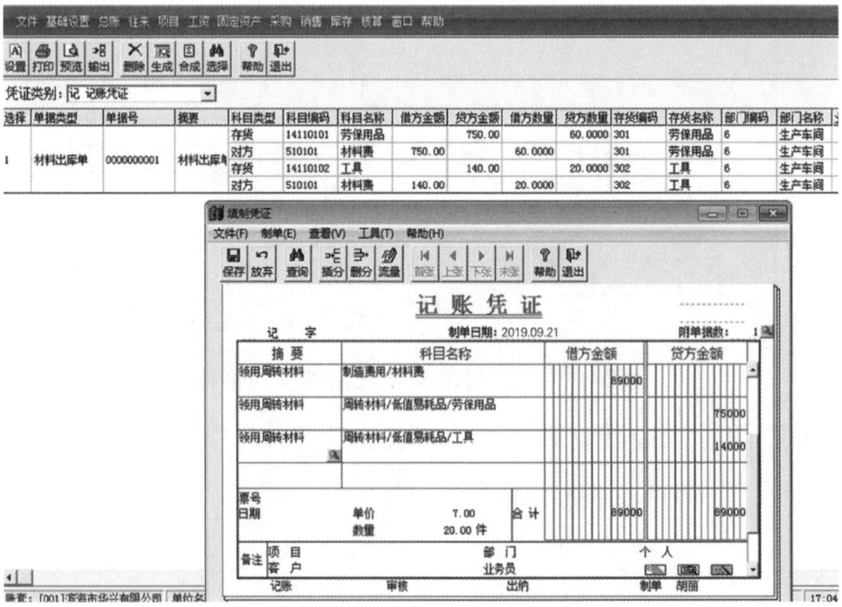

选择	单据类型	单据号	摘要	科目类型	科目编码	科目名称	借方金额	贷方金额	借方数量	贷方数量	存货编码	存货名称	部门编码	部门名称
1	材料出库单	0000000001	材料出库单	存货	14110101	劳保用品		750.00		60.0000	301	劳保用品	6	生产车间
				对方	510101	材料费	750.00		60.0000		301	劳保用品	6	生产车间
				存货	14110102	工具		140.00		20.0000	302	工具	6	生产车间
				对方	510101	材料费	140.00		20.0000		302	工具	6	生产车间

图5-8　生成的记账凭证

⑥ 单击“保存”按钮，再单击“退出”按钮。

注意：

（1）在“核算”→“科目设置”→“存货对方科目设置”中已按“材料出库类别”分别设置了对应的核算科目，因此“材料出库单”中的“出库类别”的选择很重要，它关系到生成记账凭证时系统自动带出的“借方账户”名称。如果不选择或选择错误，则系统在生成记账凭证时不能自动带出“借方账户”或带出错误的账户名称。

（2）“周转材料库”是按移动平均法计价的，因此“每次入库和出库”都要及时执行“正常单据记账”，以便系统自动重新计算移动平均单价。

（3）“成品库”和“原材料库”是按月末一次加权平均法计价的，因此平时发出这些存货时暂不用执行“正常单据记账”，待月末一次执行即可。

拓展训练

逆向修改操作错误的业务

业务序号	创设问题情境（业务操作错误描述）	扫一扫见操作指引
业务35	录入材料出库单时，出库类别误选择为生产产品用料，在生成记账凭证前发现借方科目为“生产成本”	

5.3.2　材料暂估入库业务的处理

业务36　9月30日，购入材料，发票未到，按暂估价入账（见图5-9）

材料入库单

供货单位：市升科公司　　　　2019年9月30日　　　　第10号

名称	编号	单位	暂估单价	应收数量	实收数量	暂估成本									
						千	百	十	万	千	百	十	元	角	分
甲材料		千克	122	150	150				1	8	3	0	0	0	0
备注：材料验收入库，发票未到，按暂估价入库。															

第三联　财务记账

主管：　　　　记账：　　　　验收：王芳　　　　制单：王芳

图5-9　材料入库单

业务36的会计分录：

借：原材料——甲材料　　18 300.00

　　贷：应付账款——暂估款　　18 300.00

操作流程

采购管理 → **库存管理** → **核算管理**

采购管理：
·填制采购入库单（材料暂估入库）

库存管理：
·采购入库单审核

核算管理：
·正常单据记账
·生成记账凭证
　·购销单据制单
　　·采购入库单（暂估记账）

操作步骤

以会计员胡丽的身份（用户名2）登录T3系统，操作日期2019-09-30。

（1）填制采购入库单的操作步骤

① 选择“采购”→“采购入库单”。

② 单击“增加”按钮，依次录入采购入库单的有关信息，注意“入库类别”要选择“材料暂估入库”，“单价”录入暂估价“122”元，单击“保存”按钮，如图5-10所示。再单击“退出”按钮。

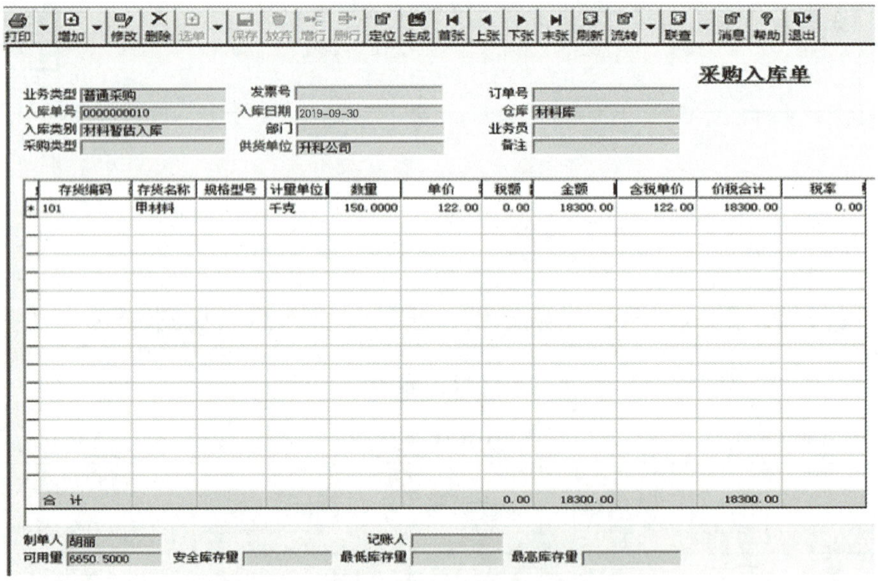

图5-10　按暂估价填制“采购入库单”

（2）采购入库单审核的操作步骤

① 选择“库存”→“采购入库单审核”。

② 打开暂估入库的“采购入库单”，单击“审核”按钮，再单击“退出”按钮。

（3）正常单据记账的操作步骤

① 选择“核算”→“正常单据记账”。

② 打开“正常单据记账”对话框，直接单击“确定”按钮。

③ 选中“材料库”这一行，如图5-11所示。单击“记账”按钮后，再单击“退出”按钮。

选择	日期	单据号	仓库名称	收发类别	存货编码	存货名称	数量	单价	金额
	2019-09-11	0000000001	成品库	销售出库	201	A产品	90.0000		
		0000000001	成品库	销售出库	202	B产品	110.0000		
	2019-09-12	0000000002	成品库	销售出库	201	A产品	40.0000		
		0000000002	成品库	销售出库	202	B产品	45.0000		
	2019-09-13	0000000003	成品库	销售出库	201	A产品	55.0000		
		0000000003	成品库	销售出库	202	B产品	60.0000		
	2019-09-15	0000000004	成品库	销售出库	201	A产品	100.0000		
		0000000004	成品库	销售出库	202	B产品	125.0000		
	2019-09-17	0000000005	成品库	销售出库	201	A产品	400.0000		
		0000000005	成品库	销售出库	202	B产品	560.0000		
		0000000006	成品库	销售出库	201	A产品	-10.0000		
√	2019-09-30	0000000010	材料库	采购入库	101	甲材料	150.0000	122.00	18300.00

图5-11　选中需要执行正常单据记账的记录

（4）生成记账凭证的操作步骤

① 选择“核算”→“购销单据制单”。

② 单击“选择”按钮，在“查询条件”中，选中“采购入库单（暂估记账）”复选框，再单击“确定”按钮。

③ 在“选择单据”中，单击“全选”→“确定”。

④ 单击“生成”按钮，待生成暂估入库的记账凭证如图5-12所示。单击“保存”按钮，再单击“退出”按钮。

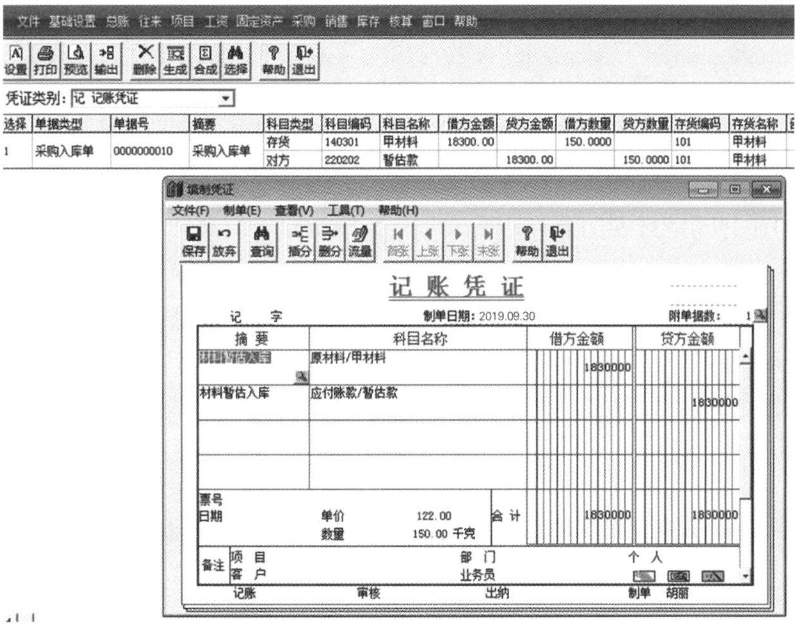

图5-12　待生成的记账凭证

拓展训练

逆向修改操作错误的业务

业务序号	创设问题情境（业务操作错误描述）	扫一扫见操作指引
业务36	录入采购入库单时，入库类别没有选择“材料暂估入库”，生成记账凭证前发现不正确	

5.3.3 原材料仓库发出材料的业务处理

“原材料仓库”是按月末一次加权平均法计算发出材料的成本，因此要在“核算”系统中对“原材料仓库”进行“月末处理”后，系统才能准确地计算出本月发出材料的平均单价。因为本月还有月末盘点仓库的业务未处理，故“本月仓库发出材料”的业务暂不用计算成本。

业务37　9月30日，本月仓库发出图5-13所示材料

材料耗用汇总表

2019年9月30日

材料名称及规格	计量单位	请领数量	实发数量	用途
甲材料	千克	2580	2580	生产A产品用
乙材料	千克	3600	3600	生产A产品用
甲材料	千克	1560	1560	生产B产品用
乙材料	千克	1680	1680	生产B产品用
辅料	千克	1240	1240	生产B产品用
辅料	千克	150	150	行政管理部门用

经手人：李杨海　　　　保管员：黄珊

图5-13　材料耗用汇总表

此笔业务暂不用生成记账凭证。

操作流程

库存管理 → 核算管理

·填制材料出库单　　·正常单据记账

注：此题暂不生成凭证，待材料库月末处理后，算出发出材料加权平均单价后再生成记账凭证，操作流程如下：

核算管理

·生成记账凭证

　·购销单据制单

　　·材料出库单

操作步骤

以会计员胡丽的身份（用户名2）登录T3系统，操作日期2019-09-30。

（1）填制材料出库单的操作步骤

① 选择“库存”→“材料出库单”。

② 打开“材料出库单”对话框，注意录入“仓库”和“出库类别”，此笔业务的第一张出库单的“出库类别”要选择“生产产品用料”，“部门”选“生产车间”。

③ 录完“材料编码”和“数量”后，要先双击“项目大类编码”，并选择“99-成本对象”。

④ 双击“项目编码”，在“参照”中选择对应的产品，例如第一行选“A产品”，如图5-14所示。

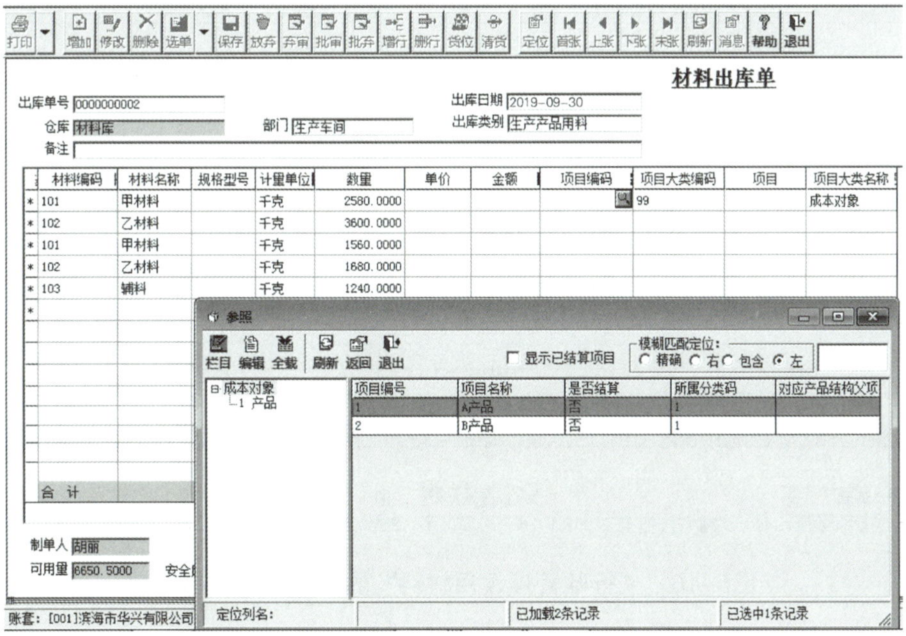

图5-14　“材料出库单”中“项目编码”的选择

⑤ 逐行录完“生产产品领用材料”的“材料出库单”后，单击“保存”→“审核”，如图5-15所示。

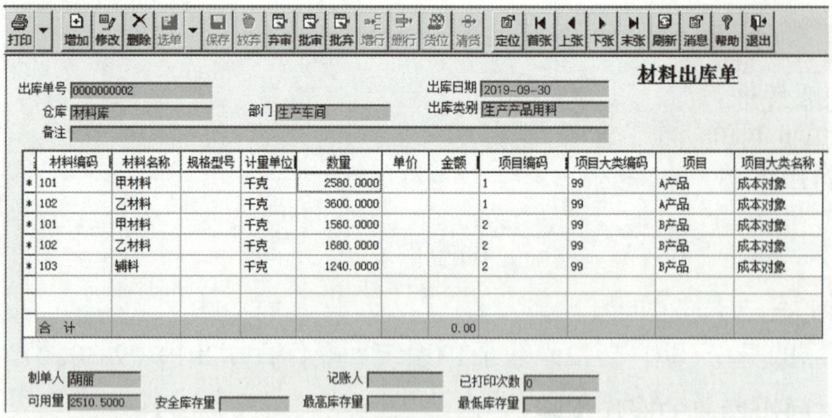

材料出库单

出库单号 0000000002　出库日期 2019-09-30

仓库 材料库　部门 生产车间　出库类别 生产产品用料

备注

材料编码	材料名称	规格型号	计量单位	数量	单价	金额	项目编码	项目大类编码	项目	项目大类名称
101	甲材料		千克	2580.0000			1	99	A产品	成本对象
102	乙材料		千克	3600.0000			1	99	A产品	成本对象
101	甲材料		千克	1560.0000			2	99	B产品	成本对象
102	乙材料		千克	1680.0000			2	99	B产品	成本对象
103	辅料		千克	1240.0000			2	99	B产品	成本对象
合计						0.00				

制单人 胡丽　记账人　已打印次数 0

可用量 2510.5000　安全库存量　最高库存量　最低库存量

图5-15　“生产产品领用材料”的“材料出库单”

⑥单击“增加”按钮，再录此笔业务的第二张出库单。注意，“出库类别”要选择“行政管理用料”，“部门”选择“行政部”，如图5-16所示，再单击“保存”→“审核”。

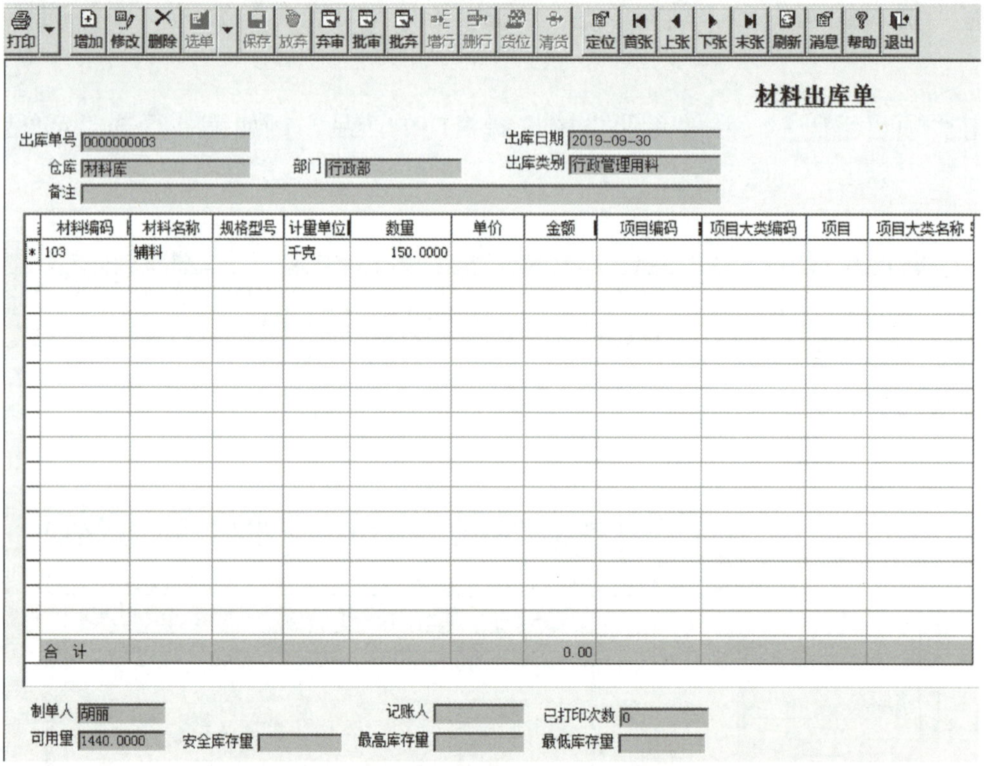

材料出库单

出库单号 0000000003　出库日期 2019-09-30

仓库 材料库　部门 行政部　出库类别 行政管理用料

备注

材料编码	材料名称	规格型号	计量单位	数量	单价	金额	项目编码	项目大类编码	项目	项目大类名称
103	辅料		千克	150.0000						
合计						0.00				

制单人 胡丽　记账人　已打印次数 0

可用量 1440.0000　安全库存量　最高库存量　最低库存量

图5-16　“行政管理领用材料”的“材料出库单”

注意：

（1）“材料出库单”中的“出库类别”的选择很重要，它关系到生成记账凭证时系统自动带出的“借方账户”名称。

（2）“生产成本”账户已设置为“项目核算”，因此，在填“材料出库单”时，一定要选择“项目大类编码”和“项目编码”（分别对应的是“成本对象”和“产品品种”），否则生成记账凭证时会有错误提示。

（3）“管理费用”账户没有设置为“项目核算”，因此，在填“材料出库单”时，不要选择“项目大类编码”和“项目编码”。

（2）正常单据记账的操作步骤

① 选择“核算”→“正常单据记账”，选择“材料库”和“材料出库单”，单击“确定”按钮。

② 打开“正常单据记账”对话框，直接单击“确定”按钮。单击“记账”按钮。

③ 选中“材料库”中全部需要执行正常单据记账的记录，如图5-17所示。单击“记账”按钮后，再单击“退出”按钮。

正常单据记账

选择	日期	单据号	仓库名称	收发类别	存货编码	存货名称	数量	单价	金额
	2019-09-11	0000000001	成品库	销售出库	201	A产品	90.0000		
		0000000001	成品库	销售出库	202	B产品	110.0000		
	2019-09-12	0000000002	成品库	销售出库	201	A产品	40.0000		
		0000000002	成品库	销售出库	202	B产品	45.0000		
	2019-09-13	0000000003	成品库	销售出库	201	A产品	55.0000		
		0000000003	成品库	销售出库	202	B产品	60.0000		
	2019-09-15	0000000004	成品库	销售出库	201	A产品	100.0000		
		0000000004	成品库	销售出库	202	B产品	125.0000		
	2019-09-17	0000000005	成品库	销售出库	201	A产品	400.0000		
		0000000005	成品库	销售出库	202	B产品	560.0000		
		0000000006	成品库	销售出库	201	A产品	-10.0000		
√	2019-09-30	0000000002	材料库	生产产品用料	101	甲材料	2580.0000		
√		0000000002	材料库	生产产品用料	102	乙材料	3600.0000		
√		0000000002	材料库	生产产品用料	101	甲材料	1560.0000		
√		0000000002	材料库	生产产品用料	102	乙材料	1680.0000		
√		0000000002	材料库	生产产品用料	103	辅料	1240.0000		
√		0000000003	材料库	行政管理用料	103	辅料	150.0000		

图5-17 选中需要执行正常单据记账的记录

5.3.4 月末仓库盘点的业务

月末仓库盘点就是财产清查的业务，应在“库存”系统中录入“库存其他业务”的“盘点单”。

业务38 9月30日，月末仓库盘点，发现甲材料盘亏10.50千克，原因待查（见图5-18）

库存材料盘亏单

类别：原材料　　　　2019年9月30日

名称	规格	单位	单价	账面数	清点数	盘盈	盘亏数	金额
甲材料		千克		2 510.5	2 500		10.5	
合计				2 510.5	2 500		10.5	
财务审批意见：尚未查明原因，暂做“待处理财产损溢”处理。								

第一联

部门：材料库　　　　财务科负责人：张燕玲　　　　制表：王芳

图5-18 材料盘亏单

此笔业务暂不用生成记账凭证。

操作流程

库存管理 → 核算管理 → 库存管理

- 库存管理：·库存其他业务 ·盘点单
- 核算管理：·正常单据记账
- 库存管理：·审核其他出库单

注：此题暂不生成凭证，待材料库月末处理后，算出发出材料加权平均单价后再生成记账凭证，操作流程如下：

核算管理

·生成记账凭证
·购销单据制单
·其他出库单

操作步骤

以会计员胡丽的身份（用户名2）登录T3系统，操作日期2019-09-30。

（1） 填制材料出库单的操作步骤

① 选择“库存”→“库存其他业务”→“盘点单”。

② 单击“增加”按钮，依次录入“盘点仓库”等信息，注意“出库类别”选择“盘亏出库”；在“盘点日期”文本框中录入“2019-09-30”。

③ 在“盘点数量”中录入“2500”，系统自动计算出盘亏数量“-10.50”。

④ 单击“保存”按钮，再单击“审核”按钮，系统提示“盘亏数量为负的存货生成了其他出库单”，如图5-19所示。单击“确定”按钮，再单击“退出”按钮。

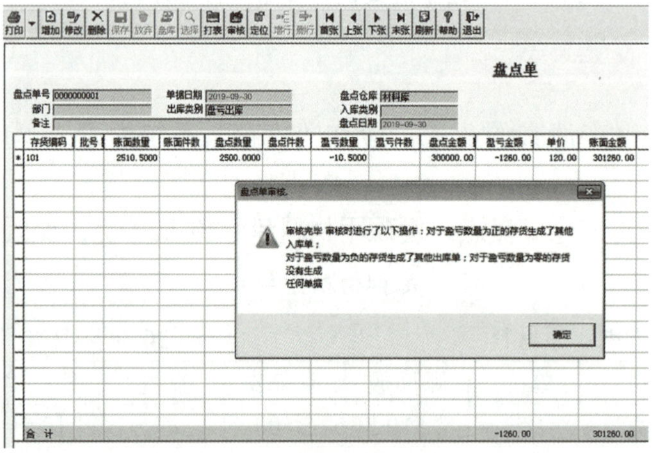

图5-19　“盘点单”的录入

（2）正常单据记账的操作步骤

① 选择“核算”→“正常单据记账”。

② 打开“正常单据记账条件”对话框，注意选中“出库单已有单价，记账时重新计算出

库单价”复选框，如图5-20所示，再单击“确定”按钮。

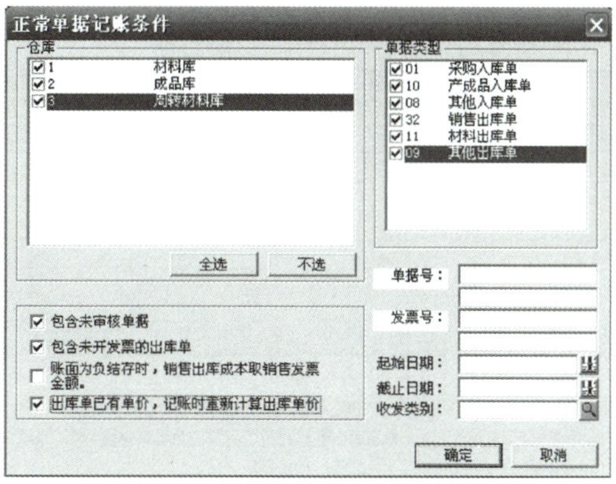

图5-20　“正常单据记账”条件

③ 选择最后一行“盘亏出库”的记录，如图5-21所示，单击“记账”按钮，再单击“退出”按钮。

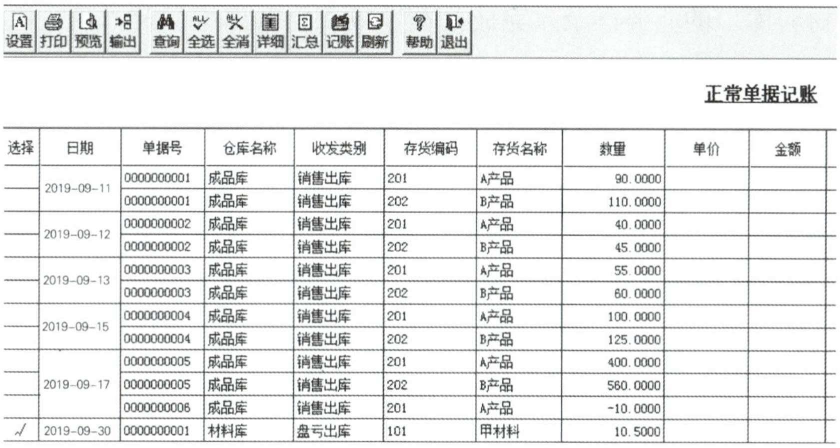

选择	日期	单据号	仓库名称	收发类别	存货编码	存货名称	数量	单价	金额
	2019-09-11	0000000001	成品库	销售出库	201	A产品	90.0000		
		0000000001	成品库	销售出库	202	B产品	110.0000		
	2019-09-12	0000000002	成品库	销售出库	201	A产品	40.0000		
		0000000002	成品库	销售出库	202	B产品	45.0000		
	2019-09-13	0000000003	成品库	销售出库	201	A产品	55.0000		
		0000000003	成品库	销售出库	202	B产品	60.0000		
	2019-09-15	0000000004	成品库	销售出库	201	A产品	100.0000		
		0000000004	成品库	销售出库	202	B产品	125.0000		
	2019-09-17	0000000005	成品库	销售出库	201	A产品	400.0000		
		0000000005	成品库	销售出库	202	B产品	560.0000		
		0000000006	成品库	销售出库	201	A产品	-10.0000		
√	2019-09-30	0000000001	材料库	盘亏出库	101	甲材料	10.5000		

图5-21　选择最后一行“盘亏出库”执行正常单据记账

注意：

在“盘点单”中，系统自动取期初的材料单价填入“盘点单”中，但“材料库”是按月末一次加权平均法计算发出材料的单价的，因此，在对“盘亏出库”的材料执行“正常单据记账”时，要注意选中“出库单已有单价，记账时重新计算出库单价”的复选框，这样取得的单价才是加权平均单价。

（3）其他出库单审核的操作步骤

① 选择“库存”→“其他出库单”。

② 打开盘亏甲材料的“其他出库单”，单击“审核”按钮，如图5-22所示。

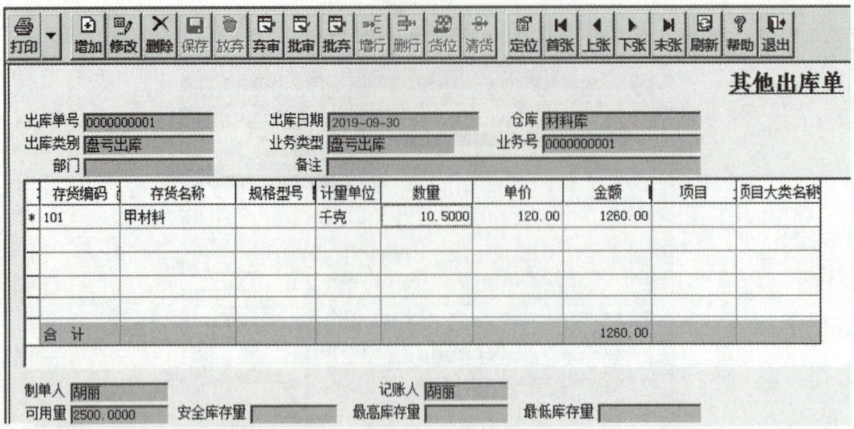

图5-22　审核“其他出库单”

5.3.5　材料库的月末处理

本月有关“材料库”的业务已录入完成，在生成“材料出库”及“盘亏出库”的记账凭证之前，必须对“材料库”进行月末处理，以便系统计算出本月发出材料的加权平均单价。

操作步骤

以会计员胡丽的身份（用户名2）登录T3系统，操作日期2019-09-30。

（1）采购系统结账的操作步骤

① 选择“采购”→“月末结账”。

② 选中结账月份“9”月，单击“结账”按钮，再单击“退出”按钮。

（2）销售系统结账的操作步骤

① 选择“销售”→“月末结账”。

② 选中结账月份“9”月，单击“月末结账”按钮，再单击“退出”按钮。

（3）库存系统结账的操作步骤

① 选择“库存”→“月末结账”。

② 选中结账月份“9”月，单击“结账”按钮，再单击“退出”按钮。

（4）材料库月末处理的操作步骤

① 选择“核算”→“月末处理”。

② 选择“材料库”和“周转材料库”，如图5-23所示，单击“确定”按钮。

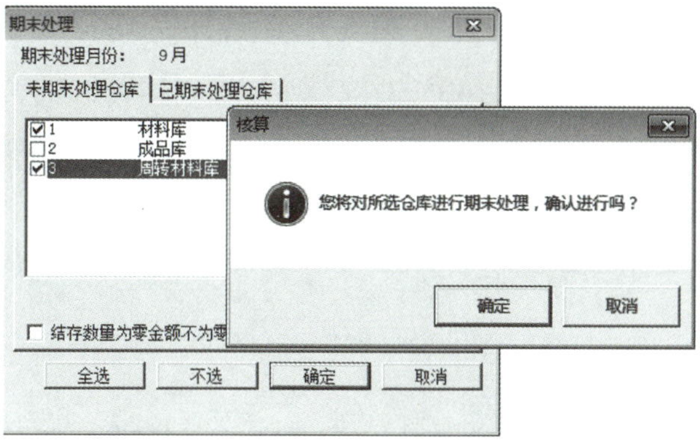

图5-23　选中需要期末处理的仓库

③ 在“成本计算表”对话框中，系统显示出材料库的成本计算表，加权平均单价系统已自动计算出来，如图5-24所示。单击“确定”按钮，再单击“取消”按钮退出。

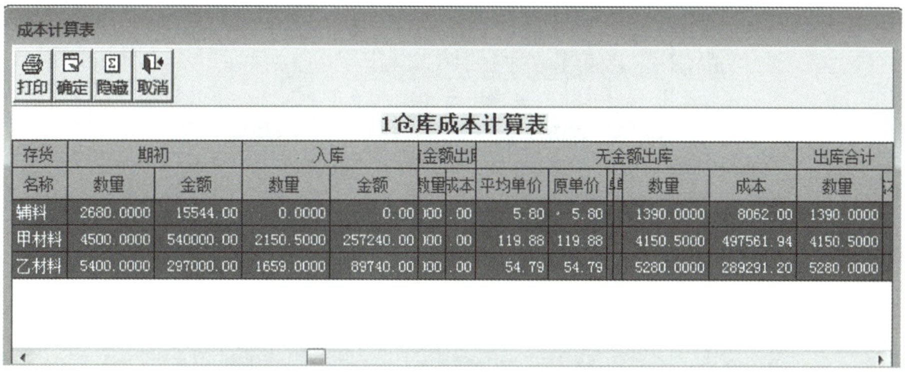
成本计算表

打印　确定　隐藏　取消

1仓库成本计算表

存货	期初		入库		金额出		无金额出库				出库合计
名称	数量	金额	数量	金额	数量	成本	平均单价	原单价	数量	成本	数量
辅料	2680.0000	15544.00	0.0000	0.00	00	.00	5.80	5.80	1390.0000	8062.00	1390.0000
甲材料	4500.0000	540000.00	2150.5000	257240.00	00	.00	119.88	119.88	4150.5000	497561.94	4150.5000
乙材料	5400.0000	297000.00	1659.0000	89740.00	00	.00	54.79	54.79	5280.0000	289291.20	5280.0000

图5-24　材料库期末处理的结果

生成业务37“本月仓库发出材料”的记账凭证：

业务37的会计分录：

借：生产成本——A产品——直接材料费　　506 534.40

　　生产成本——B产品——直接材料费　　286 252.00

　　管理费用——材料费　　870.00

　贷：原材料——甲材料　　496 303.20

　　　原材料——乙材料　　289 291.20

　　　原材料——辅料　　8 062.00

操作步骤

以会计员胡丽的身份（用户名2）登录T3系统，操作日期2019-09-30。

① 选择“核算”→“购销单据制单”。

② 在“查询条件”中选择“材料出库单”，单击“确认”按钮。

③ 单击“全选”→“确定”。

④ 在生成记账凭证前，一定要注意对照“存货名称”列将“科目编目”列需要修改的“140301甲材料”（系统默认）改为“140302乙材料”或“140303辅料”，如图5-25所示。

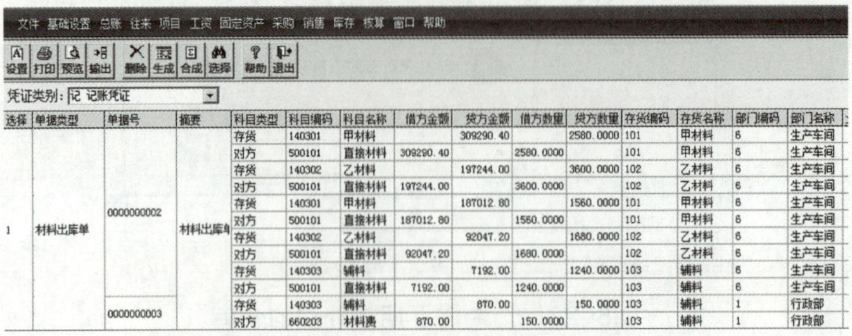

选择	单据类型	单据号	摘要	科目类型	科目编码	科目名称	借方金额	贷方金额	借方数量	贷方数量	存货编码	存货名称	部门编码	部门名称
1	材料出库单	0000000002	材料出库单	存货	140301	甲材料		309290.40		2580.0000	101	甲材料	6	生产车间
				对方	500101	直接材料	309290.40		2580.0000		101	甲材料	6	生产车间
				存货	140302	乙材料		197244.00		3600.0000	102	乙材料	6	生产车间
				对方	500101	直接材料	197244.00		3600.0000		102	乙材料	6	生产车间
				存货	140301	甲材料		187012.80		1560.0000	101	甲材料	6	生产车间
				对方	500101	直接材料	187012.80		1560.0000		101	甲材料	6	生产车间
				存货	140302	乙材料		92047.20		1680.0000	102	乙材料	6	生产车间
				对方	500101	直接材料	92047.20		1680.0000		102	乙材料	6	生产车间
				存货	140303	辅料		7192.00		1240.0000	103	辅料	6	生产车间
				对方	500101	直接材料	7192.00		1240.0000		103	辅料	6	生产车间
		0000000003		存货	140303	辅料		870.00		150.0000	103	辅料	1	行政部
				对方	660203	材料费	870.00		150.0000		103	辅料	1	行政部

图5–25　生成凭证前修改好的对应会计科目

⑤ 单击“合成”按钮，则生成的记账凭证如图5-26所示，再单击“保存”按钮。

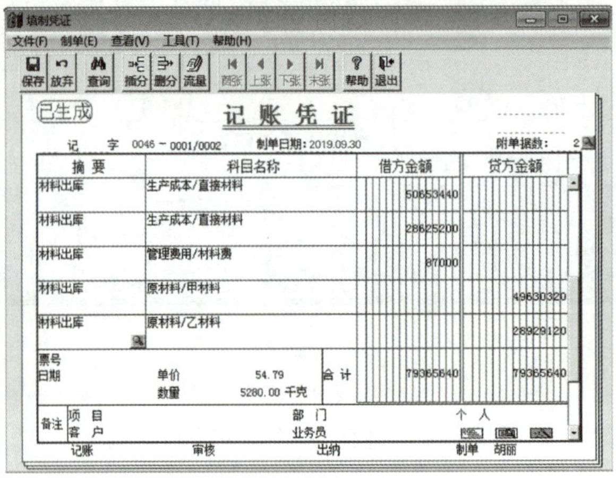

图5–26　生成的记账凭证

生成业务38“盘亏材料”的记账凭证：

业务38的会计分录：

借：待处理财产损溢　　　　　　　　　　　　　　1 258.74

　　贷：原材料——甲材料　　　　　　　　　　　　　　1 258.74

操作步骤

以会计员胡丽的身份（用户名2）登录T3系统，操作日期2019-09-30。

① 选择“核算”→“购销单据制单”。

② 在“查询条件”中选择“其他出库单”，单击“确定”按钮。

③ 单击“全选”→“确定”→“生成”，待生成的记账凭证如图5-27所示。单击“保存”按钮后再单击“退出”按钮。

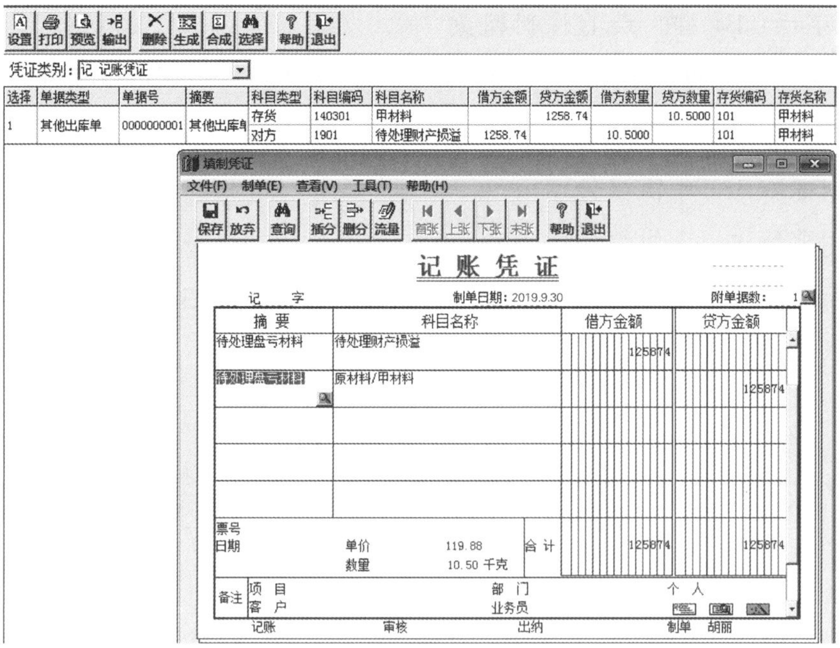

图5-27　待生成的记账凭证

下列业务在总账中完成：

业务39　9月30日，分配水电费（见表5-1和表5-2）

表5-1　水费分配表

水费分配表

2019年9月

部门	分配比例	金额
生产车间	70%	525.00
行政管理部门	30%	225.00
合计	100%	750.00

制表：胡丽

表5-2　电费分配表

电费分配表

2019年9月

部门	用量（千瓦时）	单价	金额
生产A产品	11 600	0.80	9 280.00
生产B产品	9 400	0.80	7 520.00
车间一般性耗用	1 800	0.80	1 440.00
行政管理部门	1 700	0.80	1 360.00
合计	24 500		19 600.00

制表：胡丽

业务39的会计分录：

借：生产成本——A产品——直接材料费　　　　　9 280.00

生产成本——B产品——直接材料费　　7 520.00
制造费用——其他费用　　1 965.00
管理费用——其他费用　　1 585.00
贷：应付账款——市供水公司　　750.00
应付账款——市供电公司　　19 600.00

业务40　9月30日，分配本月工资及计提社会保险费（见表5-3）

表5-3　分配工资及计提社会保险费

分配工资及计提社会保险费
2019年9月

部门	生产工时	分配率	分配工资	计提社会保险费
生产A产品工人	6 500		57 570.50	17 846.86
生产B产品工人	3 500		30 999.50	9 609.85
小计	10 000	8.857 0	88 570.00	27 456.71
车间管理人员			10 020.00	3 106.20
行政管理人员			72 550.00	22 490.50
专设销售机构人员			38 770.00	12 018.70
合计			209 910.00	65 072.11

业务40的会计分录：

（1）分配工资

借：生产成本——A产品——直接人工费　　57 570.50
生产成本——B产品——直接人工费　　30 999.50
制造费用——人工费　　10 020.00
管理费用——人工费　　72 550.00
销售费用　　38 770.00
贷：应付职工薪酬——工资　　209 910.00

（2）计提社会保险费

借：生产成本——A产品——直接人工费　　17 846.86
生产成本——B产品——直接人工费　　9 609.85
制造费用——人工费　　3 106.20
管理费用——人工费　　22 490.50
销售费用　　12 018.70
贷：应付职工薪酬——社会保险费　　65 072.11

业务41　9月30日，计提本月固定资产折旧费（见表5-4）

表5-4　固定资产折旧费计提表

固定资产折旧费计提表
2019年9月30日

固定资产名称	所属部门	原值	月折旧率	月折旧额
厂房	生产车间	14 051 500.00	0.10%	14 051.50
生产设备	生产车间	4 283 000.00	0.20%	8 566.00
办公楼	行政管理部门	44 508 500.00	0.10%	44 508.50
办公设备	行政管理部门	1 048 600.00	0.25%	2 621.50
办公设备	专设销售机构	348 700.00	0.25%	871.75
合计		64 240 300.00		70 619.25

业务41的会计分录：

借：制造费用——折旧费　　22 617.50
　　管理费用——折旧费　　47 130.00
　　销售费用　　871.75
　贷：累计折旧　　70 619.25

业务42　9月30日，分配制造费用（见表5-5）

表5-5　制造费用分配计算表

制造费用分配计算表
2019年9月30日

分配对象	分配工时	分配率	分配额
生产A产品	6 500		25 089.16
生产B产品	3 500		13 509.54
合计	10 000	3.859 9	38 598.70

业务42的会计分录：

借：生产成本——A产品——制造费用　　25 089.16
　　生产成本——B产品——制造费用　　13 509.54
　贷：制造费用——材料费　　890.00
　　　制造费用——人工费　　13 126.20
　　　制造费用——折旧费　　22 617.50
　　　制造费用——其他费用　　1 965.00

5.3.6　结转本月完工产品成本的业务

业务43　9月30日，产品全部完工，无月末在产品，结转完工产品的生产成本（见表5-6）

表5–6　成品入库单

成品入库单

2019年9月30日　　　　NO.01

成品名称规格	计量单位	入库数量	备注	记账联
A产品	台	1 790		
B产品	台	1 600		

仓管员：李欢

操作流程

库存管理
- ·取消库存系统结账
- ·录入并审核产成品入库单

项目管理
- ·查询本月完工产品生产成本

核算管理
- ·产成品成本分配
- ·正常单据记账
- ·生成记账凭证
  - ·购销单据制单
    - ·产成品入库单

操作步骤

以会计员胡丽的身份（用户名2）登录T3系统，操作日期2019-09-30。

（1）　取消库存系统结账的操作方法

① 选择“库存”→“月末结账”。

② 单击“取消结账”，再单击“退出”按钮。

注意：

要在“库存”系统中录入“产成品入库单”，必须先取消已结账的“库存”系统，否则录入“产成品入库单”时会有“单据日期所在月份已经结账，请重新输入日期”的提示。

（2）录入并审核产成品入库单的操作步骤

① 选择“库存”→“产成品入库单”。

② 单击“增加”按钮，依次录入产成品的有关信息，注意“入库类别”的选择，要分别录入A产品和B产品两张“产成品入库单”，图5-28所示的是A产品的入库单。

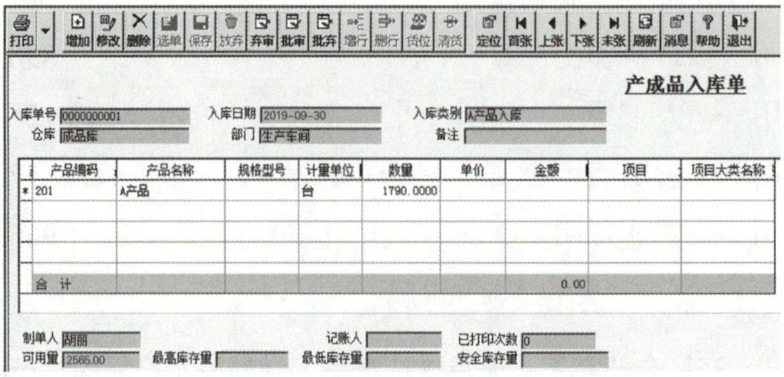

图5–28　“产成品入库单”的填制

③ 单击“保存”→“审核”按钮，再单击“退出”按钮。

（3）查询本月完工产品生产成本的操作步骤

① 选择“项目管理”→“项目总账”，如图5-29所示，选中“包含未记账凭证”，单击“确定”按钮。

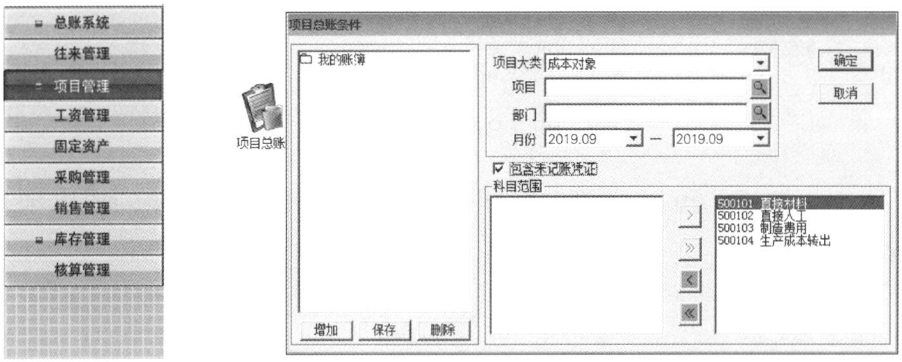

图5-29　选择“项目总账”条件

② 在“项目总账”中可以查看到A产品和B产品的成本总账，如图5-30所示。

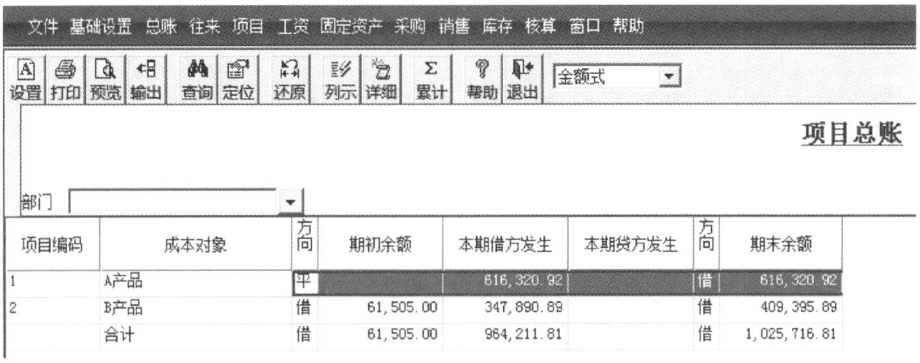

项目编码	成本对象	方向	期初余额	本期借方发生	本期贷方发生	方向	期末余额
1	A产品	平		616,320.92		借	616,320.92
2	B产品	借	61,505.00	347,890.89		借	409,395.89
	合计	借	61,505.00	964,211.81		借	1,025,716.81

图5-30　“项目总账”

③ 单击“详细”按钮，可以分别查询到A产品和B产品的成本项目详细信息，如图5-31和图5-32所示。

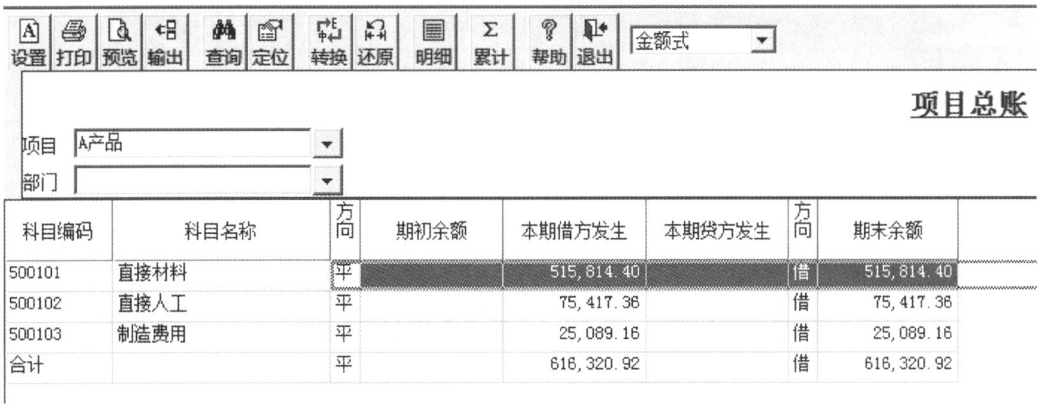

科目编码	科目名称	方向	期初余额	本期借方发生	本期贷方发生	方向	期末余额
500101	直接材料	平		515,814.40		借	515,814.40
500102	直接人工	平		75,417.36		借	75,417.36
500103	制造费用	平		25,089.16		借	25,089.16
合计		平		616,320.92		借	616,320.92

图5-31　A产品的成本项目

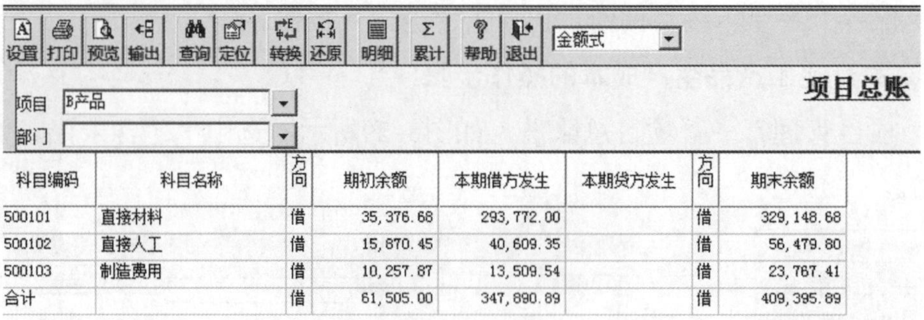

科目编码	科目名称	方向	期初余额	本期借方发生	本期贷方发生	方向	期末余额
500101	直接材料	借	35,376.68	293,772.00		借	329,148.68
500102	直接人工	借	15,870.45	40,609.35		借	56,479.80
500103	制造费用	借	10,257.87	13,509.54		借	23,767.41
合计		借	61,505.00	347,890.89		借	409,395.89

图5-32　B产品的成本项目

④单击“明细”按钮，可以分别查询到“A产品”和“B产品”的成本项目明细账，如图5-33和图5-34所示。

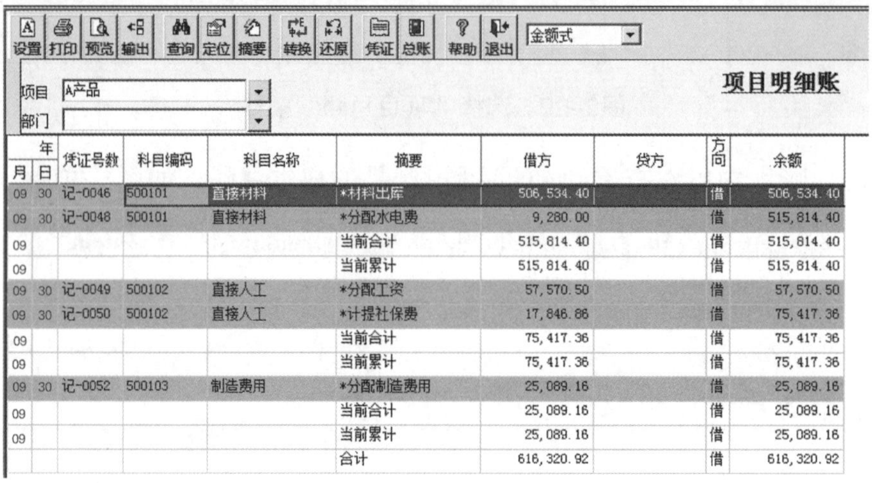

年 月	日	凭证号数	科目编码	科目名称	摘要	借方	贷方	方向	余额
09	30	记-0046	500101	直接材料	*材料出库	506,534.40		借	506,534.40
09	30	记-0048	500101	直接材料	*分配水电费	9,280.00		借	515,814.40
09					当前合计	515,814.40		借	515,814.40
09					当前累计	515,814.40		借	515,814.40
09	30	记-0049	500102	直接人工	*分配工资	57,570.50		借	57,570.50
09	30	记-0050	500102	直接人工	*计提社保费	17,846.86		借	75,417.36
09					当前合计	75,417.36		借	75,417.36
09					当前累计	75,417.36		借	75,417.36
09	30	记-0052	500103	制造费用	*分配制造费用	25,089.16		借	25,089.16
09					当前合计	25,089.16		借	25,089.16
09					当前累计	25,089.16		借	25,089.16
					合计	616,320.92		借	616,320.92

图5-33　A产品的成本项目明细账

2019年 月	日	凭证号数	科目编码	科目名称	摘要	借方	贷方	方向	余额
09			500101	直接材料	上年结转			借	35,376.68
09	30	记-0046	500101	直接材料	*材料出库	286,252.00		借	321,628.68
09	30	记-0048	500101	直接材料	*分配水电费	7,520.00		借	329,148.68
09					当前合计	293,772.00		借	329,148.68
09					当前累计	293,772.00		借	329,148.68
			500102	直接人工	上年结转			借	15,870.45
09	30	记-0049	500102	直接人工	*分配工资	30,999.50		借	46,869.95
09	30	记-0050	500102	直接人工	*计提社保费	9,609.85		借	56,479.80
09					当前合计	40,609.35		借	56,479.80
09					当前累计	40,609.35		借	56,479.80
			500103	制造费用	上年结转			借	10,257.87
09	30	记-0052	500103	制造费用	*分配制造费用	13,509.54		借	23,767.41
09					当前合计	13,509.54		借	23,767.41
09					当前累计	13,509.54		借	23,767.41
					合计	347,890.89		借	409,395.89

图5-34　B产品的成本项目明细账

（4）产成品成本分配的操作步骤

①选择“核算”→“核算”→“产成品成本分配”。

② 单击“查询”按钮，选择“成品库”复选框，如图5-35所示，再单击“确认”按钮。

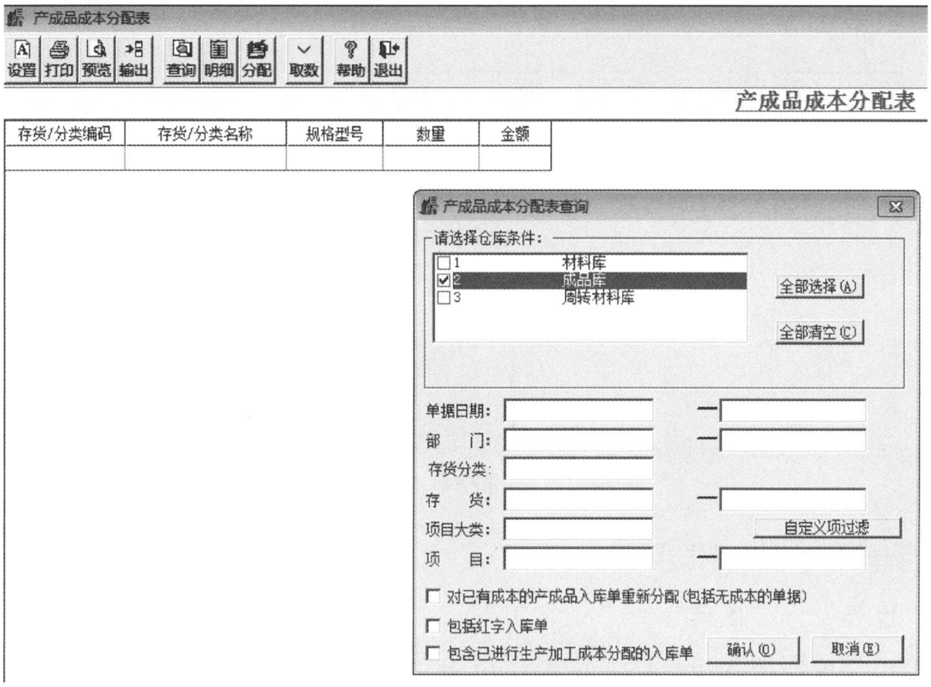

图5-35　产成品成本分配表查询

③ 在“需要分配的产成品单据选择”中单击“全选”，如图5-36所示，单击“确定”按钮。

需要分配的产成品单据选择

选择	存货编码	存货名称	规格型号	入库单号	入库日期	仓库编码	仓库名称	制单人	规格型号	计量单位	入库数量
√	201	A产品		0000000001	2019-09-30	2	成品库	胡丽		台	1790.0000
√	202	B产品		0000000002	2019-09-30	2	成品库	胡丽		台	1600.0000

图5-36　选择需要分配的产成品单据

④ 在“产成品成本分配表”中分别录入A、B产品的“金额”，即在“项目总账”中查询到的A、B产品的生产成本期末余额数，如图5-37所示。

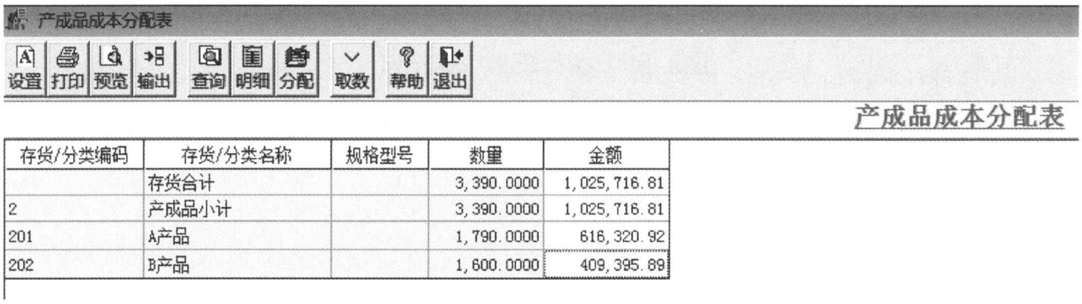

存货/分类编码	存货/分类名称	规格型号	数量	金额
	存货合计		3,390.0000	1,025,716.81
2	产成品小计		3,390.0000	1,025,716.81
201	A产品		1,790.0000	616,320.92
202	B产品		1,600.0000	409,395.89

图5-37　产成品成本分配表

⑤ 单击“分配”按钮，则系统自动计算出A、B产品的成本单价，单击“明细”按钮即可查到产品的单价和金额。图5-38所示的是B产品成本单价。

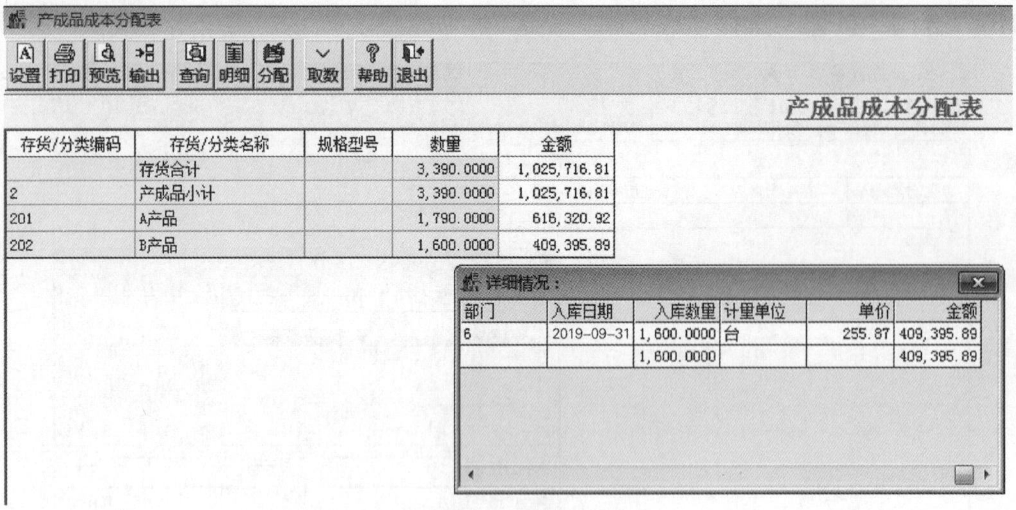

存货/分类编码	存货/分类名称	规格型号	数量	金额
	存货合计		3,390.0000	1,025,716.81
2	产成品小计		3,390.0000	1,025,716.81
201	A产品		1,790.0000	616,320.92
202	B产品		1,600.0000	409,395.89

详细情况：

部门	入库日期	入库数量	计量单位	单价	金额
6	2019-09-31	1,600.0000	台	255.87	409,395.89
		1,600.0000			409,395.89

图5-38　B产品成本单价

（5）正常单据记账的操作步骤

① 选择“核算”→“核算”→“正常单据记账”。

② 打开“正常单据记账条件”对话框，单击“确定”按钮。

③ 选中最后两行，如图5-39所示。单击“记账”按钮，再单击“退出”按钮。

选择	日期	单据号	仓库名称	收发类别	存货编码	存货名称	数量	单价	金额
	2019-09-11	0000000001	成品库	销售出库	201	A产品	90.0000		
		0000000001	成品库	销售出库	202	B产品	110.0000		
	2019-09-12	0000000002	成品库	销售出库	201	A产品	40.0000		
		0000000002	成品库	销售出库	202	B产品	45.0000		
	2019-09-13	0000000003	成品库	销售出库	201	A产品	55.0000		
		0000000003	成品库	销售出库	202	B产品	60.0000		
	2019-09-15	0000000004	成品库	销售出库	201	A产品	100.0000		
		0000000004	成品库	销售出库	202	B产品	125.0000		
	2019-09-17	0000000005	成品库	销售出库	201	A产品	400.0000		
		0000000005	成品库	销售出库	202	B产品	560.0000		
		0000000006	成品库	销售出库	201	A产品	-10.0000		
√	2019-09-30	0000000001	成品库	A产品入库	201	A产品	1790.0000	344.31	616320.92
√		0000000002	成品库	B产品入库	202	B产品	1600.0000	255.87	409395.89

图5-39　执行正常单据记账

（6）生成记账凭证的操作步骤

① 选择“核算”→“凭证”→“购销单据制单”。

② 单击“选择”按钮，在“查询条件”中，选中“产成品入库单”复选框，再单击“确定”按钮。

③ 在“选择单据”中，单击“全选”→“确定”按钮。

④ 在生成凭证前将第三行默认的“科目编码”列的“140501”（A产品）改为“140502”（B产品）。

⑤ 单击“合成”按钮，注意要在第三行“生产成本/生产成本转出”中选择“A产品”，并按照A产品的成本修改默认的贷方金额；同时，按Enter键增设第四行“生产成本/生产成本转出”中的“B产品”，按照B产品的成本录入贷方金额，如图5-40所示。

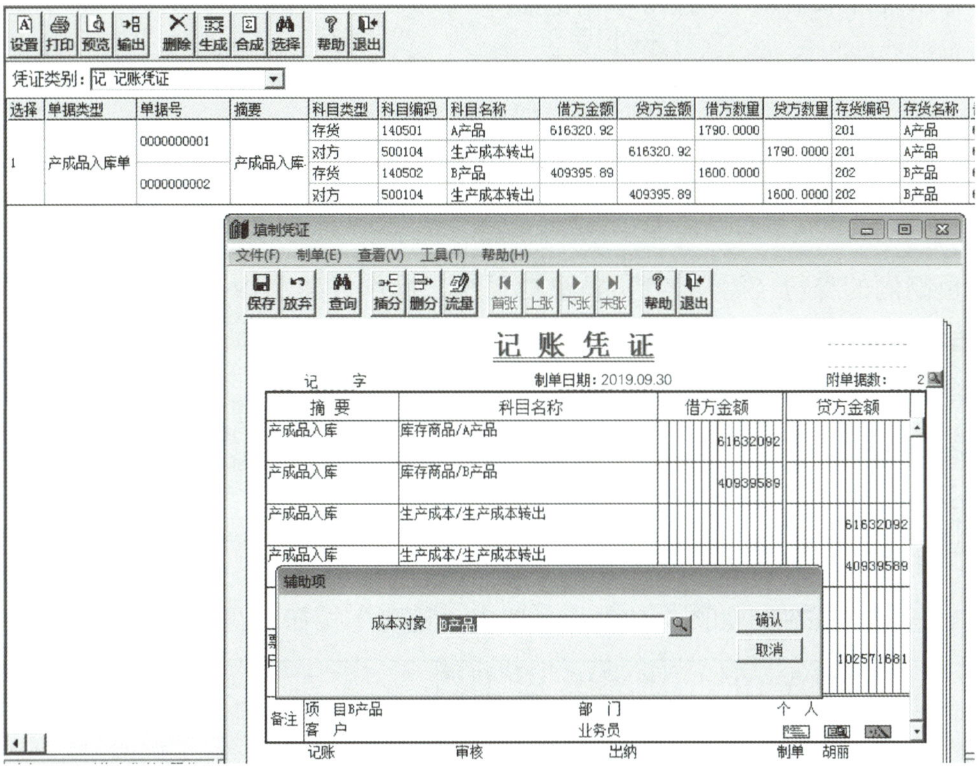

图5-40　待生成的记账凭证

⑥ 单击“确认”按钮，再单击“保存”→“退出”按钮。

5.3.7　结转本月已销产品成本的业务

业务44　9月30日，结转本月已销产品的成本（见表5-7）

表5-7　已销产品成本计算表

已销产品成本计算表

出库单　　　　　　　　　号至　　号共　　张　　　　　　　　年　月　日

产品名称	期初结存		本期完工入库		加权平均单价	本期销售		期末结存	
	数量	金额	数量	金额		数量	金额	数量	金额
A产品									
B产品									
合计									

复核：　　　　　　　　　　　　　　　　　　　　　　　　　　制表：

操作流程

库存系统

·库存系统月末结账

核算管理

·正常单据记账
·月末处理
·生成记账凭证
·购销单据制单
·销售出库单

操作步骤

以会计员胡丽的身份（用户名2）登录T3系统，操作日期2019-09-30。

（1）库存系统结账的操作方法

① 选择“库存”→“月末结账”。

② 选择结账月份“9月”，单击“结账”按钮，再单击“退出”按钮。

（2）正常单据记账的操作步骤

① 选择“核算”→“核算”→“正常单据记账”。

② 单击“全选”按钮，如图5-41所示。单击“记账”按钮，再单击“退出”按钮。

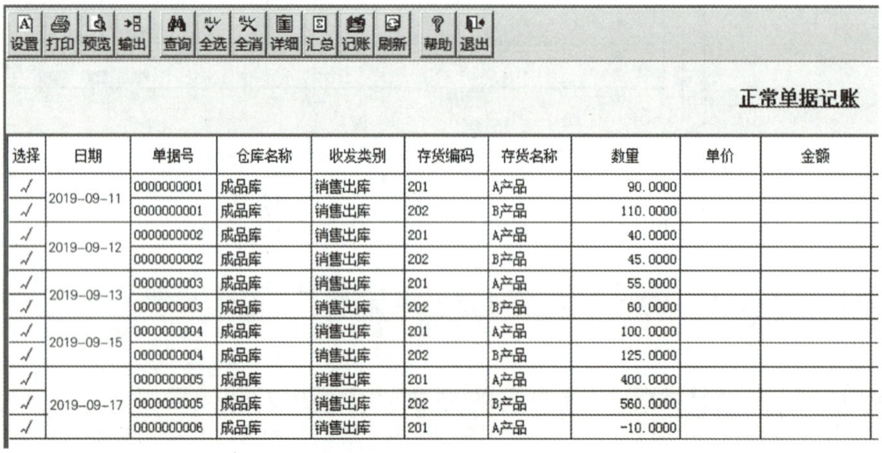

选择	日期	单据号	仓库名称	收发类别	存货编码	存货名称	数量	单价	金额
√	2019-09-11	0000000001	成品库	销售出库	201	A产品	90.0000		
√		0000000001	成品库	销售出库	202	B产品	110.0000		
√	2019-09-12	0000000002	成品库	销售出库	201	A产品	40.0000		
√		0000000002	成品库	销售出库	202	B产品	45.0000		
√	2019-09-13	0000000003	成品库	销售出库	201	A产品	55.0000		
√		0000000003	成品库	销售出库	202	B产品	60.0000		
√	2019-09-15	0000000004	成品库	销售出库	201	A产品	100.0000		
√		0000000004	成品库	销售出库	202	B产品	125.0000		
√	2019-09-17	0000000005	成品库	销售出库	201	A产品	400.0000		
√		0000000005	成品库	销售出库	202	B产品	560.0000		
√		0000000006	成品库	销售出库	201	A产品	-10.0000		

图5-41　对“产品销售出库单”记账

（3）月末处理的操作步骤

① 选择“核算”→“月末处理”。

② 选择“未期末处理的仓库”→“成品库”。

③ 单击“确定”按钮，则系统显示出“成品库”的加权平均法成本计算结果，如图5-42所示。

成本计算表

打印 确定 显示 取消

2仓库成本计算表

存货	期初		入库		有金额出库		无金额出库						结合
名称	数量	金额	数量	金额	数量	成本	平均单价	原单价			数量	成本	数量
A产品	1450.0000	507500.00	1790.0000	616320.92	0.0000	0.00	346.86	346.86			675.0000	234130.50	
B产品	1360.0000	326400.00	1600.0000	409395.89	0.0000	0.00	248.58	248.58			900.0000	223722.00	

图5–42　“成品库”的加权平均法成本计算结果

④ 单击“确定”按钮，再单击“取消”按钮退出。

（4）生成记账凭证的操作步骤

① 选择“核算”→“凭证”→“购销单据制单”。

② 单击“选择”，在“查询条件”中选中“销售出库单”复选框，再单击“确定”按钮。

③ 在“选择单据”中单击“全选”→“确定”按钮。

④ 对照“存货名称”列修改“科目编码”列的有关默认的科目编码（系统一般默认的是A产品科目名称的对应编码）。例如，“存货名称”列为“B产品”的，就要将此行原来默认的A产品科目名称的对应编码修改为“140502”（库存商品-B产品）或“640102”（主营业务成本-B产品）。全部修改后的科目如图5-43所示。

设置 打印 预览 输出 删除 生成 合成 选择 帮助 退出

凭证类别：记 记账凭证

选择	单据类型	单据号	摘要	科目类型	科目编码	科目名称	借方金额	贷方金额	借方数量	贷方数量	存货编码	存货名称	部门	部门名称	客户	客户名称
1	销售出库单	0000000001	销售出库单	存货	140501	A产品		31217.40		90.0000	201	A产品	4	销售部	102	滨海市宏达
				对方	640101	A产品	31217.40		90.0000		201	A产品	4	销售部	102	滨海市宏达
				存货	140502	B产品		27343.80		110.0000	202	B产品	4	销售部	102	滨海市宏达
				对方	640102	B产品	27343.80		110.0000		202	B产品	4	销售部	102	滨海市宏达
		0000000002		存货	140501	A产品		13874.40		40.0000	201	A产品	4	销售部	103	汕头市明华
				对方	640101	A产品	13874.40		40.0000		201	A产品	4	销售部	103	汕头市明华
				存货	140502	B产品		11186.10		45.0000	202	B产品	4	销售部	103	汕头市明华
				对方	640102	B产品	11186.10		45.0000		202	B产品	4	销售部	103	汕头市明华
		0000000003		存货	140501	A产品		19077.30		55.0000	201	A产品	4	销售部	105	深圳市梅湖
				对方	640101	A产品	19077.30		55.0000		201	A产品	4	销售部	105	深圳市梅湖
				存货	140502	B产品		14914.80		60.0000	202	B产品	4	销售部	105	深圳市梅湖
				对方	640102	B产品	14914.80		60.0000		202	B产品	4	销售部	105	深圳市梅湖
		0000000004		存货	140501	A产品		34686.00		100.0000	201	A产品	4	销售部	104	滨海市南方
				对方	640101	A产品	34686.00		100.0000		201	A产品	4	销售部	104	滨海市南方
				存货	140502	B产品		31072.50		125.0000	202	B产品	4	销售部	104	滨海市南方
				对方	640102	B产品	31072.50		125.0000		202	B产品	4	销售部	104	滨海市南方
		0000000005		存货	140501	A产品		138744.00		400.0000	201	A产品	4	销售部	106	滨海市壳岭
				对方	640101	A产品	138744.00		400.0000		201	A产品	4	销售部	106	滨海市壳岭
				存货	140502	B产品		139204.80		560.0000	202	B产品	4	销售部	106	滨海市壳岭
				对方	640102	B产品	139204.80		560.0000		202	B产品	4	销售部	106	滨海市壳岭
		0000000006	质量问题退	存货	140501	A产品		-3468.60		-10.0000	201	A产品	4	销售部	103	汕头市明华
				对方	640101	A产品	-3468.60		-10.0000		201	A产品	4	销售部	103	汕头市明华

图5–43　修改后的科目

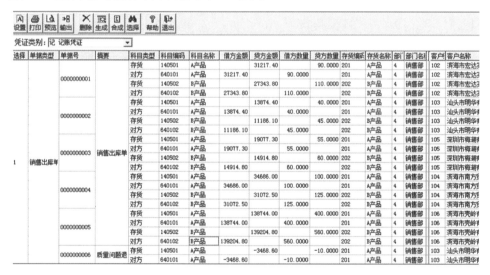

⑤ 单击“合成”按钮，将记账凭证的摘要改为“结转销售产品成本”，再单击“保存”按钮，如图5-44所示。再单击“退出”按钮。

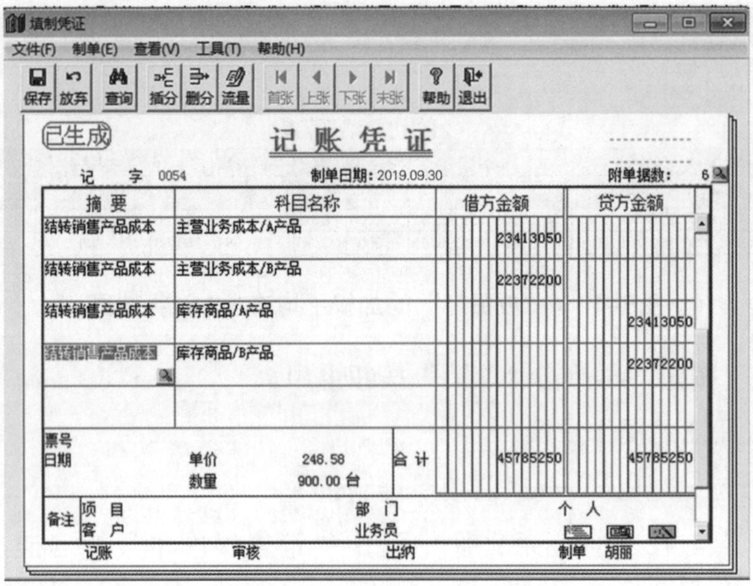

图5-44 生成的记账凭证

下列业务在总账中完成：

业务45 9月30日，计提本月应交的城建税、教育费附加（见表5-8）

表5-8 税金及附加计算表

税金及附加计算表
2019年9月30日

项目	计提基数	比例	计提金额
城市维护建设税	42 740.10	7%	2 991.81
教育费附加	42 740.10	3%	1 282.20
合计			4 274.01

复核：张燕玲　　　　制表：胡丽

业务45的会计分录：

借：税金及附加　　　　4 274.01

　贷：应交税费——应交城建税　　　　2 991.81

　　应交税费——应交教育费附加　　　　1 282.20

说明：

上述计提基数可通过“总账”→“账簿查询”→“明细账”→“应交税费——应交增值税”明细账查到，如图5-45所示。

查询 过滤 摘要 锁定 还原 凭证 总账 帮助 退出　金额式

应交税费明细账

科目　222101 应交增值税

2017年 月	日	凭证号数	摘要	借方	贷方	方向	余额
01	01	记-0001	*采购现付_支票_AE2901101_2017.01.01	2,722.00		借	2,722.00
01	02	记-0006	*采购材料	4,740.00		借	7,462.00
01	05	记-0009	*购入乙材料	2,037.00		借	9,499.00
01	07	记-0014	*购入甲材料	5,369.00		借	14,868.00
01	07	记-0016	*购买原材料_商业汇票_xx0986_2017.01.07	6,914.00		借	21,782.00
01	07	记-0019	*支付水电费	2,615.50		借	24,397.50
01	08	记-0021	*采购乙材料	2,713.00		借	27,110.50
01	08	记-0023	*采购甲材料_支票_AE2901109_2017.01.08	6,084.00		借	33,194.50
01	09	记-0026	*结转非正常损失		1,521.00	借	31,673.50
01	09	记-0027	*采购材料_汇兑_57289978_2017.01.09	3,887.00		借	35,560.50
01	10	记-0028	*乙材料因质量问题未入库	-301.60		借	35,258.90
01	11	记-0030	*销售产品货款未收_8102345		10,621.00	借	24,637.90
01	12	记-0032	*销售产品_银行汇票_338709_2017.01.12		4,543.50	借	20,094.40
01	13	记-0034	*销售产品		6,162.00	借	13,932.40
01	15	记-0037	*专用发票_2232382		11,927.50	借	2,004.90
01	17	记-0039	*销售产品_2232383		45,396.00	贷	43,391.10
01	17	记-0041	*支付销售产品的运费	27.00		贷	43,364.10
01	17	记-0042	*质量问题退货		-624.00	贷	42,740.10
01			当前合计	36,086.90	79,547.00	贷	42,740.10
01			当前累计	36,086.90	79,547.00	贷	42,740.10

图5-45　应交增值税明细账

业务46　9月30日，结转本月损益类账户的发生额

说明：

在总账中完成，但需要先对本月记账凭证由出纳员执行“出纳签字”，会计主管执行“审核”，会计员执行“记账”，操作步骤略。

生成的记账凭证如图5-46～图5-49所示，由会计主管进行“审核”后再由会计员执行“记账”。

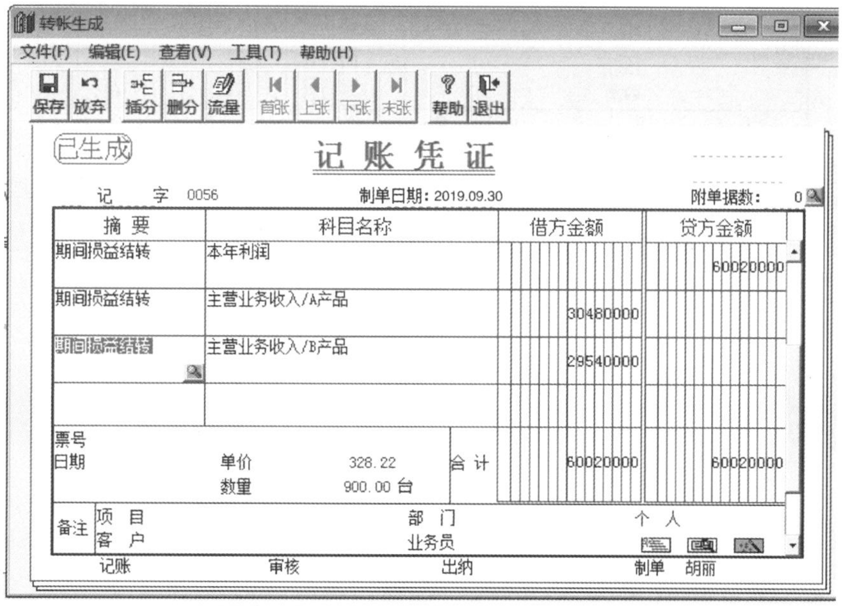

图5-46　生成的结转收入类账户的记账凭证

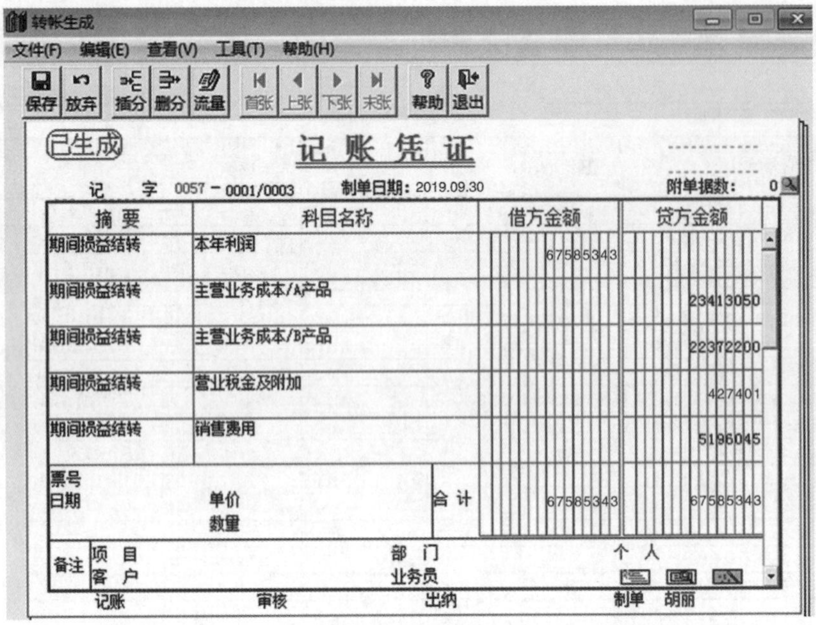

图5-47 生成的结转支出类账户的记账凭证之一

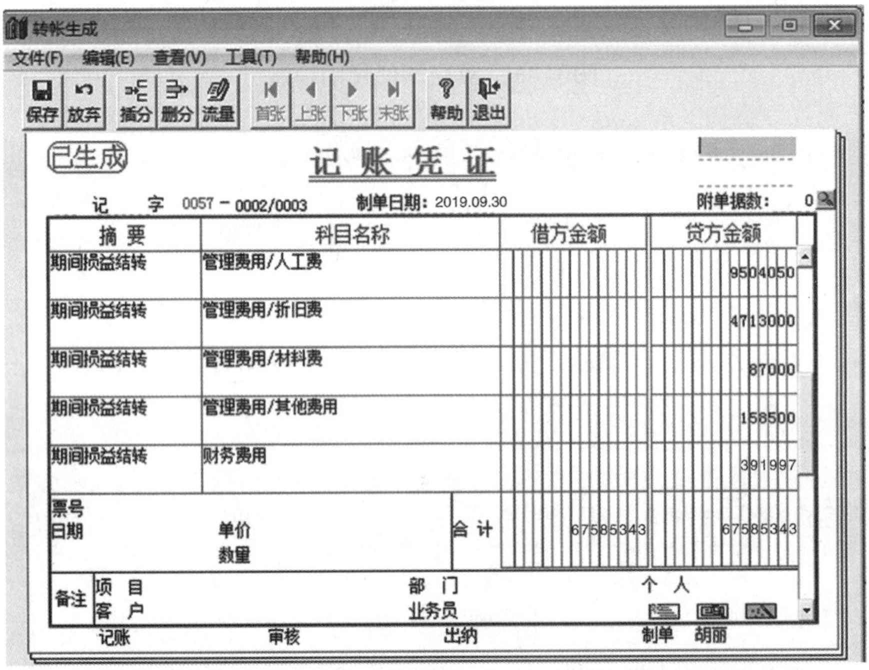

图5-48 生成的结转支出类账户的记账凭证之二

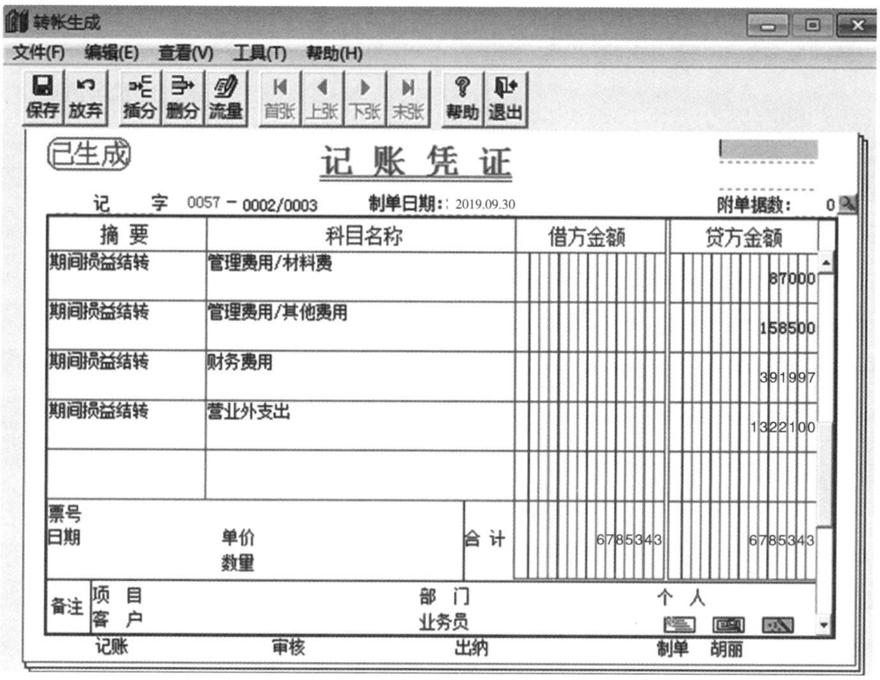

图5-49　生成的结转支出类账户的记账凭证之三

说明：

在“总账”→“账簿查询”→“余额表”中，可以查询到全部账户本期发生额及余额的资料，如图5-50和图5-51所示。

设置 打印 预览 输出 查询 定位 明细 过滤 转换 还原 专项 累计 帮助 退出 金额式

发生额及余额表

科目编码	科目名称	期初余额		本期发生		期末余额	
		借方	贷方	借方	贷方	借方	贷方
1001	库存现金	5,000.00			527.00	4,473.00	
1002	银行存款	5,986,171.00		504,522.03	951,124.50	5,539,568.53	
1121	应收票据	39,550.00				39,550.00	
1122	应收账款	67,950.00		638,832.50	508,948.50	197,834.00	
1123	预付账款	5,000.00		-5,000.00			
1221	其他应收款		6,560.00	6,560.00	21,202.00		21,202.00
1402	在途物资	76,700.00		206,680.00	283,380.00		
1403	原材料	852,544.00		346,980.00	794,915.14	404,608.86	
1405	库存商品	833,900.00		1,025,716.81	457,852.50	1,401,764.31	
1411	周转材料	10,820.00			890.00	9,930.00	
1601	固定资产	64,240,300.00				64,240,300.00	
1602	累计折旧		432,050.00		70,619.25		502,669.25
1901	待处理财产损溢			1,258.74		1,258.74	
资产小计		72,117,935.00	438,610.00	2,725,550.08	3,089,458.89	71,839,287.44	523,871.25
2201	应付票据				60,214.00		60,214.00
2202	应付账款		341,583.00	445,298.00	165,387.40		61,672.40
2203	预收账款		10,000.00		-10,000.00		
2211	应付职工薪酬		28,340.00	238,250.00	274,982.11		65,072.11
2221	应交税费		208,007.00	244,813.90	88,018.01		51,211.11
2501	长期借款		8,000,000.00				8,000,000.00
负债小计			8,587,930.00	928,361.90	578,601.52		8,238,169.62
4001	实收资本		55,000,000.00				55,000,000.00
4002	资本公积		650,000.00				650,000.00

图5-50　发生额及余额表之一

设置 打印 预览 输出 查询 定位 明细 过滤 转换 还原 专项 累计 帮助 退出 金额式

发生额及余额表

科目编码	科目名称	期初余额		本期发生		期末余额	
		借方	贷方	借方	贷方	借方	贷方
2211	应付职工薪酬		28,340.00	238,250.00	274,982.11		65,072.11
2221	应交税费		208,007.00	244,813.00	88,018.01		51,211.11
2501	长期借款		8,000,000.00				8,000,000.00
负债小计			8,587,930.00	928,361.90	578,601.52		8,238,169.62
4001	实收资本		55,000,000.00				55,000,000.00
4002	资本公积		650,000.00				650,000.00
4101	盈余公积		2,860,000.00				2,860,000.00
4103	本年利润			675,853.43	600,200.00	75,653.43	
4104	利润分配		4,642,900.00				4,642,900.00
权益小计			63,152,900.00	675,853.43	600,200.00	75,653.43	63,152,900.00
5001	生产成本	61,505.00		964,211.81	1,025,716.81		
5101	制造费用			38,598.70	38,598.70		
成本小计		61,505.00		1,002,810.51	1,064,315.51		
6001	主营业务收入			600,200.00	600,200.00		
6401	主营业务成本			457,852.50	457,852.50		
6403	营业税金及附加			4,274.01	4,274.01		
6601	销售费用			51,960.45	51,960.45		
6602	管理费用			144,625.50	144,625.50		
6603	财务费用			3,919.97	3,919.97		
6711	营业外支出			13,211.00	13,211.00		
损益小计				1,276,053.43	1,276,053.43		
合计		72,179,440.00	72,179,440.00	6,608,629.35	6,608,629.35	71,914,940.87	71,914,940.87

图5-51 发生额及余额表之二

行业动态

准时生产制（JIT）

一、准时生产制（JIT）的定义

JIT作为一种先进的生产方式，通过看板等工具的应用，保证了生产的同步化和均衡化，实行“适时、适量、适物”的生产，效果明显。JIT的基本原理是以需定供、以需定产，即供方（上一环节）根据需方（下一环节）的要求，按照需求方的品种、规格、质量、数量、时间、地点等要求，将生产物资或采购物资，不多、不少、不早、不晚且质量有保证地送到指定地点。

二、准时生产制（JIT）的特征

（一）以消除非增值环节来降低成本

JIT生产方式是力图通过另一种方法来增加企业利润，那就是彻底消除浪费。即排除不能给企业带来附加价值的各种因素，如生产过剩、在制品积压、废品率高、人员利用率低、生产周期长等。

（二）强调持续地强化与深化

JIT强调在现有基础上持续地强化与深化，不断地进行质量改进工作，逐步实现不良品为零、库存为零、浪费为零的目标。

想一想，练一练

一、单项选择题

1. 生产车间领用周转材料，应先选择“库存管理”系统，填制（　　），再选择“核算管理系统”操作“正常单据记账”，最后生成记账凭证。

A. 其他出库单　　B. 生产加工单

C. 材料出库单　　D. 其他入库单

2. 材料暂估入库业务在填制采购入库单时，入库类别应选择（　　）。

A. 采购入库　B. 半成品入库　C. 产品入库　D. 材料暂估入库

3. 月末仓库盘亏甲材料50千克，需填制“库存管理系统”中库存其他业务的（　　）。

A. 调拨单　B. 盘点单　C. 货位调整单　D. 失效期维护

4. 当“周转材料库”是按移动平均法计价时，“每次入库和出库”都要及时执行（　　）处理，以便系统自动重新计算移动平均单价。

A. 正常单据记账　　B. 购销单据制单

C. 特殊单据记账　　D. 月末处理及月末结账

5. 当“成品库”和“原材料库”是按（　　）计价时，平时发出存货及材料时暂不用执行“正常单据记账”，待月末一次执行即可。

A. 个别计价法　　B. 移动平均法

C. 月末一次加权平均法　　D. 先进先出法

二、多项选择题

1. 原材料仓库发出材料，用于生产A、B两种产品和行政管理部门领用，则“材料出库单”应填制两张且“出库类别”分别为（　　）。

A. 车间一般领用　　B. 生产产品用料

C. 产品销售出库　　D. 行政管理用料

2. 下列属于“核算”系统功能的有（　　）。

A. 生成并审核销售出库单　　B. 正常单据记账

C. 购销单据制单　　D. 存货对方科目设置

3. 库存及核算管理系统日常经济业务处理主要包括（　　）。

A. 采购入库、产品入库、其他入库等业务处理

B. 材料出库、销售出库、其他出库等业务处理

C. 单据记账（将所输入的各种出入库单据记入存货明细账的单据处理）

D. 生成记账凭证

4. 结转本月完工A、B产品时，需分别填制两张“产成品入库单”且“入库类别”分别为（　　）。

A. 采购入库　　B. A产品入库　C. B产品入库　　D. 半成品入库

5. A企业购入甲材料，发票未到，按材料暂估价入账的操作步骤包括（　　）。

A. 选择“采购”→“采购入库单”，填制采购入库单

B. 选择“库存”→“采购入库单审核”，对采购入库单进行审核

C. 选择“核算”→“正常单据记账”，执行正常单据记账

D. 选择“核算”→“购销单据制单”，生成记账凭证

三、判断题

1. 库存管理系统与基础设置共享基础数据，库存管理需要的基础数据可以在基础设置中统一设置。（　　）

2. 库存管理系统为核算系统提供各种出入库单据，在核算系统中记账并生成凭证。（　　）

3. 材料出库单中的“出库类别”的选择很重要，它关系到生成记账凭证时系统自动带出的“贷方账户”名称。（　　）

4. 在“核算”系统对“材料库”进行“月末处理”前，首先应完成“采购管理系统”“销售管理系统”及“库存管理系统”的“月末结账”。（　　）

5. 要在已结账库存管理系统中录入“产成品入库单”，必须先取消已结账的库存管理系统，否则录入“产成品入库单”时会提示“单据日期所在月份已结账，请重新输入日期”。（　　）

四、思考题

在系统中的哪些地方可以查询到某种材料的加权平均单价？

项目六　会计报表的编制

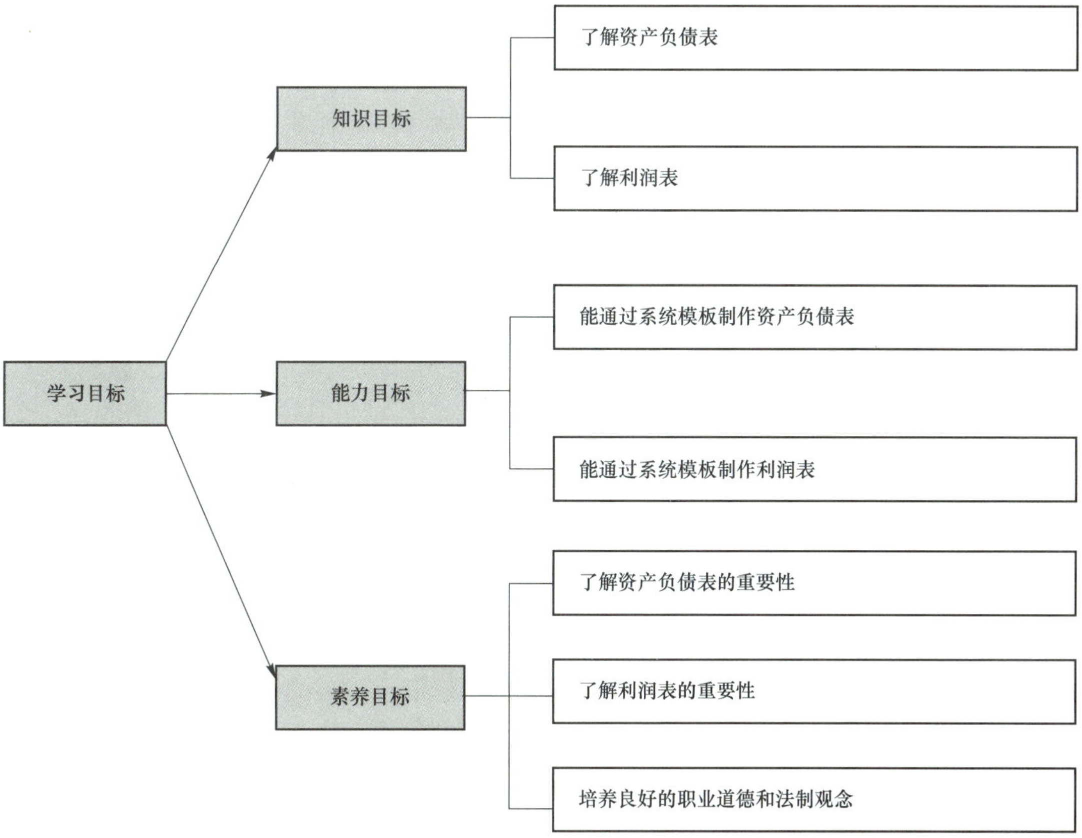

学习目标
知识目标
了解资产负债表
了解利润表
能力目标
能通过系统模板制作资产负债表
能通过系统模板制作利润表
素养目标
了解资产负债表的重要性
了解利润表的重要性
培养良好的职业道德和法制观念

编制会计报表的内容在初级会计电算化中已涉及，具体编制方法本教材不再介绍，只针对本书实训案例介绍资产负债表和利润表的编制结果。

思政园地

2022年4月1日，证监会官网通报2021年20起证监稽查典型违法案例，案件涉及财务造假、欺诈发行、虚假陈述、操纵市场、内幕交易、中介机构未勤勉尽责、私募违法违规以及对抗执法等；违法违规主体涉及个人、上市公司、券商、私募、审计机构等，亚太药业、瑞华所、海通证券等被点名。

证监会表示，监管部门持续严厉打击资本市场财务造假等信披违法行为，依法严肃追究大股东、实际控制人和上市公司及其董事、监事、高级管理人员的违法责任。此次通报中有6起是财务造假典型案例，如2016年至2019年宜华生活实际控制人指使上市公司通过虚构销售业务等方式，累计虚增收入71亿元，累计虚增利润28亿元；2018年至2019，广州浪奇年通过虚构大宗商品贸易、虚增存货等方式，累计虚增收入129亿元，虚增资产20亿元。

下一步，证监会将继续坚持市场化、法治化原则，重拳打击上市公司财务造假，集中执法资源，强化执法力度，从严从重从快追究相关机构和人员的违法责任，加大证券违法违规成本，涉嫌刑事犯罪的依法移送公安机关，坚决净化市场环境，保护投资者合法权益，切实维护市场纪律和市场秩序，促进资本市场健康稳定发展。

任务一 资产负债表的编制

操作步骤

以会计主管张燕玲的身份（用户名1）登录T3系统，操作日期2019-09-30。

① 打开“财务报表”→“文件”→“新建”，在“模板分类”中选中“一般企业（2007年新会计准则）”，如图6-1所示，利用模板新建一张资产负债表。

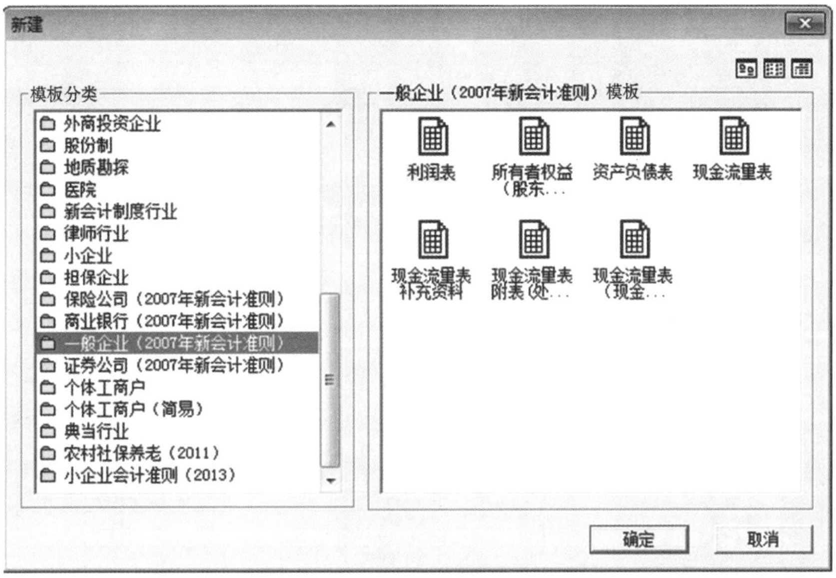

图6-1　利用模板新建会计报表

② 因为“本年利润”账户的余额是年终才结转到“利润分配——未分配利润”账户的，因此需要在“格式”状态下分别修改“未分配利润”项目“年初余额”列和“期末余额”列的单元格公式，如图6-2所示。

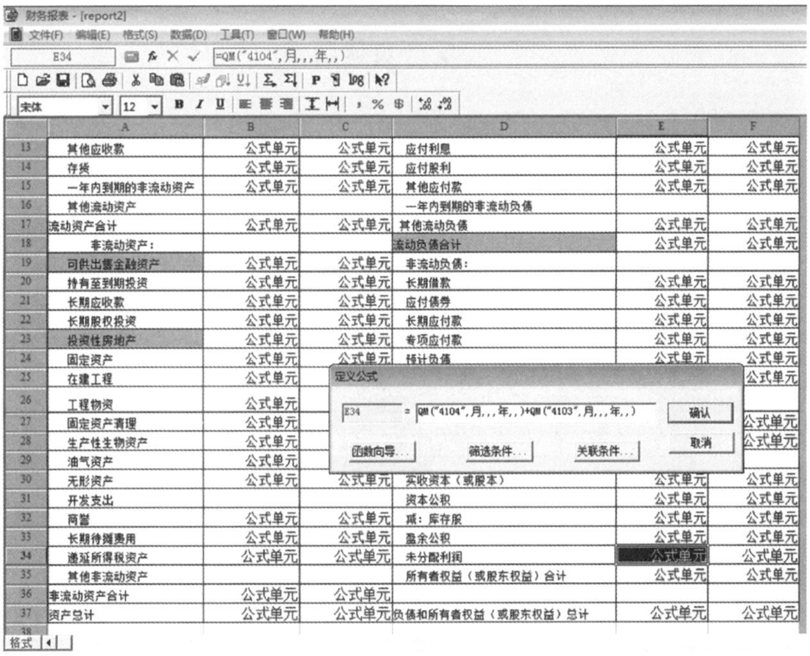

图6-2　修改“未分配利润”项目的单元格公式

③ 单击“格式”按钮切换到“数据”状态下，下拉“数据”菜单，选择“关键字”→“录入”，在“单位名称”“年”“月”“日”文本框中录入关键字，如图6-3所示。

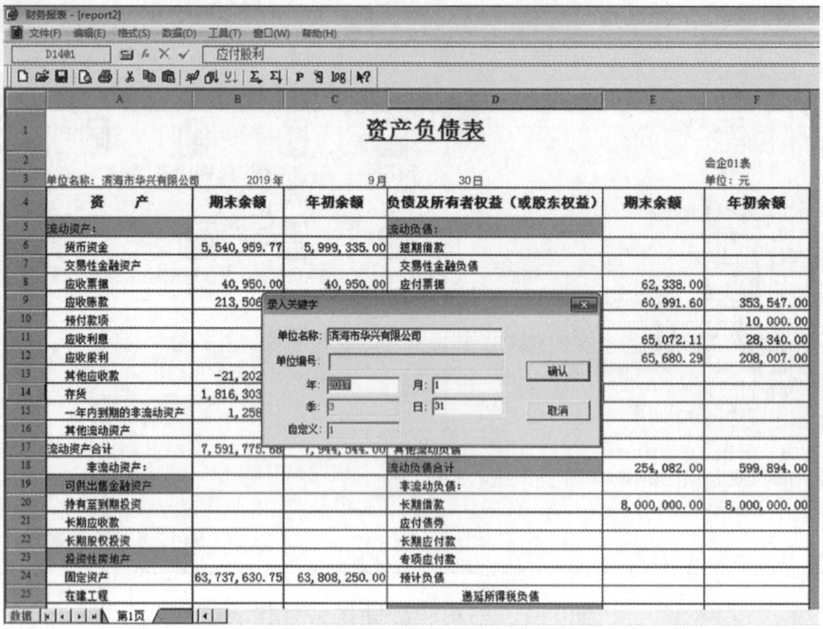

图6–3　录入关键字

④ 单击“确认”按钮，系统提示“是否重计算第1页？”，单击“是”按钮，则系统自动生成滨海市华兴有限公司2019年9月份的资产负债表，如图6-4和图6-5所示。

资产负债表

会企01表

单位名称：滨海市华兴有限公司　2019 年　9 月　30 日　单位：元

资　产	期末余额	年初余额	负债及所有者权益（或股东权益）	期末余额	年初余额
流动资产：			流动负债：		
货币资金	5,544,041.53	5,991,171.00	短期借款		
交易性金融资产			交易性金融负债		
应收票据	39,550.00	39,550.00	应付票据	60,214.00	
应收账款	197,834.00	67,950.00	应付账款	61,672.40	341,583.00
预付款项		5,000.00	预收款项		10,000.00
应收利息			应付职工薪酬	65,072.11	28,340.00
应收股利			应交税费	51,211.11	208,007.00
其他应收款	-21,202.00	-6,560.00	应付利息		
存货	1,816,303.17	1,835,469.00	应付股利		
一年内到期的非流动资产	1,258.74		其他应付款		
其他流动资产			一年内到期的非流动负债		
流动资产合计	7,577,785.44	7,932,580.00	其他流动负债		
非流动资产：			流动负债合计		
可供出售金融资产			非流动负债：	238,169.62	587,930.00
持有至到期投资			长期借款	8,000,000.00	8,000,000.00
长期应收款			应付债券		
长期股权投资			长期应付款		
投资性房地产			专项应付款		
固定资产	63,737,630.75	63,808,250.00	预计负债		
在建工程			递延所得税负债		

数据　第1页

计算完毕！

图6–4　资产负债表之一

	A	B	C	D	E	F
13	其他应收款	-21,202.00	-6,560.00	应付利息		
14	存货	1,816,303.17	1,835,469.00	应付股利		
15	一年内到期的非流动资产	1,258.74		其他应付款		
16	其他流动资产			一年内到期的非流动负债		
17	流动资产合计	7,577,785.44	7,932,580.00	其他流动负债		
18	非流动资产：			流动负债合计	238,169.62	587,930.00
19	可供出售金融资产			非流动负债：		
20	持有至到期投资			长期借款	8,000,000.00	8,000,000.00
21	长期应收款			应付债券		
22	长期股权投资			长期应付款		
23	投资性房地产			专项应付款		
24	固定资产	63,737,630.75	63,808,250.00	预计负债		
25	在建工程			递延所得税负债		
26	工程物资			其他非流动负债		
27	固定资产清理			非流动负债合计	8,000,000.00	8,000,000.00
28	生产性生物资产			负债合计	8,238,169.68	8,587,930.00
29	油气资产			所有者权益（或股东权益）：		
30	无形资产			实收资本（或股本）	55,000,000.00	55,000,000.00
31	开发支出			资本公积	650,000.00	650,000.00
32	商誉			减：库存股		
33	长期待摊费用			盈余公积	2,860,000.00	2,860,000.00
34	递延所得税资产			未分配利润	4,567,246.57	4,642,900.00
35	其他非流动资产			所有者权益（或股东权益）合计	63,077,246.57	63,152,900.00
36	非流动资产合计	63,737,630.75	63,808,250.00			
37	资产总计	71,315,416.19	71,740,830.00	负债和所有者权益（或股东权益）总计	71,315,416.19	71,740,830.90
38						
39						

数据　第1页

计算完毕！

图6-5　资产负债表之二

任务二　利润表的编制

操作步骤

以会计主管张燕玲的身份（用户名1）登录T3系统，操作日期2019-09-30。

① 打开“财务报表”→“文件”→“新建”，在“模板分类”选中“一般企业（2007年新会计准则）”，利用模板新建一张利润表。

② 单击“格式”按钮切换到“数据”状态下，下拉“数据”菜单，选择“关键字”→“录入”，在“单位名称”“年”“月”文本框中录入关键字，

③ 单击“确认”按钮，系统提示“是否重计算第1页？”，单击“是”按钮，则系统自动生成滨海市华兴有限公司2019年9月份的利润表，如图6-6所示。

利润表		
		会企02表
单位名称：滨海市华兴有限公司	2019年 9月	单位：元
项 目	本期金额	上期金额
一、营业收入	600,200.00	
减：营业成本	457,852.50	
营业税金及附加	4,274.01	
销售费用	51,960.45	
管理费用	144,625.50	
财务费用		
资产减值损失		
加：公允价值变动收益（损失以"-"填列）		
投资收益（损失以"-"填列）		
其中：对联营企业和合营企业的投资收益		
二、营业利润（亏损以"-"号填列）	-62,432.43	
加：营业外收入		
减：营业外支出	13,221.00	
其中：非流动资产处置损失		
三、利润总额（亏损总额以"-"号填列）	-75,653.43	
减：所得税费用		
四、净利润（净亏损以"-"号填列）	-75,653.43	
五、每股收益：		
（一）基本每股收益		
（二）稀释每股收益		

数据 第1页

计算完毕！

图6–6 利润表

注意：

“资产负债表”和“利润表”编完后，一定要注意检查一下这两张报表在数量上是否勾稽对应，即资产负债表的“未分配利润”期末数＝资产负债表的“未分配利润”的“年初数”＋本年度“利润表”的“净利润”数。本教材实训案例的华兴公司年初“未分配利润”＝4 642 900元，9月“本年利润”净额为－75 653.43元（亏损额），9月份“资产负债表”的“未分配利润”期末余额为4 567 246.57元，存在勾稽关系，即4 567 246.57－4 642 900＝－75 653.43（元）。

行业动态

财务报表分析

分析内容

财务报表分析是由不同的使用者进行的，他们各自有不同的分析重点，也有共同的要求。从企业总体来看，财务报表分析的基本内容，主要包括以下三个方面：

1、分析企业的偿债能力，分析企业权益的结构，估量对债务资金的利用程度。

2、评价企业资产的营运能力，分析企业资产的分布情况和周转使用情况。

3、评价企业的盈利能力，分析企业利润目标的完成情况和不同年度盈利水平的变动情况。

以上三个方面的分析内容互相联系，互相补充，可以综合的描述出企业生产经营的财务状况、经营成果和现金流量情况，以满足不同使用者对会计信息的基本需要。

其中偿债能力是企业财务目标实现的稳健保证，而营运能力是企业财务目标实现的物质基础，盈利能力则是前两者共同作用的结果，同时也对前两者的增强其推动作用。

财务报表分析的原则

财务报表分析的原则是指各类报表使用人在进行财务分析时应遵循的一般规范，可以概括为：目的明确原则；实事求是原则；全面分析原则；系统分析原则；动态分析原则；定量分析与定性分析结合原则；成本效益原则。

一般步骤

财务报表分析的一般步骤包括：

（一）明确分析目的

（二）设计分析程序

（三）收集有关信息

（四）将整体分为各个部分

（五）研究各个部分的特殊本质

（六）研究各个部分之间的联系

（七）得出分析结论